Reformation und Säkularisierung

D1729463

Reformation und Säkularisierung

Zur Kontroverse um die Genese der Moderne aus dem Geist der Reformation

herausgegeben von

Ingolf U. Dalferth

Mohr Siebeck

INGOLF U. DALFERTH, geboren 1948, Professor em. für Systematische Theologie, Symbolik und Religionsphilosophie an der Universität Zürich; Inhaber der Danforth Professur für Religionsphilosophie an der Claremont Graduate University (USA); Ehrendoktor der Universitäten Kopenhagen und Uppsala.

Herausgegeben im Auftrag des Wissenschaftlichen Beirats ‚Reformationsjubiläum 2017'.

Gedruckt mit freundlicher Unterstützung der Beauftragten der Bundesregierung für Kultur und Medien.

ISBN 978-3-16-154890-1

Die Deutsche Nationalbibliothek verzeichnet diese Publikation in der Deutschen Nationalbibliographie; detaillierte bibliographische Daten sind im Internet über *http://dnb.dnb.de* abrufbar.

© 2017 Mohr Siebeck Tübingen. www.mohr.de

Das Werk einschließlich aller seiner Teile ist urheberrechtlich geschützt. Jede Verwertung außerhalb der engen Grenzen des Urheberrechtsgesetzes ist ohne Zustimmung des Verlags unzulässig und strafbar. Das gilt insbesondere für Vervielfältigungen, Übersetzungen, Mikroverfilmungen und die Einspeicherung und Verarbeitung in elektronischen Systemen.

Das Buch wurde von Martin Fischer in Tübingen gesetzt, von Gulde Druck in Tübingen auf alterungsbeständiges Werkdruckpapier gedruckt und von der Buchbinderei Nädele in Nehren gebunden.

Vorwort

Nicht immer ist es klug, strittige Punkte auszuklammern und durch freundliche Gesten zu überspielen. In der Sache kommt man häufig nur weiter, wenn man die Differenzpunkte ausdrücklich benennt und zum Gegenstand kritischer Auseinandersetzung macht. Ein Konsens, der nicht aus der denkenden Überwindung von Dissensen erwächst, verdient den Namen nicht und bietet kaum eine belastbare Basis für einen gemeinsamen Weg in die Zukunft.

In dieser Überzeugung hat der Wissenschaftliche Beirat ‚Reformationsjubiläum 2017‘ im vergangenen Jahr drei Tagungen zu strittigen Fragen in der Beurteilung der Reformation und ihrer Folgen ausgerichtet. Die erste fand vom 27. bis 28. November 2015 an der Theologischen Fakultät der Humboldt-Universität zu Berlin statt und galt dem Thema *Reformation und Säkularisierung.* Zur Debatte stand die Kontroverse um die Genese der Moderne aus dem Geist der Reformation. Dass die Reformation eine im Kern religiöse Erneuerungsbewegung des Christentums in Europa war, lässt sich mit guten Argumenten nicht bestreiten. Gerade als solche aber hat sie zusammen mit Renaissance und Humanismus entscheidend zur Ausbildung einer säkularen Moderne beigetragen. Worin genau bestand dieser Beitrag, und wie ist er zu bewerten? An diesen Fragen scheiden sich die Geister. Haben die Reformationsbewegungen die überkommene Einheit von Kirche und Staat, Gesellschaft und Kultur zerstört und damit die Marginalisierung des Christentums in Europa eingeleitet? Oder haben sie zentrale Impulse des Christentums zur Geltung gebracht, ohne die sich die westliche Moderne nicht hätte entwickeln können und die auch eine sich säkular verstehende Gesellschaft in einer pluralen Spätmoderne prägen?

Der Streit um diese Fragen ist noch lange nicht zu Ende. Nicht alle geben auf sie die gleichen Antworten, und manche Ansichten erscheinen nur deshalb neu, weil man die komplexe Geschichte der Auseinandersetzung um diese Fragen vergessen zu haben scheint. Die Konferenz wollte dem entgegenwirken, indem sie von drei Punkten her Fragen aufwarf, zu denen jeweils zwei Beiträge aus unterschiedlicher Sicht vorgetragen wurden: In welcher Weise und in welchem Maß verdankt sich die Moderne den Umbrüchen der Reformationsepoche? Was wird vom Standpunkt einer säkularen Moderne an den reformatorischen Traditionen kritisiert? Und welche Kritik wird vom reformatorischen Denken her an der europäischen Moderne und Spätmoderne geübt? Im Wechsel dieser Fragestellungen wurde versucht, die Traditionen reformatorischer Theologie differenziert zu thematisieren, sie also nicht nur als Adressaten heutiger Kritik, sondern auch als Subjekte kritischer Anfragen an die Gegenwart in den Bick zu fassen.

Der Dreischritt der Tagungsdiskussion ist in der Folge der Beiträge in diesem Band beibehalten. Uns war wichtig, nicht nur deutsche Stimmen zu Gehör zu bringen, sondern deutlich zu machen, dass die Wirkungen der Reformation weit über Zentraleuropa hinaus reichen und die Gemüter bis heute bewegen. Neben den theologischen, historischen und philosophischen Vorträgen, die auf der Tagung diskutiert wurden, bietet der Band auch einen soziologischen Beitrag über die kulturellen Wirkungen des Protestantismus, der bei dieser Themenstellung nicht fehlen darf.

Ich danke allen Beteiligten, dass sie ihre Texte im Licht der lebhaften Diskussionen der Tagung überarbeitet und zur Veröffentlichung zur Verfügung gestellt haben. Ich danke dem Wissenschaftlichen Beirat ‚Reformationsjubiläum 2017' für die Finanzierung der Tagung und der Publikation. Ich danke Frau Dr. Ruth Slenczka und Frau Dr. Doreen Zerbe für die organisatorische Unterstützung der Tagung und die redaktionelle Betreuung des Buchmanuskripts. Und ich danke dem Verlag Mohr Siebeck für die Übernahme dieses Bandes in sein Programm.

Ingolf U. Dalferth   Claremont/CA

Inhalt

Säkularisierung, Säkularität, Säkularismus

Orientierung in einem unübersichtlichen Feld am Leitfaden der Frage nach dem Geist der Reformation

INGOLF U. DALFERTH

Wir leben heute, im 21. Jahrhundert und 500 Jahre nach der Reformation, in einem säkularen Zeitalter, in dem der Glaube an Gott, Götter oder Göttliches nicht mehr den Normalfall darstellt, sondern zu einer Option unter anderen geworden ist: Man kann ihn nicht bewusst leben, ohne zu wissen, dass es Alternativen gibt.[1] Das gilt trotz großer regionaler Unterschiede weltweit und obwohl Säkularisierungsprozesse in verschiedenen kulturellen Kontexten unterschiedlich verlaufen und keineswegs immer zur Auflösung oder zum Abbau religiöser Bindungen und Orientierungen führen. Säkularität – das Weltlichwerden der Welt – kann viele Gestalten annehmen und nicht alle schließen aus, dass Menschen ein religiöses oder spirituelles Leben führen. Auch Entkirchlichung bedeutet nicht notwendigerweise Religionsverlust, sondern kann auch Folge der Zuwendung zu anderen Religionsformen und einer freien Aneignung fremder Spiritualitätstraditionen sein.

Die gegenwärtige Welt ist also nicht ohne weiteres auf Säkularität festzulegen, weder als Zustand, in dem sie sich befindet, noch

---

[1] Charles TAYLOR, A Secular Age, Cambridge/Mass. 2007 (deutsch: Ein säkulares Zeitalter, Frankfurt a. M. 2009); Hans JOAS, Glaube als Option. Zukunftsmöglichkeiten des Christentums, Freiburg i. Br. 2012. In dieser Einleitung verwende ich Material aus den folgenden Publikationen: Ingolf U. DALFERTH, Radikaler Monotheismus als Lebensform der Freiheit, in: Archivio di Filosofia/Archives of Philosophy LXXXII (2014), S. 29–52; DERS., Transzendenz und Säkulare Welt, Tübingen 2015.

als Ziel, auf das sie sich hinbewegt. Dennoch ist nicht zu bestreiten, dass die westliche Moderne zutiefst durch Säkularisierungstendenzen geprägt ist und dass auch gelegentliche Sakralisierungsträume einer postsäkularen Spätmoderne an diesem Befund nichts Grundlegendes ändern. Das gilt auch für Deutschland und Europa. Deshalb ist es sinnvoll und wichtig, im Blick auf das Reformationsjubiläum 2017 die folgende Frage zu stellen: Welche Rolle hat die Reformation, eine im Kern religiöse Erneuerungsbewegung des Christentums in Europa im 16. Jahrhundert, für die Ausbildung der vielschichtigen und vieldeutigen säkularen Moderne gespielt, und wie ist diese Rolle zu bewerten?

1. Die Kontrahenten

Wie bei vielen Kontroversen sind auch hier die Grenzlinien zwischen den verschiedenen Sichtweisen nicht immer eindeutig zu ziehen. Dennoch gibt es hinreichend klar unterschiedene Positionen. Da sind einmal diejenigen, die dem Geist der Reformation nahestehen und ihn auch in der Gegenwart zur Geltung zu bringen versuchen: die Kirchen und Theologien verschiedener protestantischer Traditionen und die Menschen, die in protestantischer Prägung an der Gestaltung unserer Gesellschaft mitwirken. Bei ihnen geht es in dieser Kontroverse nicht nur um eine historische Frage, sondern um ihre eigene Identität und die Grundlagen ihres gesellschaftlichen Engagements. Für sie ist der Geist der Reformation ein Gut, das Kultur und Gesellschaft der Gegenwart nur zu ihrem eigenen Schaden ignorieren. Dann gibt es diejenigen, die die Reformationsbewegungen des 16. Jahrhunderts dafür verantwortlich oder doch mitverantwortlich machen, dass die – angebliche – religiöse und kulturelle Einheit Europas im Mittelalter zerbrochen ist und das Christentum in der Moderne seine beherrschende gesellschaftliche Stellung verloren hat und zunehmend an die Ränder der gesellschaftlichen Öffentlichkeit gedrängt wurde. Bei ihnen geht es um die Kritik einer Entwicklung, die sie für den Verlust der Einheit der Kirche im Westen und die verblassende Rolle des Christentums in der europäischen Kultur der Gegenwart und weit darüber hinaus verantwortlich machen. Für sie ist der Geist der Reformation ein Agent der säkularen Moderne, ein säkularer Wolf im religiösen Schafpelz sozusagen. Schließlich gibt es diejenigen, die die Reformationsbewegungen aus genau gegenläufigen Gründen dafür kritisieren, verhindert zu haben, dass Renaissance, Humanismus und Aufklärung ihr Ziel erreichten und das befreiende *ni Dieu, ni maître* der reflexiven Moderne konsequent zur Geltung kommen konnte. Für sie sind der Geist der Reformation und seine Auswirkungen bis in die Gegenwart bedauerliche Relikte der religiösen Vor- und Antimoderne, welche endlich zu beenden sind, damit es zur freien Selbstbestimmung aller Menschen und eines jeden einzelnen in unserer Gesellschaft kommen kann.

Da die ersten beiden Positionen in den folgenden Beiträgen zur Sprache kommen werden, will ich mich auf diese letzte Position konzentrieren. Nietzsche hat diese Sicht scharfsichtig oder jedenfalls scharfzüngig in seinem *Antichrist* auf den Punkt gebracht:

„Die Deutschen haben Europa um die letzte große Kultur-Ernte gebracht, die es für Europa heimzubringen gab – um die der *Renaissance*. […] *Cesare Borgia als Papst* … […] *das* wäre der Sieg gewesen, […] damit war das Christentum *abgeschafft*! – Was geschah? Ein deutscher Mönch, Luther, kam nach Rom. Dieser Mönch, mit allen rachsüchtigen Instinkten eines verunglückten Priesters im Leibe, empörte sich in Rom *gegen* die Renaissance … […] Luther *stellte die Kirche wieder her*: er griff sie an … Die Renaissance – ein Ereignis ohne Sinn, ein großes *Umsonst*! – Ah diese Deutschen, was sie uns schon gekostet haben! Umsonst – das war immer das *Werk* der Deutschen. – Die Reformation; Leibniz; Kant und die sogenannte deutsche Philosophie; die ‚Freiheits‘-Kriege; das Reich – jedesmal ein Umsonst für etwas, das bereits da war, für etwas *Unwiederbringliches* … […] diese Deutschen: […] Sie haben, seit einem Jahrtausend beinahe, alles verfilzt und verwirrt, woran sie mit ihren Fingern rührten, sie haben alle Halbheiten – Drei-Achtelsheiten! – auf dem Gewissen, an denen Europa krank ist – sie haben auch die unsauberste Art Christentum, die es gibt, die unheilbarste, die unwiderlegbarste, den Protestantismus auf dem Gewissen … Wenn man nicht fertig wird mit dem Christentum, die *Deutschen* werden daran schuld sein."[2]

---

[2] Friedrich NIETZSCHE, Der Antichrist, § 61, in: Friedrich Nietzsche,

Das ist das Szenario, das uns in diesem Band beschäftigen wird: Ist die Moderne – die Befreiung der Menschen von den Ketten heteronomer Regeln und Bevormundungen und die kulturelle Praxis der Selbstsouveränität aller und jedes einzelnen in allen Bereichen des Lebens – ist diese Moderne *wesentlich* oder (in nichttrivialem Sinn) jedenfalls *auch* der Reformation zu verdanken oder wurde sie von ihr gerade behindert und aufgehalten? War die Reformation die Blockade oder ein wesentlicher Beitrag zu einer Befreiungsbewegung, die gesellschaftlich und individuell noch lange nicht zum Ende gekommen ist? Einer Befreiungsbewegung, die *politisch* die Trennung von Staat und Kirchen gebracht hat, und sich – wie manche meinen – im radikalen Laizismus vollenden müsste; die *moralisch* zur Gewissensfreiheit geführt hat und – wie manche befürchten oder fordern – den uneingeschränkten moralischen Relativismus zur notwendigen Konsequenz hat; und die *religiös* die Einheit der Kirche im Westen aufgelöst hat und zu Subjektivierung, Privatisierung und Pluralisierung des Glaubens führte, denen sich das spirituelle und religiöse Chaos der Gegenwart zumindest mitverdankt.

So oder ähnlich lauten einige der gängigen Thesen. Doch ehe man auf das Pro und Contra dieser Thesen eingeht: Ist die Reformation wirklich verantwortlich dafür, dass das Christentum in der europäischen Moderne kulturell „disembedded", der Beliebigkeit überantwortet, einem unkontrollierten Pluralismus ausgeliefert und zur bloßen Privatbeschäftigung geworden ist? Ist sie wirklich einzuzeichnen in eine „Sequenz: [Reformation →] Entzauberung → Laizität → Souveränität aller und jedes einzelnen"[3]? Sind ihre Restbestände in der Gegenwart deshalb zu überwinden, damit das Christentum wieder die Einheit der Kirche und die kulturelle

---

Sämtliche Werke. Kritische Studienausgabe in 15 Einzelbänden, hrsg. von Giorgio Colli und Mazzino Montinari, 2., durchges. Aufl. München, Berlin, New York 1988, Bd. 6, S. 251 f.

[3] Paolo Flores D'Arcais, Elf Thesen zur Laizität. Die Unbeugsamkeit der Freiheit als Überlebensfrage der Demokratie, in: Lettre International 110 (2015), S. 13–16, hier S. 13.

Bedeutung zurückgewinnt, die der Protestantismus verspielt hat, oder umgekehrt deshalb, damit unsere Gesellschaft endlich wirklich säkular und laizistisch wird?

Laizität – so hat es Paolo Flores D'Arcais in seinen *Elf Thesen zur Laizität* formuliert – sei „die Kernfrage der Demokratie". Denn Demokratie sei die politische Gestalt des *autos nomos*, des „Sich-selbst-das Gesetz-Geben[s]", der „Selbstsouveränität des *Homo sapiens*, die auf dieser Erde an die Stelle des *heteros nomos* tritt, der Souveränität Gottes als Quelle für das Diktat von Vorschriften und Werten, Rechten und Pflichten jedes einzelnen." Ohne Laizität keine Demokratie, keine „Souveränität aller und jedes einzelnen". Und das heißt im Umkehrschluss: Solange es noch Reste des Christentums in der politischen Öffentlichkeit gibt, ist es um die Demokratie nicht gut bestellt. Wer Demokratie will, muss dafür sorgen, dass die Reformation möglichst schnell ganz und gar der Vergangenheit überantwortet wird. Und wer dem Ideal der katholischen Einheit von Kirche und Kultur nachtrauert, muss das auch tun.

So treffen sich gegenläufige Sichtweisen im gleichen Wunsch. „In Schwaben", notierte Hegel einmal, „sagt man von etwas längst Geschehenem: Es ist schon so lang her, daß es bald nicht mehr wahr ist."[4] Eben das wünschen die einen wie die anderen: Möge die Reformation doch endlich so lange her sein, dass sie nicht mehr wahr ist. Dann müsste man nicht mehr über sie streiten, sondern könnte sich den wirklichen Herausforderungen der Gegenwart zuwenden.

Doch das dürfte ein Irrtum sein. Die Frage ist ja gerade, ob sich die heutige kulturelle und gesellschaftliche Situation verstehen lässt, ohne von der Reformation und ihren Auswirkungen zu sprechen. Wenn wir heute in Europa in einer säkularen Gesellschaft leben, verdanken wir das dann neben Renaissance, Huma-

---

[4] Georg Wilhelm Friedrich HEGEL, Jenaer Schriften 1801–1807, Werke II, hrsg. von Eva Moldenhauer und Karl M. Michel, Frankfurt a. M. 1986, S. 545.

nismus, Aufklärung, Industrialisierung und Digitalisierung – in einem nichttrivialen Sinn – *auch* der Reformation? Falls ja, ist das eine berechtigte oder eine nicht beabsichtigte Folge ihrer Neuausrichtung eines orientierungslos gewordenen Christentums? Haben die Reformationsbewegungen die überkommene Einheit von Kirche und Staat, Gesellschaft und Kultur zerstört und damit die Marginalisierung des Christentums in Europa eingeleitet? Oder haben sie zentrale Impulse des Christentums zur Geltung gebracht, ohne die sich die westliche Moderne nicht hätte entwickeln können und die auch für eine sich säkular verstehende Gesellschaft in einer pluralen Spätmoderne prägend bleiben?

Um diese Fragen wird es in den folgenden Beiträgen gehen. Meine einleitenden Bemerkungen beschränken sich darauf, einige Probleme zu exponieren und Gesichtspunkte zu benennen, die bei der Orientierung im unübersichtlichen Feld dieser Fragen hilfreich sein könnten. Ich beginne mit einigen Überlegungen zum „Geist der Reformation" und wende mich dann den Problemen Säkularisierung, Säkularität, Säkularismus zu.

2. Freiheit und Menschenwürde

In seinen *Elf Thesen zur Laizität* operiert Paolo Flores D'Arcais mit einem gängigen Gegensatz: Auf der einen Seite steht der *heteros nomos* der Religion, auf der anderen der *autos nomos*, das „Sichselbst-das Gesetz-Geben", die „Selbstsouveränität" des säkularen Menschen. Wer Heteronomie und Autonomie, religiöse Fremdbestimmtheit und säkulare Selbstbestimmung so kontrastiert, versteht das Religiöse im Schema des Kontrasts von *religiös/säkular* als die klerikale Bevormundung, von der die säkulare Selbstbestimmung befreit. Religion wird mit klerikaler Kirchenherrschaft über das menschliche Gewissen gleichgesetzt, Säkularität mit der Befreiung davon.

Aber war die Reformation nicht in wesentlicher Hinsicht genau das: die Befreiung des Gewissens aus der klerikalen Bevormundung? Hat sie nicht mit Nachdruck vertreten: *Ein Christenmensch ist ein freier Herr über alle Dinge und niemand untertan*? Worin also unterscheiden sich die Anliegen der Reformation von den Anliegen einer radikalen Moderne? Darin, dass jene sich auf Gott beruft (*soli deo gloria*), während diese – mit D'Arcais gesagt – die „Verspottung jeglicher Macht" auf ihre Fahnen schreibt und erklärt, die „höchste Stufe" der vollen „Ausübung des *autos nomos*" sei „der Libertäre (und der Libertin)", „der erklärt: *ni Dieu, ni maître*"[5]?

Es sollte jedenfalls zu denken geben, dass Luthers berühmte Doppelthese in der Freiheitsschrift von 1520 nicht lautet: *Ein Christenmensch ist ein freier Herr über alle Dinge und niemand untertan* und *Ein Christenmensch unterwirft sich in allem bedingungslos dem Diktat des souveränen Willens Gottes*. Von Gott und Gehorsam ist nicht die Rede, jedenfalls nicht explizit, umso mehr dagegen von den Nächsten, wenn Luther als zweiten Satz hinzufügt: *Ein Christenmensch ist ein dienstbarer Knecht aller Dinge und jedermann untertan*. Wahre Freiheit manifestiert sich nicht im Rückzug auf eine „Privatsphäre *in interiore homine*", wie D'Arcais meint, sondern gerade umgekehrt in einem anderen Umgang mit sich, seinen Mitmenschen, der Mitwelt und der Umwelt, einem Umgang, den Christen „Liebe" und „Nächstenliebe" nennen und der sich ganz und gar nicht von selbst versteht und alles andere als die Universalisierung eines altruistischen Gruppenegoismus ist.

Wenn man vom Geist der Reformation spricht, muss man daher beides im Blick behalten: die *Freiheit des Glaubens* und die *Befreiung zur Liebe*. Ganz und gar frei im Glauben und im Glauben ganz und gar befreit zur Liebe – das ist der doppelte Fanfarenruf der Reformation, der die Menschen damals in Bewegung gesetzt hat, den Ausgang aus ihrer selbst- und nicht nur selbst verschuldeten Unmündigkeit zu suchen. Nicht um einen aus allen Bindungen befreiten Egoismus und Individualismus zu feiern, der Freiheit mit Verantwortungslosigkeit verwechselt, aber auch nicht, um an

---

[5] D'Arcais, Elf Thesen (wie Anm. 3), S. 13.

die Stelle eines bevormundenden Kirchenglaubens eine besserwisserische Zwangsmoral zu setzen, die das Gewissen nicht weniger knechtet, weil sie immer schon weiß, was für andere und uns alle gut ist, sondern um selbst zu entdecken, dass nur der wirklich frei ist, der nicht ständig nur nach sich selbst fragt, sondern sich aus eigener Überzeugung und in vernünftiger Verantwortung vor Gott und den Menschen für das Wohl der anderen einsetzt – das Wohl *aller* anderen, die Beistand nötig haben, nicht nur das der eigenen Freunde und Gleichgesinnten.

Freiheit bleibt unterbestimmt, wenn man sie nur als libertäre „Souveränität aller und jedes einzelnen" fasst, tun und lassen zu können, was man will, solange man „nicht eine identische Freiheit anderer verletzt."[6] Sie muss als freie eigene Entscheidung *für das Gute* – und das heißt immer, nicht nur für das *für mich* Gute, sondern für das *für jeden* Gute und damit stets auch für das *Wohl der anderen* verstanden werden, und zwar das Wohl *aller* anderen, nicht nur derer, mit denen man ohnehin übereinstimmt. Christen sollen nicht nur Freunde ihrer Freunde sein, und Christinnen auch nicht. Alle Menschen sind so zu behandeln, wie Gottes Nächste es verdienen, auch und gerade dort, wo man auf Not und Elend, Feindschaft und Ablehnung stößt. Es ist ja keine besondere Kunst, die zu mögen, die man ohnehin gern hat. Aber es ist eine nie endende Herausforderung, sich auf die einzulassen, die einem fremd oder gar feind sind, und dieser Herausforderung kann man sich nicht entziehen, wenn man erkannt hat, dass man bei allen nicht zu übertünchenden Unterschieden mit ihnen zusammen an demselben Ort steht: dem, an dem Gott einem zum Nächsten wird, ehe man überhaupt in der Lage wäre, damit zu rechnen oder nicht zu rechnen, es zu ignorieren oder zu begrüßen.

Diese absolute Priorität der unbedingten Güte Gottes haben die Reformatoren ins Zentrum gestellt. Sie haben damit nichts Neues gesagt, sondern zur Geltung gebracht, dass die christliche Überzeugung *Ein Gott, eine Schöpfung, ein Volk Gottes* eine neue Sicht

---

[6] D'Arcais, Elf Thesen (wie Anm. 3), S. 14.

der Gleichheit der Menschen impliziert: Vor Gott sind alle gleich, nicht, weil zwischen den Menschen keine Unterschiede bestünden, sondern weil mit diesen Unterschieden nach christlicher Überzeugung so umzugehen ist, dass die Gleichheit aller Menschen vor Gott nicht außer Kraft gesetzt wird. Alle haben die gleiche Würde vor Gott, alle sind so zu behandeln, dass diese Würde geachtet wird, und das geschieht, indem man sich selbst frei dazu verpflichtet, sich seinen Mitmenschen und sich selbst gegenüber so zu verhalten, dass die gemeinsame Würde als Menschen gewahrt bleibt.

Menschenwürde in diesem Verständnis ist nicht an das Vorliegen bestimmter Qualitäten und Fähigkeiten bei einem Menschen geknüpft, sondern Ausdruck der kategorischen Selbstverpflichtung, sich selbst und die anderen unter allen Umständen uneingeschränkt als solche zu behandeln, die Gott grundlos als seine Nächsten würdigt – also nicht aufgrund dessen, *wie* man als Mensch lebt (Sosein), sondern einzig deshalb, weil Gott will, *dass* man lebt (Dasein). Menschenwürde ist mit dem Dasein von Menschen gesetzt und kein Resultat bedingter Zuschreibung auf der Grundlage vorliegender Eigenschaften (Naturalismus) oder eines bestimmten moralisch qualifizierten Lebens oder Soseins (Moralismus). Sie ist aber auch nicht Folge unserer gegenseitigen Anerkennung, sondern wir anerkennen sie, weil sie vorliegt – nicht als etwas, was man aufweisbar besäße (an der Menschenwürde scheitert jeder Naturalismus und Moralismus), sondern als eine Auszeichnung, die sich – theologisch gesprochen – der grundlosen Zuwendung des Schöpfers verdankt: Menschen haben Würde, weil Gott sie würdigt da zu sein und die zu sein, für die er da ist.

Beides versteht sich nicht von selbst, weder dass sie da sind, noch dass Gott das will, um ihr Nächster zu sein. Die Zusage des ersten Gebots „Ich bin Dein Gott, außer mir brauchst Du keine anderen Götter" bleibt daher immer eine Verheißung, die über das Vorfindliche weit hinaus weist, aber gerade deshalb eine andere und neue Sicht auf alles eröffnet, wie Luther nicht müde wurde zu betonen. Nur weil wir da sind, können wir so oder anders sein, gut oder übel handeln, menschlich oder unmenschlich leben. Unser

Sosein liegt jeweils in unserer Verantwortung. Wir sind verantwortlich für unsere Taten, auch wenn wir es nicht in der Hand haben, dass sie gut sind und Gutes bewirken. Menschenwürde dagegen hängt an unserem *Dasein*, für das wir nicht selbst verantwortlich sind, und das gerade deshalb uneingeschränkt gut zu nennen ist, weil wir es nicht uns selbst oder nur anderen Menschen, sondern Gott zu verdanken haben. Das kann man ignorieren oder bestreiten. Aber es ist vernünftig, sein Sosein am Passivitäts- oder Gabe-Charakter unseres Daseins auszurichten, wenn man nicht das ignorieren oder bestreiten will, ohne dass man es noch nicht einmal ignorieren oder bestreiten könnte.

3. Gleichheit vor Gott

Nicht nur die Grenzen zwischen Freund und Feind, mir und den anderen werden außer Kraft gesetzt, wo alle in dieser Weise als von Gott gewürdigte Nächste gesehen und behandelt werden, ob man das unter dem Titel „Menschenwürde" thematisiert oder nicht. Es werden auch andere Grenzen und Unterscheidungen aufgehoben und in Frage gestellt, die sich tief in unsere kulturelle Praxis eingegraben haben.

Stehen alle Menschen an jedem Ort in der gleichen Weise vor Gott, dann gibt es keine theologisch wesentliche Differenz zwischen Religiösem und Säkularem, Religiosität und Säkularität, Heiligem und Profanem, dann kann alles durch die Präsenz Gottes geheiligt werden, ohne dass deshalb Freiheit und Selbstbestimmung „in einer Restauration der Heteronomie des Heiligen" und der „Theokratie" der religiösen Freiheitsverächter verschwinden würden, wie D'Arcais meint.[7] Das zeigt sich nicht nur an der Aufhebung der Klöster in der Reformationsepoche, an der Abschaffung religiöser Sonderrechte der Ordensgemeinschaften und an der Verlagerung der religiösen Ordnungskompetenz vom Klerus und der Hie-

---

[7] D'Arcais, Elf Thesen (wie Anm. 3), S. 13.

rarchie auf die Obrigkeit der Gemeinden, Städte und politischen Herrschaftsgebiete. Das zeigt sich auch an der konsequenten Entsakralisierung von Institutionen, Funktionen, Personen, Orten, Zeiten, Zeremonien, Tätigkeiten, Bildern, Gegenständen, die bisher als heilig galten. Und das zeigt sich an der kulturell und ökonomisch folgenreichen religiösen und ethischen Aufwertung der weltlichen Berufe und Stände (Ehestand) bei den Reformatoren. In reformatorischer Perspektive teilt sich das Leben nicht auf in religiöse und nichtreligiöse Bereiche, in Bereiche, in denen man Gott näher steht, und in solche, in denen man Gott fern ist. Es gibt keinen Lebensbereich, der Gottes Herrschaft gegenüber kein weltliches Geschäft wäre. Jeder Beruf, jeder Stand, jedes Geschäft hat seine eigene Würde vor Gott. Jeder steht zu allen Zeiten an seinem Ort vor Gott, alles Leben ist Gottesdienst, wenn und insofern es in eigener Verantwortung aus Dankbarkeit gegenüber Gott als Dienst am Nächsten praktiziert wird. Es gibt keinen Lebensbereich, in dem man nicht unter Gottes guter Herrschaft stünde, aber Gott herrscht nicht in jedem in derselben Weise. Es liegt in unserer Verantwortung, in rechter Weise zu unterscheiden, wo das Wort oder das Schwert, das Evangelium oder das Gesetz zur Geltung zu bringen sind. Die Folgen sind bekannt: Auch der gemeinsame Gottesdienst wird so zu einem weltlichen Geschäft, dessen Ordnung in die Regelungskompetenz der Gemeinde fällt. Die Differenz zwischen Klerus und Laien hat keine religiöse Valenz mehr. In der Gemeinde sind alle Getauften Priester und damit beauftragt, Gottes Gegenwart in der Welt an ihrem Ort zur Geltung zu bringen. Die Ordnungsdifferenzen zwischen Amtsträgern und Gemeinde haben keine religiöse Qualität und sind nicht sakramental begründet, sondern aus den Aufgaben und Anforderungen des Amtes zu entwickeln. Auch die Differenzen zwischen Kirche und Staat, Religion und Politik, sind nicht so zu verstehen, dass hier Göttliches gegen Weltliches oder Heteronomie gegen Autonomie stünde. Beide Bereiche sind weltlich und in ihren Unterschieden zusammen von Gott unterschieden, der auf beide auf verschiedene Weise bezogen ist und in ihnen seine Herrschaft durch Gesetz und

Evangelium auf verschiedene Weisen ausübt. Kirche und Staat sind daher nicht als Reich Gottes und Reich der Welt zu unterscheiden. Beides sind weltliche Einrichtungen, beide sind nach menschlicher Einsicht und Vernunft zu gestalten, in der Orientierung an Christus können und sollen Christen neue und bessere Dekaloge machen als Moses.[8] Umgekehrt wird Gottes Herrschaft in beiden auch nicht auf die gleiche, sondern auf verschiedene Weise ausgeübt, und es gibt keinen Bereich des Weltlichen, der nicht unter Gottes Herrschaft stünde.

Damit werden grundlegende Orientierungskoordinaten der westlichen Tradition aus religiösen Gründen neu bestimmt. Es kommt zu einer umfassenden Verweltlichung aller horizontalen Differenzen im Licht der Fundamentalunterscheidung von Gott und Welt. Das zeigt sich zentral an den Entwicklungen, die wir als „Säkularisierung" zu bezeichnen uns angewöhnt haben. Was ist damit gemeint?

4. Säkulare Welt und Weltliche Welt

Säkularität – das Weltlichwerden der Welt – hat viele Gesichter, und christliche Einstellungen zur säkularen Welt können erheblich variieren. Das hat einen guten Grund: die Mehrdeutigkeit dessen, was mit „säkular" gemeint sein kann. Zum einen wird darunter das verstanden, was *nicht religiös* ist, zum anderen das, was *nicht göttlich* ist. Beide Kontraste fallen nicht zusammen, sondern bestimmen verschiedene Säkularitätsbegriffe. Man kann säkular leben im zweiten Sinn, ohne nichtreligiös zu leben im ersten Sinn. Aber man lebt auch noch nicht wirklich säkular im ersten Sinn, solange man sich noch so bezeichnet. Im Begriff des so verstandenen Säkularen liegt ein Negationsbezug auf das Religiöse, der sich nicht ausblenden lässt, ohne den Begriff zu entleeren.

---

[8] Martin LUTHER, Die Doktorpromotion von Hieronymus Weller und Nikolaus Medler, 11. und 14. September 1535, WA 39, 1, S. 47, 25–30.

Das hat nicht immer beachtete Folgen. Wird das mit „säkular"
Gemeinte seinerseits negiert und nicht nur von „nicht säkular",
sondern von „postsäkular" gesprochen, dann ergeben sich zwei
Optionen und nicht nur eine, wie häufig gemeint wird. Man kann
Postsäkularität als Wiedergewinnen des Religiösen bzw. der Mög-
lichkeit des Religiösen am Ende der Moderne verstehen (schwache
Postsäkularität)[9] oder als Überwindung der Differenz zwischen
Religiösem und Säkularem (starke Postsäkularität).[10]

Postsäkular im starken Sinn ist nicht der, der nach der Religionskritik und Religionsabstinenz der Moderne wieder mit der
Möglichkeit der Religion rechnet, sondern der lebt, wie er lebt,
ohne den Gegensatz zwischen „religiös" und „säkular" überhaupt
noch zu bemühen, um sein Leben zu charakterisieren. Wirklich
säkular lebt erst, wer gegenüber der Unterscheidung zwischen
säkular/religiös indifferent ist, weil er keinen Anlass mehr hat –
oder meint, keinen Anlass mehr zu haben –, sich in ihrem Licht
zu verstehen.

Solange man das aber noch tut, muss man beachten, dass mit
„säkular" systematisch Verschiedenes gemeint sein kann. Wird
der Sinn von „säkular" am Leitfaden des vertikalen Gegensatzes
göttlich/weltlich bestimmt, dann wird Säkularität als *Weltlichkeit*
verstanden und im Zusammenhang der Entdeckung der Transzendenz des Göttlichen und der Ausarbeitung der Differenz zwischen
Schöpfer und Schöpfung zum Thema. Wird der Sinn von „säkular"
dagegen am Leitfaden des horizontalen Gegensatzes *religiös/säku-
lar* bestimmt, dann wird Säkularität als *säkulare Weltlichkeit* ver-

---

[9] Vgl. Hans-Joachim Höhn, Postsäkular: Gesellschaft im Umbruch –
Religion im Wandel, Paderborn u. a. 2007; ders., Der fremde Gott. Glaube
in postsäkularer Kultur, Würzburg 2008; Friedrich Johannsen, Postsäkular? – Religion im Zusammenhang gesellschaftlicher Transformationsprozesse, Stuttgart 2010.

[10] Das habe ich ausführlicher entfaltet in Ingolf U. Dalferth, Religi-
onsfixierte Moderne? Der lange Weg vom säkularen Zeitalter zur postsäkularen Welt, in: Denkströme. Journal der Sächsischen Akademie der
Wissenschaften 7 (2011), S. 9–32.

standen und im Zusammenhang der Entdeckung der Weltlichkeit des Weltlichen als Abbau oder Zurückdrängung des Religiösen in der Gesellschaft und im menschlichen Leben entfaltet.

Die historische Dialektik der Säkularisierung in der Moderne wird nur verständlich, wenn man diese doppelte Gestalt einer vertikalen und horizontalen Säkularisierung beachtet. In der ersten wird die Welt in der Unterscheidung von Gott *weltlich* und der Glaube in der Ausrichtung an Gott *transzendenzorientiert*. Das gehört zum Christentum seit seinen Anfängen. In der zweiten dagegen wird *innerhalb* der Welt zwischen Religiösem und Säkularem unterschieden, die Weltlichkeit wird *säkular* und die Religion in einer säkularen Welt zur *Privatsache*. Das ist eine Entwicklung in der Moderne. Verknüpft man beide Unterscheidungen, dann lässt sich der Prozess der europäischen Moderne als der Streit darüber konfigurieren, ob man die erste Differenz (göttlich/weltlich) auf der Basis der zweiten (religiös/säkular) verstehen und konstruieren soll, oder umgekehrt, und welche Konsequenzen sich aus den jeweiligen Negationen ergeben. Ich deute nur an:

Die theologische Tradition war sich immer klar, dass die Differenz *religiös/säkular* eine Differenz *innerhalb des Weltlichen* markiert und nicht mit der vertikalen Differenz *göttlich/weltlich* gleichzusetzen ist. Sie führt nicht über das Weltliche hinaus, sondern verbleibt in diesem, ob man sie als *Kirche/Welt, Sakralisierung/Säkularisierung, Selbsttranszendierung/Transzendenzbestreitung* oder wie auch immer konkretisiert. Nur *innerhalb der Schöpfung* kann so unterschieden werden, und keine Differenz *in der* Schöpfung kann mit der Differenz zwischen Schöpfer und Schöpfung zusammenfallen, sondern diese allenfalls auf geschöpfliche Weise repräsentieren.

Die Reformation war nun diejenige Erneuerungsbewegung im westlichen Christentum, die mit allem Nachdruck als grundlegende Orientierungsunterscheidung des christlichen Lebens die Unterscheidung zwischen *Gott und Welt, Schöpfer und Geschöpf* zur Geltung brachte und ihr absolute Priorität gegenüber allen Versionen der innerweltlichen Unterscheidung zwischen *religiös* und *säkular* einräumte. Nichts in der Welt, weder im Horizont des Religiösen noch im Horizont des Säkularen, kann als solches die Position Gottes im Unterschied des Göttlichen und Weltlichen einnehmen. Niemand und nichts kann von sich aus Gottes Funktion beanspruchen, die eigene Stimme als Gottes Stimme oder den eigenen Geist als Gottes Geist ausgeben. Jeder derartige Versuch wäre eine Verwechslung von Schöpfer und Geschöpf und damit eine Vergötzung von Geschaffenem. Die reformatorische Kritik am Papsttum und an den Spiritualisten war eine direkte Konsequenz dieser Sicht und stellt zwei Seiten derselben theologischen Bemühung dar, die Grundunterscheidung zwischen Schöpfer und Schöpfung zu wahren.

Denn ist *Schöpfung* das, was sich der Selbstunterscheidung des Schöpfers von dem verdankt, was nur ist, weil Gott sich so von ihm unterscheidet, dass er bleibend darauf als das andere seiner selbst bezogen ist, dann ist die Entdeckung der *Weltlichkeit* der Welt die Rückseite der Entdeckung der Transzendenz des Göttlichen (Differenz *göttlich/weltlich*) und die Entdeckung der *säkularen Weltlichkeit* die Bestimmung der Weltlichkeit des Weltlichen durch Unterscheidung von allem Religiösen (Differenz *religiös/säkular*). Beidem entspricht auf der anderen Seite die Entdeckung des Göttlichen als des nicht hintergehbaren Grunds und Horizonts der Unterscheidung von Göttlichem und Weltlichem (Differenz *Schöpfer/Schöpfung*) und die Entdeckung der Möglichkeit einer positiven theologischen Sicht auch der säkularen Welt im Licht der *Schöpfer/Schöpfung-Differenz*: Nicht nur das religiöse, sondern auch das säkulare Leben ist ein Leben in der Schöpfung, die sich dem Schöpfer verdankt. Und nicht nur das säkulare, sondern auch das religiöse Leben ist ein Leben in der Welt, die weltlich und nicht göttlich ist.

Das ist grundlegend anders, wo das Religiöse und seine gesellschaftlichen Institutionen (die Kirche) als Repräsentanz des Göttlichen in der Schöpfung verstanden werden. Die Infragestellung des Religiösen wird dann ipso facto zur Infragestellung Gottes, und die Verteidigung Gottes zur – philosophischen, theologi-

schen, moralischen, historischen, rechtlichen, politischen und so
fort – Verteidigung von Religion und Kirche. Genau das charakterisiert die Säkularisierungsdebatte der Moderne. Sie operiert fast
ausschließlich mit der Unterscheidung *religiös/säkular*. Während
die eine Seite das Religiöse fast durchgehend als das Klerikale,
Heteronome, Unvernünftige versteht, dem im Namen des Vernünftigen, Autonomen und Antiklerikalen widersprochen werden
muss, verteidigt die andere das Religiöse als das, von dem die
säkulare Vernunft und Gesellschaft auch dann noch zehren, wenn
sie meinen, darauf verzichten zu können.

Die Unterscheidung *göttlich/weltlich* spielt in dieser Auseinandersetzung so gut wie keine Rolle – auch deshalb, weil der Rekurs
auf Gott und Göttliches von der Agenda öffentlicher Diskussionen
verbannt ist. Auch die Diskussion der sogenannten Säkularisie-
rungstheorie ist ganz an der Differenz *religiös/säkular* orientiert,
und zwar auch dort, wo diese Abkürzungsfigur der Neuzeitgene-
se in Subkomponenten wie *Privatisierung, Rationalisierung* und
gesellschaftliche Ausdifferenzierung untergliedert wird, die unterschiedlich zu beurteilen sind. Die Unterscheidung *göttlich/weltlich*
wird an keiner Stelle eingeholt. Doch für Judentum, Christentum
und Islam besteht die maßgebliche Grunddifferenz nicht in einem
Unterschied zwischen Religiös-Kirchlichem und Staatlich-Politi-
schem *in der Welt*, sondern im Unterschied zwischen *Gott* und der
Welt, dem *Einen* und dem *Vielen*, dem *Ersten* und dem *Ganzen*.
Die Welt ist geschaffen, nicht göttlich. Weder sie noch irgendetwas
in der Welt ist mit Gott, dem Schöpfer, gleichzusetzen. Dieser
macht sich vielmehr zum Einen und Ersten, indem er sich vom
Vielen so unterscheidet, dass er dieses durch seine Unterscheidung
davon zu einem Ganzen verbindet.

5. Variationen des Säkularen

Die „Entzauberung der Welt" (M. Weber) ist so in der Tat die
Rückseite der radikalen Unterscheidung von Schöpfer und Schöp-

fung, auf der die Reformatoren um der Gewissheit der Rechtfertigung und der Freiheit des Gewissens willen beharrten. Sie ist aber keine Erfindung der Reformation, sondern fängt dort an, wo drei intellektuelle Manöver verknüpft werden: der Übergang vom *Polytheismus* zum *Monotheismus* (Gott/Götter); die Entdeckung der *strikten Transzendenz des Göttlichen* und der ihr korrespondierenden *strikten Weltlichkeit der Welt* (*Transzendenz/Immanenz*); und das Verständnis der Beziehung Gottes zur Welt als *Schöpfung* und nicht als Emanation oder Partizipation (*Schöpfer/Schöpfung*), also nicht als Ausdifferenzierungsprozess des Göttlichen, sondern als Selbstunterscheidung des Einen vom (dadurch konstituierten) Ganzen, zu dem das Eine nicht gehört, sondern dem es gegenübersteht. Der Monotheismusgedanke für sich genommen ist nicht hinreichend, diese Entwicklung zu erklären, wie die hellenistische Kosmotheologie in ihren verschiedenen Versionen (platonisch, aristotelisch, stoisch) zeigt (*ein Kosmos, eine Gottheit*). Entscheidend ist vielmehr die Unterscheidung zwischen dem einen *Schöpfer* und der einen *Schöpfung* (*ein Gott, eine Welt*). Erst dadurch wurde die Welt „entgöttlicht" oder „entzaubert", also konsequent weltlich verstanden und erlebt, und zwar genau deshalb, weil sie in jeder Hinsicht als Präsenzraum des von ihr absolut unterschiedenen Schöpfers verstanden wurde.

Die Unterscheidung von Gott und Welt und ihre Folgeunterscheidungen (*unendlich/endlich, Gott/Abgott, Glaube/Aberglaube*) sind absolute Differenzen, die sich nicht in polare Gegensätze eines graduellen Mehr oder Weniger überführen lassen. Gott ist in keiner Weise mit einer geschaffenen Wirklichkeit gleichzusetzen, mit keinem Naturphänomen, keinem Kulturprodukt, schon gar nicht mit einem Gottesgedanken oder theologischen Denkkonstrukt. Wo immer das geschieht, also etwas Geschaffenes sakralisiert, vergöttlicht oder als göttlich verstanden oder verehrt wird, liegt Idolisierung, Götzendienst und Aberglaube vor. Alles Geschaffene ist ganz und gar weltlich zu verstehen und entsprechend zu behandeln.

Nun kann allerdings nicht nur die grundlegende Unterscheidung *göttlich/weltlich* verschieden konkretisiert werden, sondern auch die andere Leitunterscheidung *religiös/säkular* (*heilig/profan*, *Kirche/Staat*, *religiös/politisch*). Weil es sich dabei um eine innerweltliche Unterscheidung handelt, kann sie stets von beiden Seiten aus konstruiert werden. So kann *säkular* entweder von religiösem Standpunkt aus alles genannt werden, was nicht auf Seiten der Religion in diesem Gegensatz angesiedelt ist (*kirchlich/säkular*: kirchliche vs. staatliche Aktivitäten; *klerikal/säkular*: monastisches Leben der Kleriker vs. nichtmonastischer Weltklerus; *kirchlich/weltlich*: kirchliche vs. weltliche Musik [weltliche Sonaten]). Oder das *Säkulare* wird in politisch-rechtlichem Sinn als Gegensatz zum *Konfessionellen* konzipiert. Dieser Gegensatz wurde im Zug der Ausbildung der Nationalstaaten im Gefolge der Souveränitätskriege in Europa etabliert und diente dazu, eine Reihe unterschiedlicher Entwicklungen aufeinander zu beziehen respektive zu bündeln, nämlich – vereinfachend gesagt – die Veränderung vom konfessionellen Streit zum säkularen Frieden im 16.–17. Jahrhundert (politisches Motiv), die Veränderung von einer monopolistischen Staatswirtschaft zu einer freien Handels- und Marktwirtschaft im 18.–19. Jahrhundert (ökonomisches Motiv) und die Veränderung von einer autoritären religiösen Vergangenheit zu einer liberalen Moderne im 19.–20. Jahrhundert (kulturelles Motiv).

Im Licht jeder dieser Veränderungen wird das Säkulare jeweils anders akzentuiert und dementsprechend auch das Religiöse anders verstanden. Aus der ersten Sicht heißt es, dass säkulare politische Mächte nicht in religiöse Angelegenheiten eingreifen sollen („Religion ist Privatsache"[11]). Aus der zweiten Sicht wird zugestanden und rechtlich ermöglicht, dass eine Pluralität verschiedener Konfessionen, Denominationen oder Religionen innerhalb der Grenzen ein und desselben Nationalstaates koexistie-

---

[11] Vgl. Thomas JEFFERSON, The Virginia Statute for Religious Freedom 16 January 1786, Record of the General Assembly, Enrolled Bills, Record Group 78, Library of Virginia, in: Statutes at Large of Virginia, hrsg. von William Waller Hening, Vol. 12 (1823), S. 84–86.

ren kann („Religion ist plural", „Religion gibt es nur in der Vielfalt geschichtlicher Religionen"[12]). Aus der dritten Sicht kann nur das, was sich nach öffentlichen Standards einer neutralen und universalen Vernunft verteidigen lässt, ernst genommen werden („Religiöser Glaube ist vorwissenschaftlich und kann nicht rational oder vernünftig vertreten werden"[13]). Jede dieser Sichtweisen eröffnet einen eigenen Diskurs, aber nur wenn man die Diskurse distinkt hält und sie nicht durcheinanderwirbelt, können sie zu Klärungen und nicht nur zu weiteren Unklarheiten führen.

6. Säkularismus und Fundamentalismus

Wo diese verschiedenen Beurteilungen von Religion als *privat, plural* und *vorwissenschaftlich* verknüpft werden, verdichten sich säkulare Positionen zum *antireligiösen Säkularismus* und damit zu einer weltanschaulichen Ideologie.[14] *Religion* wird dann als atavistisches Relikt einer vergangenen Epoche verstanden, zwischen *Vernunft* und *Religion* wird ein unüberbrückbarer Graben gesehen, und Fragen nach der Gegenwartsbedeutung und Zukunft von Religion werden nur noch negativ beantwortet: Religiöse Überzeugungen werden einer vorwissenschaftlichen Vergangenheit zugeschrieben und haben nichts in einer vernunftgeleiteten modernen Welt und Gesellschaft zu suchen.

Es wundert wenig, dass diesem ideologischen Verständnis christliche Gegenideologien entgegengesetzt werden, die Säkularismus, Säkularität und die Rede von einer säkularen Welt

---

[12] Friederich Daniel Ernst SCHLEIERMACHER, Über die Religion. Reden an die Gebildeten unter ihren Verächtern (1799), in: Schleiermacher: Kritische Gesamtausgabe 1,2, Berlin/New York 1984, S. 185–326.

[13] Sam HARRIS, The End of Faith, New York 2005; DERS., Letter to a Christian Nation, New York 2006; Richard DAWKINS, The God Delusion, Boston 2006.

[14] Vgl. Richard SCHRÖDER, Abschaffung der Religion? Wissenschaftlicher Fanatismus und die Folgen, Freiburg i. Br. u. a. 2008.

pauschal als modernistische Ideologie kritisieren.[15] Beispiele dafür finden sich in vielen religiösen Traditionen. Dabei verfahren
religiöse Reaktionen auf die Moderne und fundamentalistische
Zurückweisungen des Modernismus und Säkularismus immer
wieder nach demselben Muster. Sie alle positionieren sich auf
der anti-säkularen Seite des Kontrasts *religiös/säkular,* und sie
verwischen die Differenz zwischen vertikaler und horizontaler
Säkularität, indem sie ihre jeweilige eigene religiöse Sicht mit
der Sicht Gottes identifizieren. Doch es ist eines, das Säkulare
von religiösem Standpunkt aus als das zu bestimmen, *was nicht
religiös ist,* wie es das traditionelle Christentum tat, und etwas
anderes, das Religiöse von säkularem Standpunkt aus als das
zu bestimmen, *was nicht säkular ist.* Der religiöse Fokus der
ersten Bestimmung („säkular" = „nicht religiös") und der säkulare
Fokus der zweiten Bestimmung („religiös" = „nicht säkular")
gehören nicht zur selben Perspektive, sondern zu verschiedenen
Perspektiven und lassen sich deshalb nicht ohne weiteres miteinander vermitteln oder einander auf derselben Ebene entgegen-
setzen. Entsprechend ist es eines, die säkulare Sicht der Religion
als das, *was nicht säkular ist,* von einem religiösen Standpunkt
aus zurückzuweisen (religiöser Fokus), aber etwas anderes, es
von einem säkular konstruierten „religiösen" Standpunkt in der
säkularen Perspektive aus zu tun (nicht-religiöser Fokus). Denn
dann kritisiert man den Säkularismus der Moderne von eben dem
Standpunkt aus, den dieser selbst geschaffen hat, indem er die
Religion und alles Religiöse pauschal als vormodern und nicht-
säkular aus seinem Weltbild ausgeschlossen hat. Und dann ist die
Gefahr groß, zwischen der eigenen Sicht und der Sicht Gottes
nicht mehr zu unterscheiden.

Eben das tut der religiöse Fundamentalismus der Gegenwart: Er
reagiert auf den normativen Säkularismus der Moderne in dessen

---

[15] John MILBANK, Theology and Social Theory, Oxford ²2006; Phillip
BLOND, Post-Secular Philosophy, London 1997; James K. A. SMITH, In-
troducing Radical Orthodoxy: Mapping a Post-secular Theology, Grand
Rapids 2004.

Weise, und indem er das tut, verkehrt er die Religion, die er verteidigt, in eine Anti-Ideologie zur Ideologie der säkularistischen Moderne. Fundamentalismus ist keine Rückkehr zur Religion, wie diese war, ehe sie vom modernen Säkularismus marginalisiert wurde, sondern ein Protest der Marginalisierten gegen die Moderne in den Kategorien der Moderne.

Theologisch läuft das auf ein fundamentales Selbstmissverständnis hinaus. Man will den Gottesglauben verteidigen und im Gegenzug zur säkularen Moderne die Überlegenheit des Religiösen über das Säkulare erweisen, indem man seine Sicht des *Religiösen* (im Sinn des horizontalen Gegensatzes *religiös/säkular*) mit dem *Göttlichen* (im Sinn des vertikalen Gegensatzes *göttlich/weltlich*) identifiziert. Aber man blendet dabei aus, dass gerade der Schöpferglaube es ausschließt, irgendeine Differenz innerhalb der Schöpfung mit der Differenz zwischen *göttlich* und *weltlich* gleichzusetzen, insofern alle innerweltlichen Unterscheidungen, auch die zwischen *säkular* und *religiös* (egal in welchem Sinn), auf der Seite des *Weltlichen* und nicht des *Göttlichen* stehen. Damit zieht der religiöse Fundamentalismus aber die Kritik eben des Glaubens auf sich, den er zu verteidigen sucht. Denn dieser setzt an die Stelle der religiös verzauberten Welt eine Sicht der Welt als Schöpfung, die prinzipiell vom Göttlichen verschieden ist und nichts Geschaffenes mit Gott, Gottes Wort oder Gottes Wille zu identifizieren erlaubt.[16] Sofern er mit diesem Anspruch auftritt, verteidigt der religiöse Fundamentalismus nicht den Glauben, wie er meint, sondern er ist selbst nichts anderes als eine Version der säkularen Moderne, die er im Namen des Glaubens attackiert. Er beansprucht, Gott zur Geltung zu bringen, aber indem er seinen Anspruch mit Gottes Urteil gleichsetzt, verwischt er die entscheidende Differenz zwischen *Göttlichem* und *Weltlichem* und reklamiert eine Autorität für sein eigenes Reden und Tun, die allein Gott, aber keinem Geschöpf zukommt.

---

[16] Vgl. Robert A. Markus, Christianity and the Secular, Notre Dame/Ind. 2006.

7. Zur Neuorientierung der Debatte

Sind die angedeuteten Überlegungen stichhaltig, dann gibt es gute
Gründe, die eingeschliffenen Bahnen der gängigen Debatten um
Säkularisierung, Säkularität und Säkularismus zu verlassen und
andere Wege einzuschlagen. Fast durchgehend werden diese Debatten im Horizont der Unterscheidung *religiös/säkular* geführt,
während die theologisch grundlegendere Unterscheidung *göttlich/
weltlich* auffällig ausgeblendet bleibt. Doch vor allem sie ist theologisch relevant, und zwar im Christentum nicht weniger als im
Judentum und Islam, und vor allem an sie hat die reformatorische
Theologie in all ihren Facetten erinnert. Es geht um die Bedeutung
der grundlegenden Unterscheidung von Schöpfer und Schöpfung
für das menschliche Leben, nicht um die Verteidigung der Religion und ihrer überkommenen Rechte und Besitzstände in einer
säkularen Gesellschaft.

Die Säkularitätsdebatte ist deshalb auf einer Seitenspur, solange
sie nur auf die Leitunterscheidung *religiös/säkular* achtet und die
dadurch in den Blick kommenden Probleme thematisiert. Will sie
dem Geist der Reformation und den dadurch ausgelösten Entwicklungen auf die Spur kommen, muss sie auf die Leitunterscheidung
göttlich/weltlich bzw. *Schöpfer/Schöpfung* umstellen. Sonst ver-
fehlen die Auseinandersetzungen um Religion, Religionslosigkeit,
Religionskritik und Antireligiosität bei aller zeitdiagnostischen
Einsicht, gesellschaftlichen Relevanz und politischen Brisanz den
existentiellen Kern des Problems: dass es bei Glaube und Religion
ebenso wie bei Nichtglaube, Indifferenz oder Religionsablehnung
nicht um private Beliebigkeiten ohne weitere Bedeutung geht,
sondern um die *Wahrheit des menschlichen Lebens*. Das ist die
entscheidende Frage, um die gestritten wird und gestritten werden
muss, nicht das Für und Wider von Religion oder Nichtreligi-
on in einer säkularen Welt. Wie müssten wir leben, um wirklich
menschlich zu leben? Wie können wir es? Worauf müssten wir
achten, um uns nicht mit weniger zufrieden zu geben, als wir
sein könnten? Woran sollten wir uns orientieren, um uns nicht

selbst zu täuschen? Und wie können wir es im Miteinander mit anderen, die das genuin Menschliche eines menschlichen Lebens selten genau so verstehen wie wir?

Der Diskurs über diese Fragen ist vielfältig und wird nicht nur in und von den Religionen geführt. So wichtig ein Dialog zwischen den Religionen sein mag, er allein genügt nicht. Soll er sich nicht in der Endlosschleife gegenseitiger Belehrungen verfangen, sondern zu allgemeinheitsrelevanten Ergebnissen führen, müssen Dritte an ihm teilnehmen, die sich weder mit der einen noch der anderen Seite identifizieren. Falls diese nicht ideologisch, sondern kritisch säkular sein wollen, müssen sie ihre pauschal negative Haltung gegenüber aller Religion überdenken und lernen, Unterscheidungen zu machen. Nicht alle Religion ist qua Religion schon töricht, aber in jeder religiösen Tradition gibt es viele gute Gründe, zwischen törichten und weniger törichten, abzubauenden und zu stärkenden Strängen, Positionen und Entwicklungen zu unterscheiden. Die dafür nötigen Kriterien müssen wir uns immer wieder neu erarbeiten. Ehe wir daher undifferenziert empirische Daten über gelebte Religion, Religiosität, Spiritualität, Atheismus, Skeptizismus und Säkularität sammeln und zu erklären versuchen, und ehe wir überkommene Konzepte des Religiösen und des Säkularen in Frage stellen oder verteidigen, ist über den Gegenstandsbezug und das Leitinteresse der Auseinandersetzungen Klarheit zu gewinnen. Denn was steht zur Debatte, wenn nach dem Verhältnis von Reformation und säkularer Welt gefragt wird? Welche Fragen sind vom Standpunkt einer säkularen Moderne an die reformatorischen Traditionen zu richten? Und welche Entwicklungen der europäischen Moderne und globalen Spätmoderne bringen reformatorische Überzeugungen zur Geltung und welche widersprechen ihnen? Das sind die Fragen, um die es in den folgenden Beiträgen geht.

Disembedding Christianity

The Reformation Era
and the Secularization of Western Society

BRAD S. GREGORY

These reflections will adapt some strands of the argument from my book, *The Unintended Reformation: How a Religious Revolution Secularized Society*, because they are closely related to the theme of this collection.[1] Certainly it is proper to recognize the importance of Germany – or more properly, the Holy Roman Empire – as the geographical birthplace of the Protestant Reformation. But the Reformation affected all of Western (and much of Eastern) Europe, including those countries that remained Roman Catholic. The Reformation started with Martin Luther in Germany but its impact was much greater than its most influential early reformer or its region of origin. Consequently, specialists on Luther or the early evangelical movement of the 1520s should avoid the temptation to reduce the Reformation to either. Indeed, through European colonization its influences were exported to the Americas and elsewhere around the world. In addition, when our principal focus is on macro-processes of secularization, it makes more sense to speak of "the Reformation era" rather than "the Reformation" as such, because it was especially the doctrinal disagreements and concrete religio-political conflicts *between* Protestants and Catholics that were the principal sources of long-term Western secu-

---

[1] Brad S. GREGORY, *The Unintended Reformation: How a Religious Revolution Secularized Society* (Cambridge, Mass.: Belknap Press of Harvard University Press, 2012).

larization understood as a gradual process of the disembedding of Christian influence from the rest of human life. Whereas in the late Middle Ages Christianity influenced and was intended to influence all domains of life – the exercise of power, social relationships, economic transactions, family life, education, and culture at large – now, especially in Western European countries, it influences few if any areas of life in any overt, direct, public way. How we got from the one to the other in both Western Europe and North America is the subject of my book, *The Unintended Reformation*, and of this essay in a much more cursory way.

Although it might seem rather strange for a specialist in the *Reformation und Frühe Neuzeit* to begin with the early twenty-first century, this is the *terminus ad quem* for secularization (although historical processes are of course still ongoing). It is what we want to try to explain the formation *of*. My starting point is intended to be flatly descriptive. It risks banality to begin by stating that human life in Europe and North America in the early twenty-first century is characterized by an enormous range of divergent and incompatible truth claims, whether explicit or implicit, about values, meaning, morality, purpose, and priorities. And these different claims are usually related to how people seek to live, at least insofar as their economic means and political circumstances allow. Crucially, then, as other scholars have also noted, we do not live in societies, even in the highly secularized West, whose citizens hold uniformly secular, still less atheist, commitments. Different people claim that different things are true, care about different things, pursue divergent aspirations, regard discrepant activities as meaningful, and so forth. Many of these claims, aspirations, and projects conflict with and indeed are antithetical to one another, and some of them are politically and socially divisive. (The particularities of how this is so of course differ from country to country – the refugee crisis that exploded in 2015 laid bare fundamental conflicts over beliefs and values in Germany, for example.) Insofar as the past has made the present what it is, any adequate historical explanation must be able to account for *all* these rival truth claims, regardless of their content or how they and the behaviors to which they are related are maintained or relinquished, hybridized or adapted. I am concerned, then, with doing explanatory justice to the full range of the first-person plural, *"we,"* when used as a collective and inclusive designation for contemporary Europeans and North Americans. The content of "we" with respect to contemporary ideological realities is what needs to be explained.

Here the most common problem, it seems to me, is the tendency to generalize in a way that fails to account for the empirical diversity of what contemporary human beings believe and care about. Charles Taylor, for example, in characterizing contemporary Westerners in his 2007 book, *A Secular Age*, has written that "*we all shunt between two stances*" in our views about religious belief and unbelief.[2] This will not do, because many millions of people, from divergently devout religious believers to militant despisers of religion, seem not to be doing much shunting back and forth. On the contrary, they seem confidently convinced that their respective rival views are correct, not sharing in the self-conscious ambivalence or skepticism that characterizes other contemporaries. Nor, for example, will the "we" in the subtitle of the collection edited by George Levine suffice: *The Joy of Secularism: Eleven Essays for How We Live Now*, especially in the United States, where the large majority of citizens are religious believers of one sort or another.[3] Who are "we"? If the referent is empirically inclusive, the pronoun has to encompass neo-Nazi racists and Mother Teresa's Missionaries of Charity, Angela Merkel and Frauke Petry, Rolf Eden and Joseph Ratzinger. *Not* because these are typical male and female Westerners, but because all of them, like all of us, are equally the product of historical processes. They and we are all living in the early twenty-first century. So any adequate historical explanation of the present has to be able to account for all of them, and for all

---

[2] Charles TAYLOR, *A Secular Age* (Cambridge, Mass. and London: Belknap Press of Harvard University Press, 2007), p. 14.

[3] *The Joy of Secularism: 11 Essays for How We Live Now*, ed. George LEVINE (Princeton and Oxford: Princeton University Press, 2011).

the different commitments, values, and worldviews that people actually espouse, whether they do so in explicit or implicit, coherent or confused ways. It must also be able to account for *how* they hold their views, and for the full range of ways in which their protagonists modify and rework them.

My basic argument is that the enormous ideological variety of the Western world today – what I call its hyperpluralism – is a complex product of rejections, retentions, and transformations of medieval Western Christianity, in which the Reformation era constitutes the fundamental watershed. Doctrinally, socially, and politically divisive disagreements about what is true, how one ought to live, what matters most in life, and so forth emerged within a Christian context and characterized the Reformation era from its outset in the early 1520s. These disagreements have *never gone away*. Rather, they have been transformed, modified, and expanded in content and character even as efforts have been made to contain and manage their unintended and (by comparison to anything that preceded them in the Middle Ages) unprecedentedly enormous effects. Late medieval Christianity was for better or worse an institutionalized worldview that shaped all areas of human life. It was not something separate and separable from the rest of life called "religion." Hence the unwanted persistence of early modern Christian pluralism precipitated subsequent ideological and institutional changes that taken together explain the hyperpluralism of North America and Europe in the early twenty-first century. Today, this ideological heterogeneity is contained and incubated within the hegemonic *institutions* – most importantly, liberal sovereign nation-states and the market's symbiosis of capitalism and consumerism – that protect a formal ethics of individual rights originally pioneered in the United States in the late eighteenth century. Now, with national variations, this formal ethics of individual rights, protected by liberal nation states and given content by the individual choices of citizens, characterizes every country in the Western world. Virtually universal participation in an acquisitive consumerist ethos (the ethos recently criticized by Pope Francis in his encyclical *Laudato si*[4]) provides the most important cultural glue which functions to hold together the ideological hyperpluralism to which all of us contribute. Judging from the consumer behavior reflected in statistics for spending and economic growth, it is *correctly* assumed by corporate executives, marketing specialists, and economists that the vast majority of people want more and better stuff whatever their beliefs or income, whether they shop at the Mall of Berlin or at Lidl.

Secularization does not imply that we now live in uniformly secular societies. Contemporary hyperpluralism includes an enormous range of rival religious and secular truth claims that offer answers to questions about matters of meaning and morality, purpose and priorities – what I call "life questions," because they answer important, inescapable questions about life and have important implications for the sort of life one leads. I would go further with respect to how we think about secularization. Some scholars in recent decades have expressed a certain astonishment that "religion is back." This is perhaps best epitomized in Germany by the way in which Jürgen Habermas has reincorporated religion in his post-secular thought, especially since the 9/11 attacks in 2001.[5] What is more astonishing, however, as one looks back over modern thought since, say, Feuerbach and Marx, is that religion was ever thought to have gone away. Unless, of course, one believed that classic theories of modernization and secularization were prophecies destined to come true (or thought that Western European secularization was somehow a norm destined to be fol-

---

[4] Pope FRANCIS, *Praise Be to You/Laudato Si': On Care for Our Common Home* (San Francisco: Ignatius Press, 2015).

[5] Jürgen HABERMAS, *Die Zukunft der menschlichen Natur. Auf dem Weg zu einer liberalen Eugenik?* (Frankfurt am Main: Suhrkamp, 2001); IDEM, *Friedenspreis des Buchhandels 2001* (Frankfurt am Main: Suhrkamp, 2001); IDEM, *Zwischen Naturalismus und Religion* (Frankfurt am Main: Suhrkamp, 2005); IDEM et al. *Ein Bewußtsein von dem, was fehlt* (Frankfurt am Main: Suhrkamp, 2008). See also the essays in *Habermas and Religion*, ed. Craig CALHOUN, Eduardo MENDIETA, and Jonathan VanAntwerpen (Cambridge, U. K., and Malden, Mass.: Polity Press, 2013).

lowed by the rest of the world – a view contradicted by a great deal of evidence for the vitality of religion in Latin America, Africa, Asia, and the Middle East).

Whatever we think about secularization, religion remains part of contemporary Western hyperpluralism as a social fact. This is indisputable. But religion is *also* part of Western hyperpluralism in the form of sophisticated, intellectually viable religious worldviews that are compatible with all the findings of the natural sciences (which is often disputed, although typically without sufficient attention to the intellectual issues involved). Because intellectually sophisticated theology, philosophy of religion, and historicist but nonskeptical biblical scholarship are part of contemporary hyperpluralism, any adequate historical account of how the present came to be as it is must include them. They are part of our world today, despite having been severely marginalized if not functionally excluded from virtually all research universities. *The Unintended Reformation* shows how erroneous views about the alleged incompatibility between revealed religion and science emerged historically, and how these ideas are reinforced through the institutionalized exclusion of substantive religious claims from secularized higher education.[6] Although rarely recognized as such, both phenomena are part of the unintended, long-term effects of the *ungelösten Meinungsverschiedenheiten der Reformationszeit.* By the seventeenth century these unresolved disagreements had left "reason" as the only means of approaching the relationship between God and the natural world that had a chance of transcending the confessional disagreements between Catholics and Protestants, and among Protestants, at the headwaters of modern philosophy. At the same time, unintended doctrinal pluralism problematized the epistemological status of Christian truth claims. This paved the way for their exclusion or marginalization, as unverifiable "opinions," in universities dominated by the end of the *nineteenth* cen-

---

[6] GREGORY, *Unintended Reformation* (see footnote 1), esp. chapters 1 and 6.

tury by the epistemological and metaphysical assumptions of the
newly preeminent natural sciences. Led by the University of Berlin
and the other great German research universities of the nineteenth
century, the status of the sciences was secured partly through the
ways in which nationalist states applied scientific findings via tech-
nology to agricultural innovations and industrial manufacturing,
which produced the material things consumers wanted. It is a
dynamic going stronger than ever today.

What follows seeks in very brief compass to give some sense of
how the Reformation era's contribution to secularization continues
to influence all of our lives whether or not we are aware of it. That
a religious revolution would lead to the secularization of society
as we know it is a great paradox. It is not what any of the leaders
of the Reformation sought in the sixteenth century – at least not
in anything like the form secularization has actually assumed.
The first thing to be said, then, is that the Reformation's influence
on the *eventual* secularization of society was complex, not at all
immediate, mostly indirect, and very much unintended. This influence was not, in my view, primarily Weberian. I regard as mistaken
the fairly common position (of which there are many variations)
that a once-enchanted and supposedly magical medieval worldview was disenchanted and secularized through something either
inherent in Protestantism or intrinsic to modern science. This is
one form of a supersessionist narrative of modern Western history that does not do justice to the present, because (among other
things) it ignores the continuing intellectual viability of religious
worldviews throughout the modern era up to the present. The Reformation per se did not disenchant the world or secularize society;
sixteenth-century Protestant writings are filled with references to
divine providence and presence, even though Protestant reformers
often conceived this presence differently than it had been understood and continued to be conceived among early modern Catholic *érudits*. Those who rejected the authority of the Roman church
in the sixteenth century sought to address its long-standing problems, in order to make all of human life *more* genuinely Christian

than it had been, however they understood this aim. It had also been a pressing concern among many reformers within the Roman church throughout the later Middle Ages, from Catherine of Siena in the 1370s through Erasmus in the 1510s.

Late medieval reformers sought to reform Latin Christendom: a complex, overlapping combination of beliefs, practices, and institutions that had been unsystematically built up over centuries. Deeply embedded in medieval social life, political relationships, and the wider culture, its ostensible, principal purpose was the sanctification of the baptized through the practice of the Christian faith, such that they might be saved eternally when judged by God after death. The central truth claim of medieval Christianity was that the same transcendent God of love who was radically distinct from the universe he had created *ex nihilo* had become incarnate in Jesus Christ. The church was the continuing instrument for the achievement of God's plan of salvation for the human race after the ascension of Christ that followed his crucifixion and resurrection.

Western Christianity on the eve of the Reformation exhibits two major paradoxes. In the first instance, it brought together sharp limits on orthodoxy with a tolerance of a wide range of local practices and beliefs. Aside from relatively few basic expectations and the implied affirmation of the claims they presupposed, diversity and choice marked religious life, ranging from minimal participation in shared practices to the spiritual striving of religious athletes such as Henry Suso or Catherine of Genoa.[7] But crossing the boundary between orthodoxy and heterodoxy could quickly lead to grave trouble – as the Waldensians, Lollards, and Hussites knew from experience.[8] As a result, the church exhibited

---

[7] John VAN ENGEN, "Multiple Options: The World of the Fifteenth-Century Church," *Church History*, 77/2 (2008): pp. 257–284; R. N. SWANSON, *Religion and Devotion in Europe, c. 1215–c. 1515* (Cambridge, 1995); Richard KIECKHEFER, *Unquiet Souls: Fourteenth-Century Saints and Their Religious Milieu* (Chicago, 1984).

[8] Malcolm LAMBERT, *Medieval Heresy: Popular Movements from the Gregorian Reform to the Reformation*, 3rd ed. (Oxford: Blackwell, 2002); Euan

both an identifiable unity in liturgical, devotional, doctrinal, and institutional terms across Latin Christendom from Ireland to Poland, from Scandinavia to Sicily, *and* a plethora of local religious customs, voluntary devotional practices, divergent theological approaches, specific ecclesiastical sub-groups, particular jurisdictional privileges, and syncretistic beliefs in a spectrum ranging from the obviously orthodox to the edge of heresy.[9] In this sense the late medieval church was a *großer Spielplatz* enclosed by severe fences – an enormous diversity held together in an overarching unity by a combination of inherited custom, shared institutions, different degrees of self-conscious dedication, and the threat of punishment.

The second paradox of late medieval Christianity is the way it combined longstanding, widely criticized shortcomings with unprecedented, flourishing lay dedication and devotion. Despite some historians' claims about its alleged spiritual decadence, it could be argued that the fifteenth century was more devout than any previous century in the history of Western Christianity. More of the laity participated with enthusiasm in their religious lives than ever before, with profuse devotions to Christ and the saints, confraternities, works of charity, practices of pious reading, and monetary contributions in support of the church.[10] Yet at the same

---

CAMERON, *Waldenses: Rejections of Holy Church in Medieval Europe* (Oxford, 2000); Anne HUDSON, *The Premature Reformation: Wycliffite Texts and Lollard History* (Oxford: Clarendon Press, 1988); Thomas A. FUDGE, *The Magnificent Ride: The First Reformation in Hussite Bohemia* (Aldershot, U.K.: Ashgate, 1998).

[9] VAN ENGEN, "Multiple Options" (see footnote 7), and IDEM, "The Future of Medieval Church History," *Church History*, 71/3 (2002): pp. 492–522; SWANSON, *Religion and Devotion* (see footnote 7); Eamon DUFFY, *The Stripping of the Altars: Traditional Religion in England c. 1400–c. 1580*, 2nd ed. (New Haven and London: Yale University Press, 2005).

[10] DUFFY, *Stripping of the Altars* (see footnote 9); IDEM, *Marking the Hours: English People and their Prayers, 1240–1570* (New Haven and London: Yale University Press, 2006); Bernd MOELLER, "Frömmigkeit in Deutschland um 1500," *Archiv für Reformationsgeschichte*, 56 (1965): 3–31; Anne WINSTON-ALLEN, *Stories of the Rose: The Making of the Rosary in*

time, criticisms of clerical avarice and corruption, of lay ignorance
and superstition, of obvious sinfulness by individuals in all walks
of life, were common throughout the late Middle Ages.[11] From the
Avignon papacy in the fourteenth century through the decades
of the Western schism and into the sixteenth century, preachers
such as Bernardino of Siena, reformers such as Jean Gerson, and
churchmen such as Bishop Antonino of Florence urged Christians to live as Christ and the church taught that they should live,
imitating Christ and practicing the virtues.[12] Such reforming ef-

---

the Middle Ages (University Park, Pa.: Pennsylvania State University Press,
1997); Ellen ROSS, *The Grief of God: Images of the Suffering Jesus in Late
Medieval England* (New York, 1997); Christopher F. BLACK, *Italian Confraternities in the Sixteenth Century* (Cambridge, U. K.: Cambridge University
Press, 1989); *Christianity and the Renaissance: Image and Religious Imag-
ination in the Quattrocento*, ed. Timothy VERDON and John HENDERSON
(Syracuse, N. Y.: Syracuse University Press, 1990), pp. 229–404; Berndt
HAMM, "Normative Centering in the Fifteenth and Sixteenth Centuries,"
trans. John Frymire, in Hamm, *The Reformation of Faith in the Context
of Late Medieval Theology and Piety*, ed. Robert J. Bast (Leiden: E. J. Brill,
2004), pp. 1–49; Caroline WALKER BYNUM, *Wonderful Blood: Theology and
Practice in Late Medieval Northern Germany and Beyond* (Philadelphia:
University of Pennsylvania Press, 2007).

[11] See, for example, the documents in *Manifestations of Discontent in
Germany on the Eve of the Reformation*, ed. and trans. Gerald STRAUSS
(1971; Bloomington, Ind., 1985); on anticlericalism, see Kaspar ELM, "An-
tiklerikalismus im deutschen Mittelalter," in Peter A. Dykema and Heiko
A. Oberman (eds.), *Anticlericalism in Late Medieval and Early Modern
Europe*, (Leiden, 1993), pp. 3–18, and the other articles on the late Middle
Ages in this collection.

[12] Francis OAKLEY, *The Western Church in the Later Middle Ages* (Ithaca and London: Cornell University Press, 1979), pp. 213–259; Gerald
STRAUSS, "Ideas of *Reformatio* and *Renovatio* from the Middle Ages to
the Reformation," in Thomas A. Brady, Jr., Heiko A. Oberman, and James
D. Tracy (eds.), *Handbook of European History, 1400–1600: Late Middle
Ages, Renaissance, and Reformation*, vol. 2 (Leiden, 1995), pp. 1–30; Michael A. MULLETT, *The Catholic Reformation* (London and New York,
1999), pp. 1–28. On Gerson, see Brian Patrick McGUIRE, *Jean Gerson and
the Last Medieval Reformation* (University Park, Pa.: Pennsylvania State
University Press, 2005), and Daniel HOBBINS, *Authorship and Publicity*

forts had an effect – new spiritual movements such as the *devotio moderna* enjoyed considerable success despite the suspicion they provoked, and new confraternities such as the Oratory of Divine Love attracted members. The Observantine movement among the religious orders rejuvenated hundreds of male and female religious houses, and the northern humanists sought through philological erudition and education to instruct and thereby morally to renew Christians.[13] But repeated calls for a thoroughgoing ecclesiastical reform found no sustained response among popes and the papal curia, even when a pressured Pope Julian II called the Fifth Lateran Council in 1512.[14] The wealthy, nepotistic cardinals at the papal court and the aristocratic prince-bishops of the Holy Roman Empire realized that any serious, sustained reforms of pluralism,

---

Before Print: Jean Gerson and the Transformation of Late Medieval Learning (Philadelphia: University of Pennsylvania Press, 2009); on Bernardino, see Cynthia L. POLECRITTI, *Preaching Peace in Renaissance Italy: Bernardino of Siena and His Audience* (Washington, D.C.: Catholic University of America Press, 2000); on Antonino, see Peter Francis HOWARD, *Beyond the Written Word: Preaching and Theology in the Florence of Archbishop Antoninus, 1427–1459* ([Florence:] Leo S. Olschki, 1995).

[13] John VAN ENGEN, *Sisters and Brothers of the Common Life: The Devotio Moderna and the World of the Late Middle Ages* (Philadelphia: University of Pennsylvania Press, 2008); R.R. POST, *The Modern Devotion: Confrontation with Reformation and Humanism* (Leiden: E.J. Brill, 1968); Eric COCHRANE, *Italy 1530–1630*, ed. Julius Kirshner (London and New York: Longman, 1988), pp. 106–123; Barry M. COLLETT, *Italian Benedictine Scholars and the Reformation: The Congregation of Santa Giustina of Padua* (Oxford: Clarendon Press, 1985); *Reformbemühungen und Observanzbestrebungen im spätmittelalterlichen Ordenswesen*, ed. Kaspar ELM (Berlin: Duncker & Humblot, 1989); Lewis W. SPITZ, *The Religious Renaissance of the German Humanists* (Cambridge, Mass.: Harvard University Press, 1963); John B. GLEASON, *John Colet* (Berkeley and Los Angeles, 1989); *Erasmus' Vision of the Church*, ed. Hilmar Pabel (Kirksville, Mo.: Sixteenth Century Journal Publishers, 1995); James D. TRACY, *Erasmus of the Low Countries* (Berkeley and Los Angeles: University of California Press, 1996); Cornelis AUGUSTIJN, *Erasmus: Der Humanist als Theologe und Kirchenreformer* (Leiden: E.J. Brill, 1997).

[14] Euan CAMERON, *The European Reformation*, 2nd ed. (Oxford: Oxford University Press, 2012), pp. 44–47.

simony, and ecclesiastical revenues would undermine their wealth and privileges.[15] The distance between the prescriptions and the practices of the church members, from greed among influential clergy to superstition among unlearned laity, inspired constant exhortations for reform.[16]

But what the church prescribed based on its truth claims were taken for granted, aside from their rejection by members of minority groups such as the Bohemian Hussites and the few English Lollards (and of course the small numbers of Jews and Iberian Muslims). The (at times implicit) doctrines that circumscribed orthodoxy were logically presupposed by practices such as the celebration of the liturgy, processions and pilgrimages, and prayers to saints, as well as by institutions such as the papacy, the sacerdotal priesthood, religious orders, and confraternities. The negotiated concordats that began in the 1410s between popes and late medieval rulers did not alter the church's truth claims or its assertions about right religious practice.[17] Nor were the church's *doctrines*

---

[15] Ibid., pp. 46–47, 50–51. On curial cardinals' concern for their own and their family members' property and money, see Barbara McClung Hallman, *Italian Cardinals, Reform, and the Church as Property, 1492–1563* (Berkeley and Los Angeles: University of California Press, 1985); for late medieval imperial episcopacy and anti-episcopal sentiment, see Thomas A. Brady, Jr., "The Holy Roman Empire's Bishops on the Eve of the Reformation," in Robert J. Bast and Andrew C. Gow (eds.), *Continuity and Change: The Harvest of Late Medieval and Reformation History: Essays Presented to Heiko Oberman on his 70th Birthday* (Leiden: E. J. Brill, 2000), pp. 21–47, and F. R. H. Du Boulay, *Germany in the Later Middle Ages* (London: Athlone Press, 1983), pp. 187–195.

[16] Heiko A. Oberman, *Forerunners of the Reformation: The Shape of Late Medieval Thought* (New York: Holt, Rinehart, and Winston, 1966); Erika Rummel, "Voices of Reform from Hus to Erasmus," in Brady et al. (eds.), *Handbook*, vol. 2, pp. 61–91.

[17] On the concordats and the character of jurisdictionally "national" or "regional" churches in the fifteenth and early sixteenth centuries, see John Van Engen, "The Church in the Fifteenth Century," in Brady et al. (eds.), *Handbook*, vol. 1, pp. 318–319; Cameron, *European Reformation* (see footnote 14), pp. 56–60; Oakley, *Western Church* (see footnote 12), pp. 72–74; Du Boulay, *Germany* (see footnote 15), pp. 187–195.

changed when some imperial city councils began assuming *juris-dictional* control over many ecclesiastical affairs in place of control by their respective bishops.[18] For to reject the church's *Lehren* would be to reject its authority as the caretaker of God's truth, the means of eternal salvation legitimated with reference to scripture for over a millennium to its establishment by Christ himself.

This rejection is precisely what happened in the Reformation. Again, Luther and other reformers who rejected the authority of the Roman church sought in their respective ways to make human life *more* genuinely Christian than in their view it was. What happened instead, as a result of Protestant reformers' actions but very much against their intentions, was a long-term, complex process of the disembedding of Christianity from the rest of life. This *Entbettung* (a term often associated with Karl Polanyi, who used it with respect to the emergence of the modern capitalism[19]) is the heart of what I mean by secularization. A corollary of this process was the emergence of the familiar conception of "religion" as something separate and separable, distinct and distinguishable, from public life – because it came to be regarded essentially as a matter of individuals' interior beliefs plus their preferred worship and devotional practices.

---

[18] Francis RAPP, *Réformes et Réformation à Strasbourg: Eglise et Société dans le Diocèse de Strasbourg (1450–1525)* (Paris: Éditions Ophrys, 1974), pp. 410–419; Manfred SCHULZE, *Fürsten und Reformation: Geistliche Reformpolitik weltlicher Fürsten vor der Reformation* (Tübingen: Mohr, 1991); Ronald K. RITTGERS, *The Reformation of the Keys: Confession, Conscience, and Authority in Sixteenth-Century Germany* (Cambridge, Mass. and London: Harvard University Press, 2004), pp. 18–21; William Bradford SMITH, *Reformation and the German Territorial State: Upper Franconia, 1300–1630* (Rochester, N.Y.: Rochester University Press, 2008), pp. 17–58. Nor did the expulsion of bishops as civic rulers betoken changes in doctrine or proper religious practice. See J. Jeffrey TYLER, *Lord of the Sacred City: The Episcopus exclusus in Late Medieval and Early Modern Germany* (Leiden: E.J. Brill, 1999).

[19] Karl POLANYI, *The Great Transformation: The Political and Economic Origins of Our Time*, foreword by Joseph E. Stiglitz, introduction by Fred Block (1944; Boston: Beacon Press, 2001).

There were two principal reasons for this process of disembedding. First, the Reformation's turn to scripture alone, to the Bible as a supposedly self-sufficient and perspicuous basis for Christian faith and life independent in principle of ecclesiastical tradition and the Roman church's authority, yielded nothing close to a consensus about the meaning and implications of God's Word. Had it done so, the history of the Reformation and of Protestantism since the sixteenth century would have looked very different. Instead, from the beginning of the German Reformation in the early 1520s, the turn to scripture produced an open-ended and ongoing range of rival truth claims about what God's Word meant.

Those who rejected Rome disagreed about what God's Word said, and so about what God's truth was. So they disagreed about what Christians were to believe and do. By the time Luther returned from the Wartburg in March 1522, Andreas Bodenstein von Karlstadt disputed his marginalization of the book of James, as well as his views about the Old Testament, eucharistic practice, the oral confession of sins, and the allowability of religious images.[20] Luther and Philipp Melanchthon disagreed with Huldrych Zwingli and the latter's reforming allies about the character of Christ's presence in the Lord's Supper, a dispute that inspired dozens of vitriolic pamphlets in less than four years and culminated in the dramatic, face-to-face non-resolution at the Marburg Colloquy in 1529.[21]

---

[20] For the Old Testament, eucharistic practices, and oral confession, see Ronald J. SIDER, *Andreas Bodenstein von Karlstadt: The Development of His Thought, 1517–1525* (Leiden, 1974), pp. 108–112, 143–146; for images, see KARLSTADT, *Von abtuhung der Bylder, Vnd das keyn Betdler vnther den Christen seyn soll* [1522], repr. in *Flugschriften der frühen Reformationsbewegung (1518–1524)*, vol. 1, ed. Adolf Laube et al. (Verduz: Topos Verlag, 1983), pp. 105–127. Karlstadt refused to change his views, so his preaching was restricted and a treatise that he had written (in a veiled manner) against Luther was confiscated and destroyed. See James S. PREUS, *Carlstadt's Ordinaciones and Luther's Liberty: A Study of the Wittenberg Movement 1521–22* (Cambridge, Mass.: Harvard University Press, 1974), pp. 73–77.

[21] The classic, magisterial work on the theological controversy is Walther KÖHLER, *Zwingli und Luther: Ihr Streit über das Abendmahl nach seinen*

This became a crucial doctrinal – and thus also ecclesial and social – ground for the distinction between Lutheranism and Reformed Protestantism. Zwingli disagreed as well with his former colleagues such as Balthasar Hubmaier and Conrad Grebel over the scriptural basis for infant baptism, with its enormous ecclesiological implications for the nature of the Christian community, which led to the origins of Swiss Anabaptism by early 1525, a year before the Zurich city council enacted capital legislation against the Anabaptists.[22] By early 1525 the German Peasants' War was raging, with leaders such as Thomas Müntzer completely rejecting Luther's strong distinction between "the Gospel" and social, economic, and political concerns. Other reformers, such as Hans Hergot and Michael Gaismair, shared Müntzer's insistence on the socio-economic implications of the Gospel, but rejected his apocalyptic calls to violence. Instead they sought communitarian Christian societies based on an undoing of feudal relations.[23]

---

politischen und religiösen Beziehungen, 2 vols. (1924, 1953; New York and London: Johnson, 1971). On Karlstadt's centrality in the full-blown emergence of the controversy by late 1524, including his influence on Zwingli and others who adopted sacramentarian positions, see Amy NELSON BURNETT, *Karlstadt and the Origins of the Eucharistic Controversy: A Study in the Circulation of Ideas* (New York: Oxford University Press, 2011).

[22] On Zwingli and the earliest Swiss Anabaptists, see G. R. POTTER, *Zwingli* (Cambridge: Cambridge University Press, 1976), pp. 160–197; for an overview of the origins of Swiss Anabaptism, see C. Arnold SNYDER, "Swiss Anabaptism: The Beginnings, 1523–1525," in *A Companion to Anabaptism and Spiritualism, 1521–1700*, ed. John D. Roth and James M. Stayer (Leiden: E. J. Brill, 2007), pp. 45–81. For the city council's mandate of 7 March 1526 sentencing obstinate Anabaptists to death by drowning, see *Quellen zur Geschichte der Täufer in der Schweiz*, vol. 1, ed. Leonhard von MURALT and Walter SCHMID (Zurich: S. Hirzel-Verlag, 1952), pp. 180–181; see also C. Arnold SNYDER, *Anabaptist History and Theology: An Introduction* (Kitchener, Ont.: Pandora Press, 1995), p. 60.

[23] On the Peasants' War, see Peter BLICKLE, *The Revolution of 1525: The German Peasants' War from a New Perspective*, trans. Thomas A. Brady, Jr., and H. C. Erik Midelfort (Baltimore and London: Johns Hopkins University Press, 1981); on Müntzer, see Hans-Jürgen GOERTZ, *Thomas Müntzer: Apocalyptic, Mystic, and Revolutionary*, trans. Jocelyn Jaquiery, ed. Pe-

Withdrawing from dreams of remaking society after the defeat of the "common man" in the Peasants' War, Anabaptists proved a highly contentious lot, disagreeing among themselves in a host of doctrinally and therefore socially divisive ways, beginning already in the late 1520s.[24]

As sixteenth-century Christians were well aware (but some ecumenically minded Christians today seem to have forgotten), the principle of non-contradiction meant that it was impossible for all of these conflicting truth claims, and those which followed in subsequent decades, actually to be true wherever they contradicted one another. This meant not all of them could belong to knowledge. Eventually, after a long early modern interlude in which theology was politically privileged and insulated in the universities and academies of rival Catholic and Protestant confessional regimes, this fact would contribute to the secularization of knowledge and the exclusion from or marginalization of theology in universities. In countries such as the United States, Religious Studies departments would eventually be installed in the

---

ter Matheson (Edinburgh: T. & T. Clark, 1993); IDEM, *Thomas Müntzer. Revolutionär am Ende der Zeiten: Eine Biographie* (Munich: C. H. Beck, 2015); Abraham FRIESEN, *Thomas Muentzer, a Destroyer of the Godless: The Making of a Sixteenth-Century Religious Revolutionary* (Berkeley and Los Angeles, 1990). For Hergot and Gaismair, see "Michael Gaismairs Tiroler Landesordnung" [1526], and Hans HERGOT, *Von der neuen Wandlung eines christlichen Lebens* [1527], in *Flugschriften der Bauernkriegszeit*, ed. Laube and Seiffert (see footnote 20), pp. 139–143, 547–557; BLICKLE, *Revolution of 1525* (see above), pp. 145–154; Walter KLAASSEN, *Michael Gaismair: Revolutionary and Reformer* (Leiden: E. J. Brill, 1978).

[24] See Claus-Peter CLASEN, *Anabaptism: A Social History, 1525–1618. Switzerland, Austria, Moravia, and South and Central Germany* (Ithaca and London: Cornell University Press, 1972), pp. 30–48; C. Arnold SNYDER, *Anabaptist History and Theology: An Introduction* (Kitchener, Ont.: Pandora Press, 1995); Werner O. PACKULL, *Hutterite Beginnings: Communitarian Experiments during the Reformation* (Baltimore and London: Johns Hopkins University Press, 1995); and the contributions on Anabaptism in *Companion to Anabaptism and Spiritualism,* ed. Roth and Stayer (see footnote 22).

place of theology faculties, with religion studied on the basis of the same naturalist methodological and metaphysical assumptions that govern the pursuit of modern knowledge in all academic disciplines.

In the Reformation era, disagreements about Christian truth among rival antagonists produced endless doctrinal controversy in great abundance. Anyone familiar with the sources of the period knows this (but one must study the sources comparatively and cross-confessionally to see it, not concentrate only on, say, Luther's theology or Reformed Protestantism). Attempts to overcome the unsought pluralism by different interpretations of the biblical text, or appeals to the inspiration of the Holy Spirit, or claims of new revelation from God, or the use of discursive reason in fact only increased the pluralism they sought to overcome, providing more things about which Christians could and did disagree. Unintended early modern Protestant doctrinal disagreement is thus a critically important distant source for contemporary Western hyperpluralism, because these *sorts* of disagreements about answers to the life questions have never gone away. We simply experience them now in different forms and with many more rival secular as well as religious truth claims in a liberal institutional context that permits and protects them all, rather than privileging one or prohibiting any, so long as their respective protagonists are politically obedient. The Reformation sought a return to the pure Word of God, uncluttered by human traditions, pagan philosophies, and clerical self-interest. It resulted instead in an open-ended profusion of competing truth claims about the Bible's meaning and God's will that problematized the epistemological status of the truth claims and raised the specter of radical doctrinal skepticism and relativism via pluralism already in the 1520s. *"Wer des glaubens gefeilet hat, der mag darnach glewben was er wil, gilt eben gleich."*[25] This

---

[25] Martin Luther, *Sermon Von dem Sacrament des leibs vnd bluts Christi, widder die Schwarmgeister* [1526], in *WA,* vol. 19 (Weimar: Hermann Böhlaus Nachfolger, 1897), p. 484/19–20.

remark was made by Luther railing against Zwingli in 1526, not by someone defending the Roman church against the dangers of Protestant individualism.

Most Reformation scholars ordinarily think about our field rather differently. They distinguish sharply between the politically supported and therefore influential magisterial Reformation and the usually suppressed and therefore numerically, socially, and politically marginal radical Reformation. To be sure, only two Protestant traditions exerted a widespread, long-lasting early modern influence: Lutheranism and Reformed Protestantism (in which here, for the sake of simplicity, I include the post-Henrician and non-Marian Church of England), even though there were hundreds of divergent and rival anti-Roman interpretations of scripture in the Reformation era and beyond. But here is an instance in which an integrative, cross-confessional approach to the period can shed new light by helping to correct historiographical oversights.

Biblical interpretation and the exercise of power are two different things. They should not be conflated, but distinguished for purposes of historical understanding. When we distinguish them, we see that Lutheranism and Reformed Protestantism (again, including the Church of England and what we can call "Anglicanism" starting with the Restoration of 1660) were actually the great exceptions of the Reformation, exactly the opposite of the way in which they have usually been and still tend to be regarded – precisely because from among all the many anti-Roman interpretations of God's Word only they secured the enduring support of political authorities in their respective cities, territories, and countries. Unlike all other anti-Roman Christians, Lutherans and Reformed Protestants had political refuges in which they were not proscribed, persecuted, and punished. The radical Reformation was important not because (aside from the German Peasants' War in 1524–26, Anabaptist Kingdom of Münster in 1534–35, and English Revolution in the 1640s and 50s) it had much widespread social, cultural, or political impact in the Reformation era, but because it shows what the Reformation as a whole and as such produced in the absence of control by confessional political authorities.

The same open-ended heterogeneity of divergent views about the meaning of God's Word is evident today, in a radically different political context in modern liberal states, which of course deliberately avoid confessional prescriptions. The significance of the foundational appeal to the Bible within the Reformation as a whole becomes clear only when we historically reintegrate the radical with the magisterial Reformation, and distinguish between the rejection of the Roman church and the exercise of political power. That Lutheranism and Reformed Protestantism were politically supported and therefore socially influential is no reason to regard either as theologically or exegetically normative – as if justification by faith alone through grace alone were true and somehow the clear cornerstones of Christian doctrine because historically they received political support. Certainly early modern Mennonites and Familists and Socinians did not agree. *Scripture "alone,"* unconstrained and lacking political oversight, produced an open-ended range of rival truth claims about what Christianity was and implied; *scripture interpreted by hermeneutic authorities with the backing of political authorities* produced confessional Protestant cities, territories, and states analogous to early modern Catholic confessional regimes.

I turn now to the second main reason for the eventual disembedding of Christianity from the rest of life in the wake of the Reformation, one even more influential than the first: the on-and-off religio-political conflicts between the 1520s and the 1640s, especially those between magisterial Protestants and Catholics in different regions of Europe. Much to the chagrin of Protestant leaders, the papal Antichrist and its kingdom did not disappear as a prelude to the apocalypse. Just the opposite occurred: especially after the Council of Trent, Roman Catholicism regrouped in Europe and solidified its spread around the world from New France in North America to the Philippines in Asia. And much to the dismay of Catholic leaders, the Protestant Reformation demonstrated its staying power – quite unlike those groups of medieval dissenters (Albigensians, Waldensians, Lollards, Hussites) that Roman church leaders working with non-ecclesiastical authorities had managed to contain and control through suppression. Because what was at stake was so important – God's truth and the prospect of eternal life in the hereafter, as well as the right ordering and flourishing of human life in the present – faith commitments played a part in the motivations of many rulers and their involvement in the religio-political conflicts from the Kappel Wars of 1529–1531 in Switzerland through the Thirty Years War and the English civil wars in the 1640s.

These conflicts were destructive, expensive, and inconclusive. No rulers who engaged in them achieved their main goals in any lasting manner. Nor could they eliminate to their satisfaction those dissenters who subverted their aim of creating Christian moral communities coextensive with rulers' respective political communities. Resolute confessionalizing efforts were welcomed by the willingly devout, but they fostered resentment precisely among the resistant whose conformity was sought. This would provide a crucial part of the background for the dominant liberationist narrative of modernity, viewed as a trajectory from oppressive premodern religious restrictiveness to modern individual secular autonomy, first forged in different Enlightenment national contexts and no less evident today in various postmodern manifestations. By the mid-seventeenth century, there were strong incentives to discover or fashion persuasive ideological substitutes for Christianity, ones capable of transcending deadlocked doctrinal controversies and the revival of Pyrrhonian skepticism to which they contributed. The most important and influential of these new substitutes was foundationalist philosophy beginning with Descartes. But modern philosophy subsequently failed to provide consensual, substantive answers to the life questions through reason alone, just as the Reformation had sought but failed to provide such answers through scripture alone. By the late twentieth century, the result was considerable skeptical wreckage. Indeed, one might say that after a long detour led by modern philosophy, a central thrust of much postmodernism represents a return of the early modern skepticism that modern philosophy sought but failed to overcome, having instead replicated in a rationalist idiom the unintended pluralism of Protestantism. The eventual means of coping with unintended, rival truth claims about what to believe and how to live would be not religious or philosophical but rather institutional. Indeed, by the early seventeenth century some institutional arrangements were emerging that looked like they might provide an alternative to *Konfessionalisierung* and the prospect of future rounds of religio-political conflict.

In the 1580s, urban leaders in that unusual, new neo-medieval polity, the Dutch Republic, began experimenting in the direction opposite to the confessionalizing ambitions characteristic of so many other rulers. They were keenly aware of the ongoing conflicts between Catholics and Huguenots in France, and wary of militant Calvinism and Catholicism alike. Hence they privileged Reformed Protestantism as the "public church," but did not make it the state religion. No one was compelled to attend its services or belong to its communities of faith, and in fact throughout the United Provinces, Reformed Protestants long constituted a minority (sometimes a tiny minority) of the population. Employing a de facto distinction between public and private space, the Dutch were essentially (if implicitly) defining something new – "religion" – considered as a matter of individually preferred interior beliefs, worship, and practices of devotion, and therefore separable from the rest of life. The English ambassador to the United Provinces, William Temple, described the effects in 1673:

The power of Religion among them, where it is, lies in every man's heart; The appearance of it, is but like a piece of Humanity, by which every one falls most into the company or conversation of those whose Customs and Humours, whose Talk and Disposition they like best: And as in other places, 'tis in every man's choice, With whom he will eat or lodg[e], with whom go to Market, or to Court; So it seems to be here, with whom he will pray or go to Church, or associate in the Service or Worship of God; Nor is any more notice taken, of what every one chuses in these cases, than in the other.[26]

Here Christianity – or to use Temple's more abstract term, "Religion" – has been subjectivized, interiorized, and compartmentalized.[27] With Temple and others in the late seventeenth century we see early articulations of what would turn out to be the institutional means for domesticating a disruptive, divided Christendom, simultaneously paving the way for modern Western secularism. "Society" – the public life of power and politics, economic transactions and nonecclesiastical institutions, and all other "normal," "nonsectarian" social interactions – had in principle, at least embryonically, found its way free of "religion," which was at the same time becoming something separable from the rest of life. Such a society would doubtless look quite different from the forms of human life it was displacing, because Christianity itself was being radically redefined as a restricted matter of individual preference in place of something intended to inform shared, public life. But as long as divided Christians continued to share so many other beliefs in common – about morality, familial duty, participation in civic life, and so forth, all of which had also been deeply shaped by Christianity – the public effects of the de facto toleration being pioneered by the Dutch would at first remain relatively minor.

---

[26] William TEMPLE, *Observations upon the United Provinces of the Netherlands* (London: A. Maxwell for Sa. Gellibrand, 1673), p. 183.

[27] On the creation of "religion" as an abstract, analytical category in late seventeenth- and eighteenth-century England, see Peter HARRISON, *"Religion" and the Religions in the English Enlightenment* (Cambridge, U. K.: Cambridge University Press, 1990); Harrison builds on the classic work by Wilfred Cantwell SMITH, *The Meaning and End of Religion: A New Approach to the Religious Traditions of Mankind* (New York: Macmillan, 1963). Both Harrison and Smith are important to the argument in William T. CAVANAUGH, *The Myth of Religious Violence: Secular Ideology and the Roots of Modern Conflict* (New York: Oxford University Press, 2009). See also Brent NONGBRI, *Before Religion: A History of a Modern Concept* (New Haven: Yale University Press, 2013).

Disembedding of this sort was a gradual, long-term process – very different from, say, the violent de-Christianization of the French Revolution in 1793–94. Different yet again was the process of disembedding in Germany: in the distinctive, bi-confessional, multi-ethnic character of the *Reich* before Napoleon, in the course of nineteenth-century developments, and in the aftermath of the multiple traumas of the twentieth century.

The seventeenth-century Dutch discovered that increased religious toleration was good for business. One of the crucial developments that facilitated Christianity's gradual disembedding, a development intertwined with the innovative political practices of the Dutch, was their emergence as a maritime commercial power and indeed, in the view of Jan de Vries and Ad van der Woude, as the makers of and participants in the first modern economy.[28] In critical ways, Dutch practices of acquisitiveness departed from traditional Christian views about the dangers of avarice and the pursuit of wealth, views that had been expressed with copious reference to scripture by Lutheran, Reformed Protestant, and radical Protestant leaders in the sixteenth century. But understandably and especially after the cataclysm of the Thirty Years War (part of their own Eighty Years War with the Spanish), the Dutch were not the only Christians who demonstrated their preference for shopping over doctrinal controversy and possible further rounds of religio-political conflict. They and many other northwestern Christians across confessional lines began participating in what de Vries has called the industrious revolution: the household-based combination of harder, longer work to support increasing desires for the things that money could buy in the pursuit of comfort and enjoyment, across an unprecedentedly wide swath of the population, beginning in the mid-seventeenth century and later provid-

---

[28] Jan DE VRIES and Ad VAN DER WOUDE, *The First Modern Economy: Success, Failure, and Perseverance of the Dutch Economy, 1500–1815* (Cambridge, U. K.: Cambridge University Press, 1997).

ing ballast for the Industrial Revolution.[29] Thus did Catholics and
Protestants both begin willingly to permit their self-colonization
by consumption and capitalism in a sharp departure from traditional Christian views about acquisitiveness.

This was not an entirely new development, of course, but part
of a much longer trend. In previous centuries its social base had
been much smaller: medieval popes and members of the curia as
well as rulers and nobles, plus the worldly-minded Renaissance
merchants, princes, and courtiers examined by Lisa Jardine.[30] But
besides the expansion of the social base to embrace many more
households first in the Dutch Republic, what distinguished the
seventeenth and eighteenth century was the deliberate redefinition
of acquisitiveness as something good, something positive. This is
so whether acquisitiveness was viewed as part of God's providence
among the eighteenth-century New England Protestant ministers
and merchants studied by Mark Valeri (essentially, the distant ancestors of early twenty-first-century American proponents of the
"prosperity Gospel"), or was defended as ostensibly inherent in
human nature by thinkers such as Mandeville, Montesquieu, and
Hume.[31] Increasingly, the desire for more and better possessions
was regarded not as a sinful propensity to seek the fulfillment of
one's own superfluous wants at the expense of meeting others'
most basic needs, to be resisted through ascetic self-denial. It was
instead viewed as an unavoidable and therefore acceptable aspect
of universal human nature whose effects would be benign and
beneficial. The good life was the goods life. In this respect, modern
capitalism and consumerism should be seen less as an outgrowth
of either Reformation-era Protestantism or Catholicism than as

---

[29] Jan DE VRIES, *The Industrious Revolution: Consumer Behavior and
the Household Economy, 1650 to the Present* (Cambridge, U. K.: Cambridge
University Press, 2008).

[30] Lisa JARDINE, *Worldly Goods: A New History of the Renaissance* (New
York: W. W. Norton, 1996).

[31] Mark VALERI, *Heavenly Merchandize: How Religion Shaped Commerce
in Puritan America* (Princeton, N. J.: Princeton University Press, 2010).

an alternative to and rejection of both, the impetus for which was influenced considerably by the failures of Reformation-era rulers to achieve their military and political objectives.

What was adumbrated in the United Provinces and channeled through Britain's Dutch apprenticeship was first and most influentially institutionalized in the United States in the late eighteenth century – shifting now geographically to discuss the character of the disembedding of Christianity in the United States, which never had federally established churches. American men and women had by the late eighteenth century been much more thoroughly inculturated in the industrious revolution – not only in port cities such as Boston and Philadelphia, but as Ann Smart Martin has shown, even in the rural backcountry of Virginia.[32] But widespread acquisitiveness was only part of the picture; an institutional, political solution was also important in order to address the issues raised by the American colonies' religious pluralism inherited from the Reformation. In the debates in December 1784 about whether the state of Virginia should continue to support publicly (and financially) the Anglican church as it had throughout the colonial era, James Madison's notes reflected the persistent relevance of issues that had vexed Europeans (and now impinged on Americans) since the 1520s: "In What light are [the biblical books] to be viewed, as dictated every letter by inspiration, or the essential parts only? Or the matter in general not the words? What sense the true one, for if some doctrines be essential to Xnty, those who reject these, whatever name they take are no Xn Society? Is it Trinitarianism, arianism, Socinianism? Is it salvation by faith or works also – by free grace, or free will – &c, &c, &c."[33] The solution in retrospect

---

[32] Ann Smart Martin, *Buying into the World of Goods: Early Consumers in Backcountry Virginia* (Baltimore and London: Johns Hopkins University Press, 2008).

[33] James Madison, "Notes on Debate Over Religious Assessment," 23–24 December 1784, in *Jefferson and Madison on Separation of Church and State: Writings on Religion and Secularism*, ed. Lenni Brenner (Fort Lee, N. J.: Barricade Books, 2004), p. 62.

seems simple and obvious, namely to permit everyone to believe as they pleased and worship as they wished in exchange for obedience to the state's laws – essentially, a democratization of Luther's "Here I stand," but combined with a widespread agreement about the meaning and much narrowed scope of "religion" prompted by the disruptions of the Reformation era. What William Temple had observed about the Dutch in the 1670s was elevated into a maxim by Madison: "It is the duty of every man to render to the Creator such homage and such only as he believes to be acceptable to him."[34] So long as they obeyed the state's laws, citizens could believe whatever they wanted, at least in principle, and worship (or not) as they wished. As Thomas Paine put it in 1794, "My own mind is my own church."[35]

The principal founding documents of the United States are deliberately formal and empty with respect to answers to the life questions: Americans were "endowed by their creator with certain inalienable rights," including "life, liberty, and the pursuit of happiness." But there was no mention of how one ought to live, how freedom should be exercised, or in what the pursuit of happiness consisted. That was deliberately left to individual discretion, even though shared public life continued to depend, in large measure and in practice, on the substantive values and virtues that Americans absorbed through the most important institutions responsible for inculcating them, namely churches and families whose members were, in Jon Butler's phrase, "awash in a sea of faith."[36] A formal ethics of politically protected individual rights, not a substantive ethics of the good over which Christians had quarreled so consequentially in the Reformation era, would

---

[34] IDEM, "Memorial and Remonstrance Against Religious Assessments," in Madison, *Writings*, ed. Jack N. Rakove (New York: Library of America, 1999), p. 30.

[35] Thomas PAINE, *The Age of Reason* [1794], in Paine, *Political Writings*, ed. Bruce Kuklick (Cambridge: Cambridge University Press, 2000), p. 268.

[36] Jon BUTLER, *Awash in a Sea of Faith: Christianizing the American People* (Cambridge, Mass. and London: Harvard University Press, 1990).

provide the framework for public morality in the United States. This despite the fact that public morality continued to depend for its substantive content on vigorous, mostly Protestant churches, the influence of which increased beginning with the evangelical revival of the 1790s. Federal disestablishment of churches in the United State could and did work as well as it did because of this symbiotic relationship.

The effects of this symbiosis struck Tocqueville during his American visit in the early 1830s: "There is an innumerable multitude of sects in the United States. They are all different in the worship they offer to the Creator, *but all agree concerning the duties of men to one another.*" That is, their members shared a sense of moral responsibilities and obligations that could and did inform public life, despite federal disestablishment and the institutional separation of church and state. Tocqueville continues: "Each sect worships God in its own fashion, but *all preach the same morality in the name of God,*" indeed "all the sects in the United States belong to the great unity of Christendom, and *Christian morality is everywhere the same.*"[37] That is, as a contingent, sociological fact, the large majority of Americans *happened* still to share a moral outlook that informed public life at the time, which meant that religion, as Tocqueville famously said, "should therefore be considered as the first of their *political* institutions."[38] In effect, disestablishment and freedom of religion were contributing to the cohesion that early modern European confessional regimes had sought to achieve through frequently coercive, established churches.

But the subsequent history of the United States has demonstrated the instability of this social reality and its political effects. The country's underlying political and legal framework was deliberately without prescriptive content about the life questions and it protected individual rights, because of the enduring doctrinal

---

[37] Alexis DE TOCQUEVILLE, *Democracy in America*, ed. J. P. Mayer, trans. George Lawrence, vol. 1 [1835] (1966; New York: HarperCollins, 2000), 2.9, pp. 290–291 (my emphases).

[38] Ibid., p. 292 (my emphasis).

disagreements and their correlative social divisiveness inherited from the Reformation era. Individuals had to be protected, because individuals disagreed about what was true and how to live. To be sure, public social life, politics, and morality *could* continue to be influenced by religion under the terms of disestablishment and the political protection of individual religious freedom. But they would *actually* be so influenced only if individual citizens in fact exercised their freedom in ways that concretely shaped domains of life that were in principle officially insulated from religion. If citizens started collectively and habitually behaving differently – say, through an intensification of the consumption practices that had marked American life since the colonial era, resulting in recent decades in what Zygmunt Bauman has analyzed as a distinctively consumerist rather than a merely industrial society[39] – the influence of religion on public life would change accordingly.

Bracketing changes as important as the advent of post-Darwinian Protestant fundamentalism after the American Civil War of the 1860s, this is what I would suggest has happened in the United States especially since WWII and most visibly since the 1960s. Religion has not gone away, nor have most Americans stopped self-identifying as Christians of one sort or another. But nothing besides consumerism has taken the place of any shared, substantive, politically and socially efficacious views about how people ought to live, how they should exercise their freedom, and how happiness ought to be pursued. What Tocqueville observed in the 1830s is emphatically no longer the case: Americans do not agree about even their basic duties to one another, nor do they "all preach the same morality." In contrast to Western European countries, including Germany, religion remains omnipresent in the US, but it no longer informs American society at large in any coherent way. Nor can it, because religious believers as a whole are divided on every socially and morally significant issue in ways that tend to

---

[39] Zygmunt Bauman, *Does Ethics Have a Chance in a World of Consumers?* (Cambridge, Mass. and London: Harvard University Press, 2008).

reflect the angry bifurcation of American political life in general. In the wake of the dissolution and dismantling of the Protestant "moral establishment" recently analyzed by David Sehat,[40] individuals are free to define and determine the good for themselves and to live as they please within the state's laws. This is the real key to secularism, facilitated in the long term by the politically protected individual freedom of religion that itself sought to address the unintended Christian pluralism inherited from the Reformation era. So long as you are politically quiescent, you can believe whatever you want, live however you please, change what you believe and how you live however you wish and for whatever reason or no reason, without regard for anyone else. It's all up to you; individual choice per se is the *summum bonum*. The empirical result is our contemporary hyperpluralism, its attendant political frictions and factions, and what seems (at least in the United States) to be a growing incivility in public life in recent decades. One corollary, it seems to me, in the absence of shared assumptions about values, priorities, morality, and meaning, is the current level of American bumper-sticker political discourse in what Anthony Grafton has called "our poisoned public sphere."[41] It's a discourse short on rigor and filled with rancor, a reality never more evident than became apparent in the stunning election year of 2016.

But why should Americans care about the lives and problems of people they don't know – those outsourced laborers in China or Mexico who make the things they buy, or the urban poor in the United States – when they can go to the mall instead, or simply go online and pull out the credit card and enjoy some "retail therapy"? Ignoring others is perfectly constitutional; it's how Americans can choose to live in exercising their liberty in the pursuit of happiness.

---

[40] David SEHAT, *The Myth of American Religious Freedom* (New York: Oxford University Press, 2011).

[41] Anthony GRAFTON, "A Sketch Map of a Lost Continent: The Republic of Letters," in Grafton, *Worlds Made of Words: Scholarship and Community in the Modern West* (Cambridge, Mass., and London: Harvard University Press, 2009), p. 16.

Even though American per capita income increased eightfold in real terms during the twentieth century,[42] Americans now live in a society without an acquisitive ceiling, in which there is literally no such thing as "too much" provided one has the financial means to do as one pleases. This is the latter-day, secularized outcome of early modern Christians' self-colonization by capitalism and consumption. It functions now within the American political and legal system to hold together the hyperpluralism that is the unintended, latter-day ideological outcome of the Reformation.

To be sure, modern liberalism found a way to address the serious problem of coexistence among contentious early modern Christians and the failure of antagonistic confessional rulers to achieve their objectives. But the rights it protects have facilitated more than the solution to a political problem. Consider the relationship between consumerism as an expression of the exercise of individual rights and the environmental impact of the industrial manufacturing that produces all those commodities, including the world's petroleum-powered vehicles. Of course, we can always hope that the findings pertaining to climate change from so many teams of scientists in so many different disciplines from around the world have nothing to do with human activity, and that we are simply experiencing another (albeit unprecedentedly rapid) upswing in the earth's natural warming and cooling cycles. But if what we are really seeing is the cumulative effect of acquisitive human desires on the natural world itself, it would turn out to be the ultimate

---

[42] N. Gregory MANKIW, *Principles of Economics,* 5th ed. (Mason, Ohio: Cengage Learning, 2008), pp. 12–13. "In 1900, per capita income (in 1999 dollars) was $ 4,200; it was about $ 33,700 in 1999." Donald M. FISK, "American Labor in the 20th Century," Compensation and Working Conditions (Fall 2001), Bureau of Labor Statistics, U.S. Bureau of Labor, http://www.bls.gov/opub/mlr/cwc/american-labor-in-the-20th-century.pdf, citing U.S. Council of Economic Advisors, 2000, *Economic Report to the President, 2000* (Washington, D.C.: U.S. Government Printing Office, 2000), p. 279 (accessed 31 May 2016). For a broader discussion, see also Stanley LEBERGOTT, *Pursuing Happiness: American Consumers in the Twentieth Century* (Princeton, N.J.: Princeton University Press, 1993).

subversion of some of the most basic, dominant assumptions of Western modernity: that the acquisitiveness sanctioned for centuries as rational self-interest and the high road to human happiness is actually endangering the biosphere that makes all human and other life possible. Small wonder that some American defenders of individual rights and free enterprise are keen to dismiss concerns about global warming as politically motivated hot air.

These reflections suggest, in brief compass, how the persistent, unintended doctrinal disagreements of the Reformation era and the concrete disruptions with which they were intertwined set in motion changes that over the long term have precipitated Western society's secularization, understood as the gradual disembedding of a restrictively redefined "religion" from the rest of life. If we want to understand the world we are living in today and where it came from, we need both a wider gauge and a longer chronological horizon than many historians imagine.

Freiheit des Glaubens – Freiheit der Welt

„Das Christentum aus dem Bett geschmissen" – das sei der langfristige Effekt, den man der Reformation bescheinigen müsse, kündigt der Titel von Brad Gregorys heutigem Vortrag an.[1] Mit anderen Worten hat Gregory das bereits in seinem Bestseller „The Unintended Reformation" festgestellt und mit dieser Formulierung eingeräumt, dass es sich um einen „unbeabsichtigten" Effekt handle.[2] Doch an der Diagnose ändert der mildernde Umstand nichts. Das „Bett", aus dessen bergenden Kissen das Christentum hinausgeworfen worden sei, sieht Gregory in der „westlichen Gesellschaft", das Ergebnis des Rauswurfs in deren Säkularisation. So bebildert, kann das Ergebnis nur negativ bewertet werden: das leere Bett einer entchristianisierten Gesellschaft und daneben die frierend auf dem Boden hockende und immer mickriger werdende Gestalt eines gesellschaftlich ortlosen Christentums.

Gregorys Bild ist neu, die Deutung und Bewertung der Reformation ist es nicht. So haben den kirchlichen Einschnitt des 16. Jahrhunderts und seine Folgen schon römisch-katholische und katholisierende Stimmen der Romantik eingeschätzt und für die Rückkehr in eine vorsäkulare christliche Welt plädiert; in Novalis'

---

[1] Brad GREGORY, Disembedding Christianity: The Reformation Era and the Secularization of Western Society (s. o. S. 25–55). Da Gregorys Vortrag bei Abfassung meines Textes noch nicht gehalten und bekannt war, nimmt dieser nur den angekündigten Titel und das darin präsentierte Bild auf, bezieht sich ansonsten aber auf das in der folgenden Anmerkung genannte Buch.

[2] Brad GREGORY, The Unintended Reformation. How a Religious Revolution Secularized Society, Cambridge/Mass. 2012.

Essay „Die Christenheit oder Europa" fanden sie ein ebenso far-
benreiches wie emotionales Manifest – freilich wohl den Autor
missverstehend, dessen religiöser Heros Schleiermacher war.[3] Eine
säkularisierende Wirkung schrieb man der Reformation aber auch
auf der anderen Seite des konfessionellen und kulturellen Spek-
trums, bei aufgeklärten Protestanten, zu, nur dass hier die werten-
den Vorzeichen umgekehrt gesetzt wurden: Der Reformation seien
die Errungenschaften der säkularen, von kirchlicher Bevormundung befreiten Moderne zu verdanken.[4] Diese Sicht der Dinge,
der sich auch das deutsche und westeuropäisch-amerikanische
Judentum zu großen Teilen anschloss,[5] durchzog bekanntlich das
19. Jahrhundert und lebte, ja lebt mit mancherlei Modifikationen
und Differenzierungen im 20. und frühen 21. kräftig fort, wobei
ein Mann wie Ernst Troeltsch bereits Gregorys Rede von der Säkularisierung als „unbeabsichtigter" Folge der Reformation vorweg-
nehmen konnte.[6] Auffällig ist bei alledem, wie die Reformation,
ob so oder so bewertet, vor allem hinsichtlich ihrer politischen
und kulturellen Wirkungen in den Blick genommen und wie sie
danach taxiert wird. So erscheint sie als ein auf allen Feldern des
Lebens wirksamer global player,[7] in Gregorys Bestseller geradezu

---

[3] Vgl. Viktor Žmegač (Hrsg.), Geschichte der deutschen Literatur vom
18. Jahrhundert bis zur Gegenwart, Bd. I/2. 1700–1848, Zürich [2]1984,
S. 112 f.; Emanuel Hirsch, Geschichte der neuern evangelischen Theologie
im Zusammenhang mit den allgemeinen Bewegungen des europäischen
Denkens, Bd. IV/2, Gütersloh 1951, S. 436.

[4] Vgl. Ernst Troeltsch, Die Bedeutung des Protestantismus für die
Entstehung der modernen Welt, in: Ders.: Schriften zur Bedeutung des Pro-
testantismus für die moderne Welt (1906–1913), hrsg. von Trutz Rendtorff,
Berlin 2001 (KGA Bd. 8), S. 199–316, hier S. 223 f.

[5] Dorothea Wendebourg, „Gesegnet sei das Andenken Luthers!". Die
Juden und Martin Luther im 19. Jahrhundert, in: Zeitschrift für Religions-
und Geistesgeschichte/Journal of Religious and Cultural Studies 3 (2013),
S. 235–251.

[6] Troeltsch, Die Bedeutung (wie Anm. 4), S. 233.

[7] Vgl. schon Heinrich Bornkamm, Luther im Spiegel der deutschen
Geistesgeschichte, Göttingen [2]1970, S. 19, der diese Sicht vor allem Luthers in der Aufklärung begründet sieht: „Seit der Aufklärung erwachte

obsessiv als monokausal wirksamer global player.[8] Doch diese Zuschreibung universaler Mächtigkeit hat ihren Preis: Als religiös-
theologisches Geschehen interessiert die Reformation am Ende
kaum. Als solches war sie die Initialzündung jener – positiv oder
negativ zu bewertenden – politisch-kulturellen Wirkungen.[9] Das
ist entscheidend.

Kommen wir noch einmal auf die aus dem Bett geworfene
Christenheit zurück. Und stellen wir uns die Leninsche Frage: Was
tun?[10] Solidarisch auf dem Boden hocken bleiben und mitfrieren?
Mit aller Macht ins warme Bett zurückdrängen? Uns ein anderes

---

ein Gefühl dafür, dass Luther nicht nur eine Epoche in der Geschichte des
Reiches Gottes auf Erden, sondern eine neue Welt – religiös, geistig und
politisch – heraufgeführt habe. Er wird damit erst zum Gegenstand der
Geistesgeschichte und das Lutherbild der Aufklärung zum Anlass immer
neuer Auseinandersetzungen um seine Gestalt und seine geschichtliche
Wirkung."

[8] Vgl. die Rezensionen des Buches „The Unintended Reformation" von
Hans Hillerbrand (Church History 81 [2012], S. 912–918) und Christoph Strohm (Evangelische Theologie 75 [2015], S. 156–160), die beide
insbesondere diese Zuschreibung einer Monokausalität in Frage stellen. Zu
Recht schreibt Strohm (a. a. O., S. 160), dass schon „Ernst Troeltsch […] in
seinem Vortrag ‚Die Bedeutung des Protestantismus für die moderne Welt'
die methodischen Probleme deutlich differenzierter erörtert" hat. Vgl. bei
Troeltsch die Warnung vor einer Überschätzung der Reformation in dieser
Hinsicht zu Lasten spätmittelalterlicher Erbschaften, der Renaissance und
eigenständiger Entwicklungen in den römisch-katholischen Nationen, vor
allem Frankreich, z. B. in: Troeltsch, Die Bedeutung (wie Anm. 4), S. 223.
Tatsächlich schreibt Gregory selbst entscheidende negative Wirkungen, wie
er sie der Reformation attestiert, auch der Renaissance bzw. dem vorreformatorischen und nichtreformatorischen Humanismus zu, vgl. Gregory,
Unintended Reformation (wie Anm. 2), S. 319 ff.
[9] Vgl. die funktionalistische Betrachtung der Reformation im Dienste
der Sozialgeschichte in der Forschung des späten 20. Jahrhunderts, die
dem Paradigma der sog. Konfessionalisierung folgt. Freilich werden hier
die modernisierenden Wirkungen zum einen nicht negativ bewertet und
zum anderen auf alle drei westlichen Konfessionen gleichermaßen zurück-
geführt, während Gregory sie als katastrophal beurteilt und der Reformation spezifisch zuschreibt. Vgl. Strohm (wie Anm. 8), S. 156.
[10] Vgl. Gregory, Unintended Reformation (wie Anm. 2), S. 381.

Bett suchen? Oder uns schlicht wärmer anziehen? Wir könnten aber auch noch einmal darüber nachdenken, wieweit das Szenario, das uns Gregorys Buch in dramatischem Schwarz-Weiß vor Augen stellt und andere nuancenreicher zeichnen, das die einen beklagen und die anderen begrüßen, überhaupt stimmt.

I. Die Fragestellung

Ernst Troeltsch hat das, was mit der Säkularisierung ans Ende gekommen sei, als „kirchliche Kultur" bezeichnet, wie sie nach allmählicher Herausbildung in der Spätantike im lateinischen Mittelalter nicht ihre einzige, doch ihre breiteste und umfassendste Verwirklichung gefunden habe. Der mittelalterlichen „Kulturidee" sei es darum gegangen, „die feststehenden natürlichen und geoffenbarten Wahrheiten, das Weltreich der Kirche und die mit der Natur [...] gegebenen politisch-sozialen Verhältnisse [...] in eine vom religiösen Lebensziel beherrschte und von der Priestergewalt mittelbar und unmittelbar geleitete Harmonie [zu bringen]". Weltbild und Dogma, Wissenschaft, Ethik, Staats- und Gesellschaftslehre, Rechts- und Wissenschaftstheorien sowie die Praxis seien von jener Idee aus „konstruiert" gewesen.[11] Entscheidend ist in dieser Beschreibung, dass „Säkularisierung" von Troeltsch als Ablösung der Kultur, der Gesellschaft, des Staates und so fort von der Kirche als institutionalisierter Form des Christentums verstanden wird. Grundsätzlich nicht anders, wenn auch holzschnittartiger, argumentiert Gregory, der sich allerdings auf das Spätmittelalter konzentriert. Sein Buch „The Unintended Reformation" wird durchzogen von dem cantus firmus: „Das spätmittelalterliche Christentum war eine *institutionalisierte* Weltanschauung" (late medieval Christianity was an *institutionalized* worldview).[12] Das

---

[11] Troeltsch, Die Bedeutung (wie Anm. 4), S. 210.
[12] Vgl. Gregory, Unintended Reformation (wie Anm. 2), S. 3. 21. 44. 82. 133. 370 u. a. m. (Hervorhebung von mir, D. W.).

heißt, das der Reformation vorausgehende späte Mittelalter müsse als kohärente religiöse Gesamtsicht der Welt und aller Lebensbereiche in der Perspektive und unter Anleitung der Kirche betrachtet werden, der lateinisch-päpstlichen Kirche. Hier hätten Gott und Natur, Offenbarung und Vernunft, Kirche und Staat, Glaube und Wissenschaft, Liebe und Politik, Pflicht und Anspruch noch in einem organischen Verhältnis zueinander gestanden, das allseits als überzeugend empfunden und als für das individuelle Leben wie das Handeln der Institutionen verbindlich angesehen worden sei. Garant für den Bestand dieses Kosmos war nach Gregory die – bei allerlei Kritik im Einzelnen – unangefochtene Autorität der päpstlichen Kirche, die für Glauben, Denken und Handeln die Leitlinien vorgab und mit ihren Riten das Leben jedes einzelnen darin existentiell verankerte. Mit dem Bild seines Vortragstitels: Hier war die Kirche wahrhaft „embedded", lag sie wohlverpackt im gesamtgesellschaftlichen Bett.

Lassen wir die vielen Stimmen beiseite, die auf die Grenzen der mittelalterlichen Einheitswelt hinweisen – Heinz Schilling etwa, nach dem „[a]m Vorabend der Reformation […] die lateinische Christenheit nur noch der Idee nach in einer einheitlichen Kirche organisiert" war;[13] oder Hans Hillerbrand, der auf die disruptiven Herausforderungen hingewiesen hat, die die neuen wissenschaftlichen Erkenntnisse der Zeit, die Entdeckung neuer Kontinente und die unabweisbare Wahrnehmung religiöser Vielfalt darstellten.[14] Übergehen wir auch die enormen geistig-zivilisatorischen Differenzen innerhalb der westlichen Christenheit, die es wohl zulassen, Bauern im ländlichen Skandinavien und Bürgern der Renaissancemetropole Florenz einen gemeinsamen kirchlich-institutionellen Rahmen, aber kaum, ihnen eine gemeinsame Weltsicht (worldview) zuzusprechen. Vernachlässigen wir die Sprengkräfte, die von den gewaltigen Veränderungen im Bereich von Politik,

---

[13] Heinz Schilling, Luther. Rebell in einer Zeit des Umbruchs, München 2012, S. 33.

[14] Hillerbrand, Rezension „The Unintended Reformation" (wie Anm. 8), S. 916 f.

Wirtschaft und Technik im 14. und 15. Jahrhundert ausgingen – Gesichtspunkte, die Gregorys rein ideengeschichtliche Darstellung ausblendet.[15] Gehen wir auch über die geistig-theologischen Gegensätze hinweg, die mit den verschiedenen theologischen Schulen des Spätmittelalters verbunden waren – Gregory selbst hat äußerste Mühe, die franziskanische Theologie eines Duns Scotus und William Occam mit seinem Bild der „institutionalisierten Weltanschauung" zu vereinbaren, und vermag es nur, indem er sie als theologisch fragwürdige Vorläufer der Reformatoren schlicht aus jenem Gesamtbild ausgrenzt.[16] Vernachlässigen wir, dass die Kehrseite der „institutionalisierten Weltanschauung" nach außen die scharfe, ja aggressive Abgrenzung des westlichen Christentums der Zeit, das ja nicht das einzige war, von dem des Ostens war, welches allenfalls als unionistisch einverleibtes Lebensrecht besaß. Und berühren wir an dieser Stelle schließlich auch die Kosten nur am Rande, die das Bemühen um Herstellung und Aufrechterhaltung der mittelalterlichen „institutionalisierten Weltanschauung" im Inneren gehabt hat, den „institutionalisierten Rekurs der Kirche auf Gewalt"[17].

---

[15] So zu Recht einer der Kritikpunkte, die STROHM, Rezension „The Unintended Reformation" (wie Anm. 8), S. 160 vorbringt: Es „werden elementare sozial-, politik-, und wirtschaftsgeschichtliche Sachverhalte […] ausgeblendet." Vgl. auch die Rezension von David WHITFORD, in: Church History 81 (2012), S. 924–928, die an Gregorys Darstellung den Blick durch die „wider lens" vermisst und Gregory bescheinigt, „by focusing so sharply on intellectual history, [he] has missed the broader cultural world." A. a. O., S. 928.

[16] Z. B. GREGORY, Unintended Reformation (wie Anm. 2), S. 36–38. Vgl. demgegenüber WHITFORD, Rezension „The Unintended Reformation" (wie Anm. 15), der zum einen hervorhebt, dass Duns Scotus nicht einfach als Repräsentant eines „aberrant rather than Catholic approach to theology" betrachtet werden könne (S. 925), und zum anderen, dass das Verhältnis von Scotus einerseits und Luther und Calvin andererseits „a terribly complex problem" und keineswegs so „clear-cut" sei, wie Gregory glauben mache (S. 926). Vgl. u. Anm. 23.

[17] Unterstrichen von Mark NOLL in seiner Rezension zu Gregorys Buch, in: Church History 81 (2012), S. 928–933. In „the church's institutional re-

Wir können das alles einstweilen beiseitelassen nicht nur, weil
in der Tat das kirchliche Gebäude, sieht man von dem durchaus
vorreformatorischen Ausstieg Heinrichs VIII. von England ab,
trotz allem jedenfalls noch zusammenhielt. Sondern vor allem,
weil an dieser Stelle ein anderer Gesichtspunkt von Interesse ist:
die Frage, warum uns das spätmittelalterliche Christentum von
Gregory so nachdrücklich als „institutionalisierte Weltanschauung" vor Augen gestellt wird. Aufschlussreich ist nochmals der
Blick auf den schon mehrfach genannten Ernst Troeltsch. Auch
Troeltsch beschreibt, wie gesagt, das Mittelalter als Epoche einer
die gesamte Gesellschaft umfassenden „kirchlichen Kultur" unter
der Autorität der priesterlichen Hierarchie. Doch für Troeltsch
handelt es sich um eine Epoche, die vorbei, ja überwunden ist und
der gegenüber sich das Christentum über mehrere Stufen bis in
die Moderne ebenso unentrinnbar wie begrüßenswert, wenn auch
nicht ohne Aporien, weiterentwickelt hat. Für Gregory hingegen
ist die spätmittelalterliche kirchliche Welt als allumfassende „institutionalized worldview" die Vollform des Christlichen.[18] Zugleich
ist in seinen Augen diese kirchliche Welt aber auch die Vollform

---

course to violence", dem „overwhelming deployment of coercion", welcher
mittelalterliche, doch schon bei einem Kirchenvater wie Augustin angelegte
„standard practice" zur Herstellung oder Bewahrung kirchlicher Einheit
gewesen sei, sieht Noll geradezu den Hauptgrund, aus dem diese Einheit
im 16. Jahrhundert zerbrach (S. 932). Er stellt Gregorys These folglich den
Satz entgegen: „The Reformation would not have secularized the West if
medieval Christendom had not already fatally undermined the medieval
Christian ideal"(S. 933). Vgl. zu diesem Komplex unten Anm. 115.

[18] Damit bietet Gregory eine Parallele zu der in der Orthodoxen Theologie und Kirche verbreiteten These vom christlichen Hellenismus der
Kirchenväterzeit als der gottgewollten, idealen Verwirklichung der Kir-
che – die nun aber ideal gerade auch im Gegensatz zum lateinischen Mittel-
alter sein soll. Siehe dazu Dorothea WENDEBOURG, Hellenisierung des
Christentums – Epoche oder Erfüllung der Kirchengeschichte? Zu einer
Debatte der orthodoxen Theologie und Kirchengeschichtsschreibung, in:
Der Gott der Vernunft. Protestantismus und vernünftiger Gottesgedanke,
hrsg. von Jörg Lauster und Bernd Oberdorfer, Tübingen 2009 (Religion in
Philosophy and Theology 41), S. 285–300.

des Menschlichen, der menschlichen Gesellschaft.[19] Der Schluss kann nur lauten: So, so „gebettet" und „bettend", soll die Kirche nach dem Willen ihres Stifters[20] und soll die Welt nach dem Willen ihres Schöpfers sein.

Damit ist die Grundsätzlichkeit der Kritik deutlich, die Gregory an der Reformation übt: Die Reformation habe nicht nur eine bedauerliche Verschiebung des Verhältnisses von Kirche und Gesellschaft herbeigeführt. Vielmehr habe sie durch die Zerschlagung der kirchlich-politisch-gesellschaftlichen Symbiose ihrer Zeit das Christentum der Zerstörung ausgesetzt – jedenfalls dort, wo sie zur Herrschaft kam, seit dem Zweiten Vatikanischen Konzil mit negativen Auswirkungen mehr und mehr auch im römischen Katholizismus.[21] Zugleich habe sie die Menschen und die Gesellschaft, deren Potentiale nur in jener Symbiose zur vollen Entfaltung kamen und deren Schwächen nur darin wirksam gezügelt wurden, ins Verderben geführt.[22] Kurz, durch die von der Reformation herbeigeführte Säkularisierung, die Entkirchlichung der Welt und Entweltlichung der Kirche, hätten beide, Welt und Kirche, verloren.

---

[19] Das wird in den vielen Passagen des Bedauerns über den Verlust des damaligen Zustandes und die Misere der Gegenwart handgreiflich, die das Buch durchziehen und die insbesondere in seiner Einleitung und seiner zwar tapfer „Against Nostalgia" überschriebenen, aber genau sie zum Ausdruck bringenden *Conclusion* präsentiert werden – hier geht die historische Analyse immer wieder in das Werturteil des Historikers über.

[20] Vgl. die Hinweise darauf, dass die religiös-weltanschauliche Toleranz, die die „institutionalized worldview" zerstöre, der Intoleranz widerspreche, die Jesus selbst geübt habe, GREGORY, Unintended Reformation (wie Anm. 2), S. 162. 164.

[21] GREGORY, Unintended Reformation (wie Anm. 2), S. 179.

[22] Nämlich in die amerikanische, ja gemeinwestliche und mittlerweile auch den Rest der Welt mehr und mehr einbeziehende Gesellschaft der Gegenwart, in der Gregory nur „Hyperpluralismus", intellektuellen und ethischen Relativismus, Konsumismus, Umweltzerstörung und oktroyierte Staatsreligion diagnostizieren kann – alles Folgen des „desaster", das die Reformation darstelle: GREGORY, Unintended Reformation (wie Anm. 2), S. 167.

Meine Aufgabe besteht nun nicht darin, mich mit Gregorys Argumenten im Einzelnen auseinanderzusetzen, seine ideengeschichtlichen „Genealogien" (genealogies)[23] auf ihre Stichhaltigkeit zu überprüfen und gegebenenfalls andere Ableitungsketten dagegen zu setzen. Vielmehr soll die von ihm angestoßene Säkularisierungsdebatte, oder besser die von ihm in seiner Weise aufgenommene Debatte, mir zum Anlass dienen für die Frage, was dazu vonseiten der reformatorischen Theologie zu sagen ist. Um das Ergebnis schon einmal thetisch vorwegzunehmen: Aus reformatorischer Sicht ist das Christentum mit keiner der gesellschaftlichen Umsetzungen, die sich im Laufe der Geschichte ergeben haben, spezifisch oder gar notwendig verbunden. Der Welt frei gegenüberstehend, geht der christliche Glaube vielmehr in die verschiedensten Verhältnisse ein, gestaltet sie auch im Maße des Möglichen mit, ohne doch je seine Distanz ihnen gegenüber zu verlieren. Und auf der anderen Seite profitiert die – von Gott geschaffene – Welt, dem christlichen Glauben frei gegenüberstehend, von der Teilhabe der Christen an ihren nach Ort und Zeit unterschiedlich entfalteten Strukturen, ohne doch je selbst eine wesenhaft christliche zu werden. Damit sind die – bereits spezifisch reformatorischer Wortwahl folgenden – Begriffe genannt, unter denen die folgenden Ausführungen stehen werden: Glaube und Welt. Ich werde mich in meinen Ausführungen auf Martin Luther konzentrieren, der auch bei Gregory am reformatorischen Anfang steht.[24]

---

[23] So Gregorys Wort für die über viele Zwischenglieder laufenden, aber bis in die heutigen Verfallsphänomene hinein gegenwärtigen, keineswegs überholten Kausalnexus mit der Reformation. Vgl. freilich den Hinweis von David WHITFORD, Rezension (wie Anm. 15), S. 928 auf die diesem Wort inhärente Anfrage an den Gebrauch, den Gregory von ihm macht: Genealogien sind nie monokausal und monolinear. Vielmehr gilt: „The interesting thing about genealogies is that regardless of the pair of ancestors you pick it is always an arbitrary choice, for each of them had two parents, who also had parents, who also had parents".

[24] Damit gilt Gregorys Kritik Zwingli und Calvin samt den von ihnen geprägten reformatorischen Strömungen ebenso. De facto beginnt in sei-

II. Glaube und Welt nach Martin Luther

1. Die Freiheit des Glaubens

a) Gott als Ort des Glaubens

„Der Glaube kann nicht an irgendetwas haften noch hängen, was in diesem Leben gilt, sondern bricht hinaus und hängt an dem, was über und außer diesem Leben ist, das ist Gott selbst."[25] Steiler als in diesem Satz aus dem „Schönen Confitemini", der auf der Veste Coburg geschriebenen „Auslegung des 118. Psalms", hat Luther selten ausgesprochen, worum es im christlichen Glauben zuerst und vor allem geht: um das Verhältnis zu Gott, das ein ganz persönliches ist, die Person rückhaltlos ergreift und alles andere, dieses Leben und was darin gilt, kurz, die ganze Welt, in die zweite Reihe schiebt. Freilich ist es ein Verhältnis, das der Mensch nicht selbst eröffnen kann. Sondern jenes „Hinausbrechen" zu Gott und „Hängen" an ihm beschreibt Luther als eine Bewegung, die von Gott herbeigeführt und dauerhaft in Gang gehalten wird. Konkret als eine Bewegung der Erfahrung und Erkenntnis, die sich beim

---

nen Augen der Verfall freilich schon mit Duns Scotus, bei dem Gregory, in Einklang mit auch sonst verbreiteten Analysen, die die Abhängigkeit Luthers vom Nominalismus für theologische Schwächen des Reformators verantwortlich machen, wesentliche Verirrungen der Reformation vorweggenommen sieht. Wegen des im Spätmittelalter bereits diagnostizierten doktrinalen Irrwegs, womit Gregory insbesondere die skotistische Rede von Gott und Welt in univoken Kategorien meint, die ein Reformator wie Martin Luther übrigens gerade nicht vertrat, und „the [medieval] church's institutional recourse to violence to quasch challenges" meint der Rezensent Noll, das Buch habe den falschen Titel und sollte besser heißen: „The Inconsistent Middle Ages and the Unintended Reformation: The One-Two Punch that Secularized Society", NOLL, Rezension (wie Anm. 17), S. 929 f.

[25] „der glaube auch nicht hangen noch hafften kan an irgent etwas, das jnn diesem leben gillt, Sondern bricht hinaus, und henget an dem, das uber und ausser diesem leben ist, das ist Gott selbs." Martin LUTHER, Auslegung des 118. Psalms 1530/Das schöne Confitemini, WA 31/1, S. 156, 25–28. Vgl. auch DERS., Von der Freiheit eines Christenmenschen, WA 7, S. 38, 8 f.: „durch den glauben feret er uber sich yn gott".

Hören des Evangeliums von Gottes Zuwendung in Jesus Christus ereignet: nämlich dann, wenn ein Mensch darin „seinen Gott zu ihm reden hört."[26]

Eben diesen Vorgang veranschaulicht Luther in seinem Traktat „Von der Freiheit eines Christenmenschen" mit demselben Bild einer Bewegung aus der Welt heraus wie in dem gerade zitierten Satz aus dem „Schönen Confitemini": Wer das Evangelium als ihn anredendes Wort Gottes hört, „kommt los" und „hinaus".[27] Er wird „herausgerissen" (rapere).[28] Doch wird das, woraus der Glaube herausreißt, hier nicht mehr nur allgemein als Leben in dieser Welt bestimmt, sondern als ein ganz spezifisches Stück dieser Welt: das Stück, das der zum Glauben kommende Mensch selber ist. Im Glauben geschieht, „daß du aus dir und von dir […] loskomm[st]."[29] Das heißt, das Freiwerden von der Welt bezieht sich auch auf die eigene Person. Denn sie ist in unheilvoller Weise mit der Welt verstrickt: Vom Schöpfer dazu bestimmt, der Schöpfung und zumal seinen Nächsten in Liebe entgegenzutreten, macht der Mensch das alles zum Mittel seiner selbst, und das gerade auch dort, wo er sich bemüht, Gutes zu tun und Liebe zu erweisen. Sein Bemühen wird regiert von dem Bestreben, dadurch vor sich selbst, vor den Mitmenschen und vor Gott bestehen zu können. Damit ist es von der Wurzel her

---

[26] Im Original in der zweiten Person: „Fragistu aber ‚wilchs ist denn das wort, das solch grosse gnad gibt […]?' Antwort: Es ist nit anders, denn die predigt von Christo geschehen, wie das Evangelium ynnehelt. Wilche soll seyn, und ist alßo gethan, das du hörist deynen gott zu dir reden."; Luther, Von der Freiheit (wie Anm. 25), S. 22, 23–26. Ebenso, im Blick auf die Zusage „Christi Leib für dich gegeben" im Abendmahl, Assertio omnium articulorum M. Lutheri per Bullam Leonis X. novissimam damnatorum (1522), in: WA 7, S. 102, 1–6 u. S. 325, 11–18.

[27] WA 7, S. 22, 31 f. (vgl. u. Anm. 29). Es ist die Sprache der Mystik, die Luther in diesen Sätzen spricht, aber bezogen auf die Begegnung mit Gott nicht jenseits des Hörens, sondern im Hören des Evangeliums.

[28] Martin Luther, Galaterkommentar (1535), in: WA 40/1, S. 589, 25 (Zitat in Anm. 34).

[29] „Das du […] auß dir und von dir […] kommen mügist". Luther, Von der Freiheit (wie Anm. 25), S. 22, 31 f.

zum Scheitern verurteilt, weil so motiviertes Tun sich um den
Täter selber dreht,[30] statt „umsonst" getan zu werden,[31] um seiner
selbst und um des Nächsten willen, wie es die Liebe verlangt.
Deshalb Luthers Schluss: Abhilfe kann hier tatsächlich nur das
„Loskommen" von sich selber bieten – das aber nicht ins Nichts
führt, sondern auf neuen, anderen Grund, der so stabil ist, „daß
wir uns darauf stützen können"[32]. Das ist das Evangelium, das
uns „nicht auf unsere guten Taten und Vollkommenheit blicken
läßt, sondern auf den Heil zusagenden Gott selbst, Christus, den
Mittler, selbst"[33]. Uns auf diese Zusage stützend, werden wir nicht
nur „von uns losgerissen", sondern zugleich „auf einen Grund
gestellt, auf dem wir außerhalb unser selber sind, [...] die Zusage
und Wahrheit Gottes, die nicht täuschen kann."[34] Diese Neufun-
damentierung durch den Glauben, die in biblisch-technischen
Worten sogenannte „Rechtfertigung", ist nichts weniger, als in
das Leben Gottes selbst hineingenommen und geradezu „göttlich" zu werden.[35] Was nicht heißt, dass der Glaubende aufhörte,

---

[30] Andreas STEGMANN, Luthers Auffassung vom christlichen Leben,
Tübingen 2014, S. 368 nennt die so motivierten Taten „soteriologisch ver-
zwecklichte Werke".

[31] LUTHER, Von der Freiheit, (wie Anm. 25), S. 22; 31, 6; Martin LU-
THER, De votis monasticis, WA 8, S. 608, 28 (gratis).

[32] Vgl. Zitat in Anm. 34.

[33] LUTHER, Galaterkommentar (wie Anm. 28) S. 589, 18 f.: „Evangelium
iubet intueri nos non benefacta et perfectionem nostram, sed ipsum deum
promittentem, Ipsum Christum Mediatorem".

[34] Im Original im Aktiv. Luther redet an der zitierten Stelle von der
reformatorischen Theologie, doch diese zeichnet, wie der Kontext zeigt,
nur nach, was vom Glauben gilt: „haec est ratio, cur nostra Theologia certa
sit: Quia rapit nos a nobis et ponit extra nos, ut [...] eo nitamur, quid est
extra nos, Hoc est, promissione et veritate Dei, quae fallere non potest",
a. a. O., S. 589, 25–28. Vgl. Reinhard SCHWARZ, Martin Luther – Lehrer der
christlichen Religion, Tübingen 2015, S. 355.

[35] So LUTHERS Interpretation von Ps. 81,6 („Ihr seid Götter und Söhne
des Höchsten") in der Fastenpostille, WA 17/2, S. 74, 26 f.: „durch den
glauben werden wyr Götter und teylhafftig Göttlicher natur und namen".
S. a. DERS., Dictata super Psalterium, WA 4, S. 269, 29 f.: „retribuit mihi
fidem et veritatem, qua coram ipso sum verax, ac sic iam non homo, sed

Mensch zu sein – vielmehr verwirklicht sich gerade so, was ein Mensch seinem Wesen nach ist. Denn so im Glauben auf Gott bezogen, „gerechtfertigt zu werden" (iustificari) ist, wie Luthers Disputationsthesen „über den Menschen" (de homine) feststellen, die „Definition des Menschen"[36].

Das skizzierte Programm der Freiheit des Glaubens von der Welt hat gravierende Folgen auf verschiedenen Gebieten. Uns soll hier nur eine beschäftigen, die Konsequenz für die Rolle der Ethik. Jenes Programm bedeutet nichts weniger, als dass das Handeln des Menschen im heilvollen Verhältnis zu Gott keine Rolle spielt: Die „Werke" sind ausgeschlossen aus dem, „was sich abspielt zwischen Gott und dir selbst"[37]. Was sich hier „abspielt", hat keinen anderen Grund als die – in Christus gegebene und im Evangelium mit- geteilte – Zuwendung Gottes und keine andere Realisierung als das Vertrauen darauf, den Glauben.

Freilich ist das nur die eine Seite der Medaille. Denn „[d]aß wir keines Werkes bedürfen, um […] die Seligkeit zu erlangen", heißt keineswegs, „daß wir müßig gehen oder übel tun können."[38] Der Glaubende ist von den Werken befreit „nicht, daß keine geschehen, sondern daß [er] sich auf keine verlasse."[39] Die Ver- bannung der guten Werke aus der Gottesbeziehung zielt nicht

---

deus ac dei filius et similis patri proles.", Galaterkommentar (wie Anm. 28) zu 2.Petr. 1,4, S. 182, 15: „Fide enim homo fit Deus". Vgl. dazu Reinhard FLOGAUS, Theosis bei Palamas und Luther, Göttingen 1997, S. 351 f.

[36] LUTHER, These 32, WA 39/1, S. 176, 33–35: „Paulus Rom. 3: Arbi- tramur hominem iustificari fide absque operibus, breviter hominis de- finitionem colligit, dicens, Hominem iustificari fide."

[37] „quae geruntur inter deum et teipsum", LUTHER, De votis monasticis (wie Anm. 31), S. 615, 28 f.

[38] LUTHER, Von der Freiheit (wie Anm. 25), S. 25, 1–4: „Das ist die Christlich freiheit, der eynige glaub, der do macht, nit das wir müßsig gahn oder übell thun mugen, sondern das wir keynis wercks bedurffen zur frumkeyt und seligkeyt zu erlangen."

[39] „solvitur conscientia ab operibus, non ut nulla fiant, sed ut in nulla confidat." LUTHER, De votis monasticis (wie Anm. 31), S. 606, 31 f.

darauf, das rechte Handeln abzuwerten oder gar für überflüssig zu halten, sondern es geht um die richtige Bestimmung seines Ortes.[40] Einmal seines sozialen Ortes: Wenn die Werke auch ausgeschlossen sind aus dem, „was sich abspielt zwischen Gott und dir selbst"[41], gilt doch das Gegenteil „zwischen dir und deinem Nächsten"[42]. Hier, im Zusammenleben mit anderen Menschen, sind die Werke nicht wegzudenken.[43] Richtig bestimmt wird nun aber zum anderen auch der theologische Ort des menschlichen Handelns: Die „guten Werke" dienen dem Menschen nicht dazu, „göttlich" zu werden. Vielmehr werden sie von dem getan, der bereits durch den Glauben „göttlich" ist. Ja, Luther behauptet, sie würden vom Glaubenden mit spontaner Selbstverständlichkeit getan, sodass sie für diesen dieselbe innere Notwendigkeit besäßen wie sein Glaube:[44] Von sich selber „losgerissen" und im Evangelium neu begründet, tut der Christ das Gute „aus freier Liebe und freudigem (lustigem) Willen"[45] und reicht so die ihm zuteil gewordene Zuwendung Gottes weiter.[46] Gerade so und erst

---

[40] Zur Begründung der Ethik der Liebe aus dem Glauben s. die Schrift Von der Freiheit eines Christenmenschen alias De libertate Christiana (WA 7, S. 20–38 /49–73), zu ihrer materialethischen Konkretisierung den Sermon Von den guten Werken (WA 6, S. 202–276). Vgl. zu dem ganzen Komplex die Studie von Stegmann, Luthers Auffassung (wie Anm. 30).

[41] Luther, De votis monasticis (wie Anm. 31), S. 615, 28 f.

[42] „inter te et proximum tuum", Luther, De votis monasticis (s. Anm. 31), S. 615, 29.

[43] Luther, Von der Freiheit (wie Anm. 25), S. 34, 27: Ein Mensch kann „nicht ohne Werke sein gegen die [anderen Menschen auf Erden]" („nit on werck sein gegen die selbenn"). Wir lassen hier die Werke des Christen, die der Selbstdisziplinierung dienen („die ein Christen mensch gegen seynem eygen leybe üben sol", a. a. O., S. 34, 23 f.), beiseite; vgl. dazu Stegmann (wie Anm. 30), S. 314 f.

[44] Luther, De votis monasticis (wie Anm. 31), S. 608, 31 f.: „ [bona opera] non possunt magis omitti, quam ipsa fides, nec sunt minus necessaria quam fides".

[45] Martin Luther, Weihnachtspostille, WA 10/1/1, S. 361, 2.

[46] Luther, Von der Freiheit (wie Anm. 25), S. 36, 5–8: „zu gleych wie unser nehst nott leydet und unßers ubrigenn bedarff, alßo haben wir fur

so aber tut er gute Werke, die diesen Namen wirklich verdienen. Nicht mehr mit dem Zweck verbunden, dadurch vor Gott und vor sich selbst zu bestehen, können sie Taten sein, die ganz „umsonst" einfach an dem orientiert sind, was der Nächste braucht.[47] Als Urbild solchen Lebens der Liebe stellt Luthers „Freiheitsschrift" den Christus des Philipperhymnus vor, der, ganz zu Gott gehörig, doch aus der himmlischen Höhe in die Niedrigkeit der menschlichen Knechtsgestalt hinunterstieg.[48] Und er fügt hinzu, dass es sich im Christenleben nicht anders verhalte: „Durch den Glauben fährt [der Christenmensch] über sich in Gott, und aus Gott fährt er wieder unter sich durch die Liebe und bleibt doch immer in Gott und göttlicher Liebe."[49]

---

gott nott geliden und seyner gnaden bedurfft. Darumb wie uns gott hatt durch Christum umbsonst gehollffen, alßo sollen wir durch den leyb und seyne werck nit anders den dem nehsten hellffen." LUTHER, De votis monasticis (wie Anm. 37), S. 608, 28: „[opera bona] libere et gratis facienda sunt ad usum et commodum proximi, sicut Christi opera nobis facta sunt libere et gratis."

[47] LUTHER, Von der Freiheit (wie Anm. 25), S. 35, 34–36, 2: „So will ich […] gegen meynem nehsten auch werden ein Christen, wie Christus mir worden ist, und nichts mehr thun, denn was ich nur sehe yhm nott, nützlich und seliglich seyn, die weyl ich doch, durch meynenn glauben, allis dings yn Christo gnug habe". Wie Thomas Kaufmann anknüpfend an Karl Holl schreibt, handelt es sich bei dieser in Luthers Schriften von 1520 entwickelten Konzeption, wonach „die gute sittliche Tat um des Bedürftigen willen erfolgte und die auf Jenseitsvorsorge abzielende meritorische Akkumulationslogik spätmittelalterlicher Heilsökonomie in Frage [gestellt ist]", um „eine ‚kopernikanische Wende' der christlichen Ethik." Thomas KAUFMANN, Wirtschafts- und sozialethische Vorstellungen und Praktiken in der Frühzeit der Reformation, in: Sister Reformations II/Schwesterreformationen II. Reformation und Ethik in Deutschland und England, hrsg. von Dorothea Wendebourg und Alec Ryrie, Tübingen 2014, S. 325–355/ engl. S. 356–383, 326 f./357 f.

[48] LUTHER, Von der Freiheit (wie Anm. 25), S. 34, 33–35, 19.

[49] „durch den glauben feret er uber sich yn gott, auß gott feret er widder unter sich durch die liebe, und bleybt doch ymmer ynn gott und gottlicher liebe". LUTHER, Von der Freiheit (wie Anm. 25), S. 38, 8–10.

b) Die Welt als Ort der Liebe aus dem Glauben

„Die evangelische Freiheit ist Sache göttlichen Rechtes und göttlicher Gabe. Sie besteht darin, keinem Werk, keinem Ort, keiner
Sache, keiner Person mit Notwendigkeit anzuhängen, sondern den
Umgang mit alledem, wie es sich anbietet, frei zu haben.“[50] Diese
Sätze stammen aus den „Themata de votis“,[51] die Martin Luther
1521 auf der Wartburg niederschrieb, Disputationsthesenreihen
über die monastischen Gelübde und Präludium zu dem großen
Gutachten „Von den Mönchsgelübden“ (De votis monasticis),[52]
nach dessen Lektüre Mönche und Nonnen in Scharen ihre Klöster
verließen und diese dahinschmolzen „wie Schnee vor der Sonne.“[53]

Mit der Wendung „evangelische Freiheit“, an deren Stelle es in
den Thesen gleichsinnig „Freiheit des Glaubens“ heißen kann,[54]
taucht auch hier das Motiv auf, von dem im vorigen Abschnitt
die Rede war. Auch hier geht es um die Freiheit im Verhältnis des
Christen zu Gott und damit in der tiefsten, religiösen Begründung
seiner selbst: Es „herrscht die evangelische Freiheit […] in dem,
was sich abspielt zwischen Gott und dir selbst.“[55] Diese gottgegebene Freiheit hält Luther hier speziell dem Mönchtum entgegen. Und
das nicht etwa, wie nahezuliegen scheint, weil mit dem monasti-

---

[50] „Euangelica libertas divini est et iuris et doni. Ea est nulli operi, loco,
rei, personae adherere necessario, Sed usum horum omnium, ut sese obtu-
lerint, liberum habere.“ Martin Luther, Themata de votis, Thesen 1–3 der
zweiten Reihe, WA 8, S. 330, 3–5.

[51] Luther, Themata de votis (wie Anm. 50), S. 323–329 (erste Reihe)
und S. 330–335 (zweite Reihe).

[52] Luther, De votis monasticis, (wie Anm. 31), S. 573–669.

[53] WA TR 2, S. 433, 8 (Nr. 2359). Vgl. Thomas Kaufmann, Geschichte
der Reformation, Frankfurt a. M. und Leipzig 2009, S. 346: „Luthers Schrift
De votis monasticis […] war zweifelsohne derjenige Text, der das bestehende Klosterwesen stärker erschütterte als jeder andere.“

[54] „fidei libertas“, Luther, Themata de votis (wie Anm. 50), These 21
der zweiten Reihe, WA 8, S. 330, 29; vgl. a. These 73 der ersten Reihe:
„Novum enim testamentum regnum est libertatis et fidei“, ebd. S. 326, 23.

[55] Luther, De votis monasticis, (wie Anm. 31), S. 615, 28 f.: „Libertas
Euangelica regnat in iis […], quae geruntur inter deum et teipsum“.

schen Leben ein Verlust an Bewegungs- und Organisationsfreiheit gegeben ist, weil der Mönch, die Nonne an einen bestimmten Ort, an eine bestimmte Personengemeinschaft gebunden und zu bestimmten Tätigkeiten verpflichtet ist.[56] Hatte Luther doch selbst damals keineswegs vor, aus seinem Orden auszutreten, und sollte das Mönchsgewand nach seiner Rückkehr von der Wartburg noch jahrelang tragen. Den Verstoß gegen das gottgegebene Recht evangelischer Freiheit sieht er vielmehr darin, dass die monastische Lebensweise für die Gottesbeziehung entscheidend sein, dass das Verhältnis des Mönchs zu Gott und Gottes zu ihm von der Einhaltung dieser Lebensform abhängen solle: Der Mönch meine, er müsse notwendigerweise (necessario)[57] all jene Verpflichtungen erfüllen, weil sein Gewissen von dem Gedanken beherrscht werde, „dass er [von Gott] gerettet werde, wenn er die Regel seines Ordens gehalten habe, aber verdammt, wenn er sie nicht gehalten habe."[58]

Mit dieser Sicht des monastischen Lebens ist für Luther ein Fall jener Einschätzung menschlichen Handelns gegeben, die er grundsätzlich als falsch und unchristlich verwirft, der sogenannten Werkgerechtigkeit – davon war schon die Rede. Doch handelt es sich um einen besonderen Fall. Denn der Ort, der Personenverband, die Lebensweise, an die sich der Mönch, die Nonne vor Gott „mit Notwendigkeit" gebunden fühlt, ist von besonderer Art: Es ist ein Ort, ein Personenverband, ein Leben in Distanz zur Welt (*saeculum*). Allerdings soll es sich bei dieser Distanz nicht um jenes „Loskommen" von der Welt handeln, von dem wir zu Beginn gesprochen haben, um die Begründung in Gott jenseits der

---

[56] So lässt er das Argument von Kollegen wie Melanchthon und Karlstadt, die Mönchsgelübde seien einfach deshalb abzulehnen, weil sie schwer zu halten seien, nicht gelten, WA Br 2, S. 276 f. (Nr. 382). Vgl. Karl HOLL, Die Geschichte des Worts Beruf, in: Ders.:, Gesammelte Aufsätze zur Kirchengeschichte, Bd. III: Der Westen, Tübingen 1928, S. 189–219, hier S. 216.

[57] S. o. Zitat in Anm. 50.

[58] „salvum se fore, ubi ordinem suum servarit, damnatum vero, ubi non servarit", LUTHER, De votis monasticis (wie Anm. 31), S. 620, 1 f. S. a. S. 618, 33–35.

eigenen Person und ihres Tuns durch den Glauben. Gemeint ist vielmehr eine Distanz, die unter den Glaubenden aufgemacht wird und einen Teil von ihnen zur „Welt" werden läßt. Auf der einen Seite stehen die Mönche und Nonnen, die sich in ewig bindendem Gelübde auf die *vita perfecta*,[59] die Befolgung der „evangelischen Räte", der Gebote Christi in der Bergpredigt (Mt 5, 17–48) und besonders der Empfehlung von Armut, Ehelosigkeit und Gehorsam, verpflichtet haben.[60] Sie führen ihr Leben in größerer Heiligkeit und können mit höherer Sicherheit davon ausgehen, vor Gott zu bestehen und die ewige Seligkeit zu erlangen. Diesen *religiosi*, den „ganz und gar Gott Anhängenden"[61], steht die Mehrheit der Mitchristen gegenüber, nämlich jene, die nicht so leben und folglich als *saeculares*, als „Weltleute", zu gelten haben. Getauft und zur Teilnahme an der rituellen Basisversorgung durch die Kirche berechtigt wie verpflichtet, haben sie nicht den Regeln der *vita perfecta*, der Bergpredigt, zu folgen, sondern ihr Verhaltenskodex ist der um eine Reihe kirchlicher Vorschriften erweiterte Dekalog. Sie leben im Rahmen der öffentlichen Rechtsordnung und sind verpflichtet, ihre Interessen nicht auf Kosten des Gemeinwohls zu verfolgen. Mehr wird ihnen nicht zugemutet. So ist ihr Leben weniger mühsam als der asketische Wandel der Mönche und Nonnen. Dafür entbehrt es der mit dem Leben der *religiosi* gegebenen größeren Gottesnähe und gesteigerten Gewißheit, auf dem Weg zur ewigen Seligkeit zu sein.[62]

Mit seiner theologischen Bewertung, religiösen Praxis und kirchenrechtlichen Einordnung verkörperte das Mönchtum wie keine

---

[59] Luther, De votis monasticis, (wie Anm. 31), S. 584, 23 f.; 598, 20 f. Vgl. Thomas, STh II/II q.186 a.1, der von „status perfectionis" spricht.

[60] Zu den *consilia evangelica* bei Luther vgl. Schwarz, Luther – Lehrer der christlichen Religion (wie Anm. 34) S. 137–139.

[61] Vgl. Thomas, STh II/II q.186, a.1.

[62] Vgl. zu diesem Komplex Dorothea Wendebourg, Der gewesene Mönch Martin Luther – Mönchtum und Reformation, in: Kerygma und Dogma 52 (2006), S. 303–327; Stegmann, Luthers Auffassung (wie Anm. 30), passim, bes. Kap. 2,4.

andere kirchliche Institution die „duale Struktur"[63] des Christseins und der Kirche, die sich seit der Spätantike in der Christenheit herausgebildet hatte und deren Herzstück der „Dualismus einer einfachen und einer höheren Religiosität" war.[64] Diesem Dualismus galt Luthers Kritik. Nicht dass es nicht schon vor ihm Stimmen gegeben hätte, die jene Abstufung einzuebnen suchten.[65] Doch prinzipiell wurde der dualen Struktur erst mit der Berufung auf die „evangelische Freiheit" der Boden entzogen: Wenn die heilvolle Gottesbeziehung, die „Göttlichkeit" des Christen sich allein im – dem Evangelium von Christus vertrauenden – Glauben realisiert, dann kann es eine Abstufung der Gottesnähe durch mehr oder weniger asketischen Lebenswandel[66] und eine höhere oder mindere Anwartschaft auf das ewige Leben nicht geben. Dann sind die sogenannten *saeculares*, die Getauften in der Welt, nicht die „Aschenputtel" der Kirche,[67] sondern ihre Heiligen (*sancti*),[68] be-

---

[63] SCHWARZ, Luther – Lehrer der christlichen Religion (wie Anm. 34), S. 140. S. a. S. 137.

[64] Ebd., S. 140.

[65] Vgl. Thomas KAUFMANN, Reformation der Lebenswelt. Luthers Ehetheologie, in: Ders.: Der Anfang der Reformation. Studien zur Kontextualität der Theologie, Publizistik und Inszenierung Luthers und der reformatorischen Bewegung, Tübingen 2012, S. 550–564, hier S. 552–555.

[66] Vgl. die unterschiedliche Verortung des Bildes der Ehe für die engste Gottesgemeinschaft: Im monastischen Kontext gilt der Mönch, die Nonne als *sponsa Christi*, Luther hingegen sieht im Glauben die eheliche Vereinigung der Seele des Christen – jedes Christen – mit Christus (Von der Freiheit [wie Anm. 40], S. 25, 26–28/54, 31 f.). Dieser Gegensatz schlägt sich in De votis monasticis (wie Anm. 31) nieder, wenn Luther dort schreibt: „Singulares […] ultra Euangelium prae caeteris esse volunt monastici sua obedientia, et soli esse sponsae et uxores maiestatis divinae", S. 646, 21 f. S. a. Predigt vom 20. Sonntag nach Trinitatis 1523, WA 11, S. 196, 26–197,38.

[67] S. Zitat in Anm. 70.

[68] „Sacrilegium […] est ordines religiosorum ‚sanctos' appellare. Una religio sancta et sanctificans est, Christianismus seu fides. Cuius sanctitatis nomen non sine animarum deceptione aliis communicatur", Thesen 84 bis 86 der ersten Reihe der Themata de votis (wie Anm. 51), S. 327, 4–7. „At nunc docent religiones esse multo meliores et sanctiores communi statu

steht die wahre *perfectio*, die wahre *religio* nicht in einer Überbietung des „gewöhnlichen Christenlebens" (communis vita Christianorum),[69] sondern in diesem selbst.[70] Zusätzliche Elemente kann es nicht geben, braucht es aber auch nicht zu geben, weil in dem, was sich zwischen dem Glaubenden und Gott „abspielt", eben „die evangelische Freiheit herrscht."[71]

Und wie steht es mit dem, was sich zwischen dem Glaubenden und anderen Menschen abspielt – ist das für die Klosterleute ohne Gewicht? Dieselben Schriften, die dem Mönchtum die Zerstörung der Freiheit des Glaubens zur Last legen, erheben noch einen zweiten Vorwurf: Mönche und Nonnen, so wie sie tatsächlich ihr Leben führten, verfehlten auch das andere Charakteristikum wahren Christseins, die Liebe: „Wie der Glaube, so ist auch die Liebe in jedem monastischen Gelübde und monastischen Lebenswandel ausgenommen."[72] Dieser Vorwurf klingt erstaunlich, da sich Mönche und Nonnen im Unterschied zu den Christen „in der Welt" ja gerade auf die radikale Liebesethik Jesu verpflichtet sehen. Doch,

---

fidelium. Haec est vox illa perditionis", Luther, De votis monasticis (wie Anm. 31), S. 620, 29–31.

[69] „Contrarium est docere Religiones esse status perfectionis. Contrarium, imo horrendum est, docere Religiones esse supra communem vitam Christianorum", Thesen 107 und 108 der ersten Reihe der Themata de votis (wie Anm. 51), S. 328, 1–3. „Alterum principium perfidiae illorum: quod vitam Christianam partiuntur in statum perfectionis et imperfectionis", Luther, De votis monasticis (wie Anm. 31), S. 584, 23 f.

[70] Papst, Bischöfe und Theologen haben die fatale falsche Meinung aufgebracht, „das der geystlich stand sey eyn stand der volkomenheyt; damit haben sie eyn solch ßonderung tzwischen sich unnd dem gemeynen Christenman gemacht, das sie fast alleyn fur Christen geachtet sind, die andern als die untüchtigen, furwurffen asschenprodel gehalten; […] Sihe, alßo ist der glawbe zu poden gangen und die werck und orden auffkommen, gerad als stund nit alleyn frum und selig werden ynn yhrem weßen, ßondern auch die volkommenheyt, ßo es doch alles alleyn ym glawben ligt, beyde frum und volkommen seyn", Luther, Weihnachtspostille (wie Anm. 45) S. 496, 8–19.

[71] S. o. Anm. 55.

[72] „Ut fides, ita et charitas excepta est in omni voto et religione", These 116 der ersten Reihe der Themata de votis (wie Anm. 51), S. 328, 15.

so die Diagnose und persönliche Erfahrung des Ordensmannes Luther, sie bemühen sich darum in jenem Geist, der mit wahrer Liebe nichts zu tun hat: Sie tun es mit Blick auf die eigene Bilanz bei Gott, statt „frei und umsonst" (libere et gratis) allein mit Blick auf den Nächsten und seinen „Nutzen und Vorteil" zu handeln.[73] Nur mit solch freier Nächstenliebe aber, die aus dem freien Glauben entspringt, würden sie dem Liebesgebot Jesu gerecht.

Eine derart enge Verbindung von freiem Glauben und freier Liebe hat nun freilich zwei – zusammenhängende – Konsequenzen. Die eine klang schon an: Wenn beides so eng verbunden ist, muss die Unbedingtheit der Liebe im Sinne Jesu für alle Glaubenden gelten. So stark gegen die Zweiteilung der Christenheit in „Vollkommene" und „Unvollkommene", „Religiose" und „Weltleute" zu betonen ist, dass alle Glaubenden Gott gleich nahe stehen, so nachdrücklich gilt, dass es auch im ethischen Kompass keine Abstufung gibt. Die Behauptung, für die „gewöhnlichen" Getauften reiche es aus, im Rahmen der allgemeinen Rechtsordnung zu leben, und der Maßstab unbedingter Liebe sei ein „Rat" für die monastische Elite, ist eine willkürliche Setzung, die im Gegensatz zur Weisung Jesu steht.[74] Die Ethik der Liebe, wie sie namentlich die Bergpredigt enthält, ist für die Christen „in der Welt" nicht weniger der Kompass ihres Lebenswandels als für die Christen im Kloster.[75] Ja, das ist die zweite Konsequenz aus der Zusammengehörigkeit von freiem Glauben und freier Liebe, „in der Welt"

---

[73] LUTHER, De votis monasticis (wie Anm. 31), S. 608, 28.

[74] „Obsecro, quis est tam audax, ut hic consilia numeret [...]? [...] Claret ergo omnia praedicta eorum consilia esse vere et absque dubio necessaria praecepta, quae Christus Matth. vi [gemeint ist Mt 5] docet", Ebd., S. 582, 5 f. und 25 f. S. a. Martin LUTHERS Wochenpredigten über Mt 5–7 (1530/32), WA 32, S. 299, 28–300, 10; Kleine Antwort auf Herzog Georgs nächstes Buch (1533), WA 38, S. 161,7–14; Duodecim consilia (1540/41?), WA 51, S. 460, 22–26.

[75] Zu dieser Angleichung von monastischer und laikaler Ethik, die keine Ermäßigung der ersten auf die Ebene zweiten ist, sondern umgekehrt die Entschränkung des monastischen zum gemeinchristlichen Programm, vgl. WENDEBOURG, Der gewesene Mönch (wie Anm. 62), Punkt III.

können die Werke der Liebe genauso gut, wenn nicht besser getan werden: „Mitten in den großen und vielen Angelegenheiten der Welt" „[zeigt] die Liebe ihre eigentliche Kraft, ausgegossen und ausgebreitet über alle, für alle dargeboten und bereit."[76] Denn hier leben die Mitmenschen, denen sie gelten soll, und stellen sich die Herausforderungen, angesichts deren sie zu üben ist.[77]

2. Die Freiheit der Welt

„Es kann ja niemand leugnen, dass die Ehe ein äußerliches, weltliches Ding ist wie Kleider und Speise, Haus und Hof, der weltlichen Obrigkeit unterstellt, wie das so viele kaiserliche Rechtssätze beweisen, die darüber aufgestellt sind"[78]. So schreibt Luther in seinem Gutachten „Von Ehesachen" aus dem Jahr 1530.[79] Ähnlich urteilt er auch andernorts,[80] besonders prominent und immer wieder zitiert im „Traubüchlein für die einfältigen Pfarrherrn", der dem „Kleinen Katechismus" angehängten Wittenberger Trauliturgie von 1529.[81] Mit dieser Bestimmung der Ehe als „weltliches Ding"[82]

---

[76] LUTHER, De votis monasticis (wie Anm. 31), S. 628, 26–28, hier als lobenswertes Gegenprogramm gegen die überlieferte monastische Ethik angeführt, das Bernhard von Clairvaux für seine Anhänger aufgestellt habe: „rapuit [sc. Bernhard seine Mönche] in medias res mundi magnas et multas, ut in iis charitas genuinam suam vim ostenderet, diffusa dilataque ad omnes, omnibus exposita et parata."

[77] Vgl. auch den Abschnitt 8.4 „Die ungebundene Nächstenliebe" bei SCHWARZ, Luther – Lehrer der christlichen Religion (wie Anm. 34).

[78] „Es kan ia niemand leucken, das die ehe ein eusserlich weltlich ding ist wie kleider und speise, haus und hoff, weltlicher oberkeit unterworffen, wie das beweisen so viel keiserliche rechte daruber gestellet." LUTHER, Von Ehesachen, WA 30/3, S. 205, 12 f.

[79] Ebd., S. 205–248.

[80] So fast mit demselben Wortlaut in den Wochenpredigten (wie Anm. 74), S. 376, 38 f.

[81] LUTHER, Kleiner Katechismus, WA 30/3, S. 74, 2: Hochzeit und Ehe sind „ein welltlich geschefft."

[82] Vgl. zu diesem Komplex STEGMANN, Luthers Auffassung (wie Anm. 30), S. 420–434.

widerspricht Luther einer Grundaussage der zeitgenössischen
kirchlichen Lehre und des Kirchenrechts: dass Eheschließung
und Ehe in den christlichen Ländern eine Sache der Kirche seien.
Wurde doch danach die Ehe als Sakrament verstanden, als eine
wesenhaft mit der Vermittlung des ewigen Heils verbundene Institution. Folglich lag das Urteil über das Zustandekommen oder
die Annullierung einer Ehe ebenso wie das komplizierte Geschäft
der Festlegung von Ehehindernissen und der Dispensierung von
ihnen in kirchlicher Hand. Demgegenüber stellt Luther fest, dass
die Ehe eine Einrichtung sei, die sich seit Beginn der Menschheit in allen Gesellschaften, gleich welcher religiösen Prägung,
finde, so etwa bereits im Israel des Alten Testaments.[83] Sie habe
ihrem Wesen nach nichts mit der Vermittlung des ewigen Heils zu
tun,[84] sondern ihr „Grund und ganzes Wesen" liege in der Nichtchristen wie Christen bestimmten Liebesgemeinschaft zwischen
Mann und Frau,[85] ihr zweiter Sinn in der aus solcher Gemeinschaft
entspringenden Weitergabe des Lebens.[86] Aus dieser allgemein-
menschlichen Geltung folgt, dass nicht die Kirche, sondern die
politische Ordnungsmacht, die weltliche Obrigkeit, die für das
Zustandekommen, für den Bestand und gegebenenfalls die Scheidung der Ehe notwendigen Regelungen zu treffen hat;[87] zuständig

---

[83] Martin LUTHER, De captivitate Babylonica, WA 6, S. 550, 33–37:
„cum matrimonium fuerit ab initio mundi et apud infideles adhuc per-
maneat, nullae subsunt rationes, ut sacramentum novae legis et solius
Ecclesiae possit dici. Non minus enim erant Matrimonia patrum sancta
quam nostra, nec minus vera infidelium quam fidelium, nec tamen in eis
ponunt sacramentum".

[84] Ebd., S. 550, 22–32. S. a. Martin LUTHER, Contra 32 articulos Lovaniensium theologistarum, WA 54, S. 428, 10 /Wider die 32 Artikel der
Theologisten zu Löwen, ebd., S. 437, 15.

[85] Martin LUTHER, Ein Sermon von dem ehelichen Stand, WA 2, S. 168,
38–169, 3; s. a. WA TR 4, S. 459, 217 f. (Nr. 4736): In dieser Gemeinschaft
liegt die „Substanz" der Ehe.

[86] Martin LUTHER, Vom ehelichen Leben, WA 10/2, S. 276, 9–31.

[87] LUTHER, Wochenpredigten (wie Anm. 74), S. 376, 36–38. Zu den
scharfen Auseinandersetzungen über die Geltung des kanonischen Ehe-
rechts in Wittenberg selbst vgl. Julius KÖSTLIN und Gustav KAWERAU,

ist das weltliche, in der Tradition des Reiches das „kaiserliche"[88] Recht, was von Gebiet zu Gebiet unterschiedliche eherechtliche Regelungen nach sich zieht.[89] Und das heißt, Maßstab ist nicht die Offenbarung, das Evangelium, sondern die mündige Vernunft: „Weil der Ehestand ein ganz und gar weltliches, äußerliches Ding ist […], darum soll man es dabei bleiben lassen, was in dieser Angelegenheit die Obrigkeit und weise Leute nach Recht und Vernunft beschließen und ordnen; denn auch Christus setzt und ordnet hier nichts als Jurist oder Regent in äußerlichen Sachen."[90]

Was Luther von der Ehe schreibt, soll auch für andere Grundgegebenheiten des menschlichen Lebens gelten. Etwa für die politische Ordnung, die „Obrigkeit" im umfassenden Sinn von Herrschaftsträger und Gesetzgeber, Rechtsprechungsorganen, Polizei, Militär und so fort. Auch in diesem Fall handelt es sich um von der Kirche und ihren Rechten und Aufgaben strikt zu unterscheidende „weltliche Obrigkeit", wie es sie unter allen Menschen gibt, unabhängig von ihrem Land und ihrer Religion.[91] Die Kriterien für gute Amtsführung der weltlichen Obrigkeit, für ihre Recht, Frieden, angemessene wirtschaftliche Rahmenbedingungen, Schulwesen und anderes sichernde Funktion liefert nicht das Evangelium, sondern die allgemeine Vernunft;[92] aus ihr als ihrem „Brunnen" fließt das im jeweiligen Territorium oder einer Stadt

---

Martin Luther. Sein Leben und seine Schriften, Bd. 2, Berlin [5]1903, S. 468–471; 579 f.

[88] S. o. zu Anm. 78.

[89] Martin LUTHER, Traubüchlein, WA 30/3, S. 74, 5–9.

[90] „Weil der Ehestand gar ein weltlich eusserlich ding jst […] Darumb was darinn die oberkeit und weise leute nach dem rechten und vernunfft schliessen und ordnen, da sol mans bey bleiben lassen, Denn auch Christus hie nichts setzet noch ordnet als ein Jurist odder regent jnn eusserlichen sachen." LUTHER, Wochenpredigten (wie Anm. 74), S. 376, 38–377, 4.

[91] Martin LUTHER, Auslegung des 101. Psalms (1534–1535), WA 51, S. 238, 19–25. Tatsächlich sind die Heiden in der Politik oft viel klüger als die Christen, ebd., S. 242, 7–9 und 36–40.

[92] Martin LUTHER, Predigt am 23. Sonntag nach Trinitatis 1523, WA 11, S. 202, 21 f.; Eine Predigt, daß man Kinder zur Schule halten soll, WA 30/II, S. 562, 10–14; Auslegung des 101. Psalms (wie Anm. 91), S. 242, 1–4.

geltende Recht,[93] dessen Anwendung von der ebenso aus der Vernunft gespeisten Billigkeit zu modifizieren ist.[94] Die Reihe der Beispiele ließe sich fortsetzen, man könnte etwa auf die Wirtschaft hinweisen oder die Arbeit.[95] Der Befund ist, mit Modifikationen im Einzelnen, immer derselbe: die Voraussetzung einer Strukturiertheit der Welt und des menschlichen Lebens, die für alle gilt und die mit dem allen verfügbaren Instrument der Vernunft wahrgenommen und in Verhaltensregeln umgesetzt werden muss – von Christen und von Nichtchristen und, wenn beide zusammenleben, in gemeinsamem Bemühen.

Der Christenmensch, der im Glauben frei ist von der Welt, ja von sich selbst, und der in der diesem Glauben entspringenden Liebe frei ist, sich auf die Welt einzulassen, ohne von ihren Lebensregeln beschränkt zu sein. Andererseits der Kosmos der „weltlichen Dinge", der seine eigenen Strukturen hat und in dem mit Hilfe der natürlichen Vernunft zu urteilen und zu agieren ist. Auf eine christliche Welt, eine alle Lebensbereiche umfassende christliche Gesellschaft, eine mehr als sektorale christliche Kultur läuft dieses Nebeneinander nicht hinaus. Die Konsequenz ist eher, so scheint es, der Auszug in eine separate christliche Eigenwelt neben der großen Welt, wie ihn Vertreter des sogenannten Linken Flügels der Reformation verfochten, zum Teil auch verwirklicht haben und wie wir ihn später bei Gruppen des radikalen Pietismus wiederfinden. „Disembedding" des Christentums, Säkularisierung wäre demnach nicht die unbeabsichtigte Folge der Reformation, sondern ihr genuines Programm.

Nun wissen wir alle, dass die Hauptströme der reformatorischen und nachreformatorischen Kirchengeschichte nicht für die Lösung

---

[93] Martin Luther, Von weltlicher Obrigkeit, WA 11, S. 280, 16 f.; s. a. Auslegung des 101. Psalms (wie Anm. 91). S. 211, 36–212, 1.

[94] Ebd., S. 272, 11–24.

[95] Luther, Wochenpredigten (wie Anm. 74), S. 304, 25–29; s. a. WA 15, S. 294, 22 f.; vgl. Stegmann, Luthers Auffassung (wie Anm. 30), S. 435–453; Thomas Kaufmann, Wirtschafts- und sozialethische Vorstellungen (wie Anm. 47), S. 338 und 368.

des „Linken Flügels" optiert, ja sie mit Nachdruck zurückgewiesen haben. Luthertum oder Calvinismus haben ihre eigenen Varianten von christlicher Gesellschaft und christlicher Kultur entwickelt, mit Zusammenwirken von Kirche und weltlicher Obrigkeit, kirchlicher Regulierung von Ehe und Familie, enger Verknüpfung der Theologie mit den anderen Wissenschaften, vielfältiger Verbindung von Gottesdienst und Künsten und so fort[96] – nur eben nach Maßgabe evangelischer Bekenntnisse und mit der Reichweite evangelischer Königreiche, Territorien und Städte. Übten sie damit Verrat an der Freiheit des Glaubens und der christlichen Liebe oder an der Freiheit der Welt oder an beidem? Sei es als Opfer kirchlicher und gesellschaftlicher Beharrungskräfte, sei es, wie manche Vertreter des „Linken Flügels" argwöhnten, gepresst oder verlockt von der Macht?

Abgesehen davon, dass solche Faktoren in der Geschichte, auch der Kirchengeschichte, nie ausgeschlossen werden können, griffe diese Erklärung zu kurz. Nein, wenn auch die Reformation eine christliche, nun eine evangelisch-christliche Gesellschaft und Kultur herbeiführte, ja, aktiv an ihr arbeitete,[97] dann deshalb, weil

---

[96] Vgl. Ernst TROELTSCH, Protestantisches Christentum und Kirche in der Neuzeit (1906/1909/1922), hrsg. von Volker Drehsen, Berlin 2004 (KGA 7), S. 89–111, der in diesen nachreformatorischen Symbiosen von Christentum und Kultur, der er die gegenreformatorische als dritte Variante an die Seite stellt, geradezu Fortsetzungen der kirchlichen Kultur des Mittelalter sieht, in denen die reformatorischen Anstöße zum Neuen, wiewohl erkennbar vorhanden (S. 111–134), zunächst weitgehend wirkungslos verschüttet blieben. S. a. TROELTSCH, Die Bedeutung (wie Anm. 4), S. 225–227.

[97] Vgl. dazu Werner ELERT, Morphologie des Luthertums, München 1952; Scott HENDRIX, Recultivating the Vineyard, The Reformation Agendas of Christianization, Louisville und London 2004; s. a. die reichen Ergebnisse der Erforschung der lutherischen und reformierten Konfessionalisierung, paradigmatisch für Deutschland: Heinz SCHILLING (Hrsg.), Die reformierte Konfessionalisierung in Deutschland. Das Problem der „Zweiten Reformation", Gütersloh 1986; Hans Christoph RUBLACK (Hrsg.), Die lutherische Konfessionalisierung in Deutschland, Gütersloh 1992. Für Europa vgl. Diarmaid MACCULLOCH, Reformation. Europe's House Di-

das Gegenüber von Freiheit des christlichen Glaubens und der daraus entspringenden Liebe einerseits und Freiheit der Welt andererseits, wie ich es skizziert habe, zwar nach Luthers Auffassung grundlegend, aber noch nicht das ganze Bild ist. Denn die „weltlichen Dinge" Ehe, Obrigkeit, Arbeit, Wirtschaft sind zwar eben dies, „weltlich" und nicht kirchlich. Doch das heißt nicht, dass sie gottlos wären. Luther geht mit der Bibel davon aus, dass es sich hier um Gaben des Schöpfers handle, die er der Schöpfung eingestiftet habe, um sie zu erhalten und angesichts der allgegenwärtigen Bedrohung durch die Sünde zu schützen. Das „weltlich ding" Ehe ist als solches ein „Göttlich werck und gebot"[98], „von Gott eingesetzt" (divinitus institutum),[99] seine „Schöpfung, Gabe und Ordnung" (Creatio, donum et ordinatio divina)[100] und so „ein göttlicher, seliger Stand"[101]. Ebenso[102] ist die Tatsache, dass es politische Ordnungsstrukturen gibt, eine Gabe Gottes, die er den Menschen, allen Menschen, als sein „Ordnung und Geschöpf" zu ihrer Erhaltung gegeben hat,[103] auch *politia seu Magistratus* ist

---

vided 1499–1700, London 2003 (dt. München 2008), Teil II und III mit vielfältiger Literatur zu außerdeutschen Ländern.

[98] LUTHER, Traubüchlein (wie Anm. 89), S. 75, 23: Sie ist „ein Göttlich werck und gebot."

[99] LUTHER, De captivitate Babylonica (wie Anm. 83), S. 553, 23; s. auch S. 555, 4f.: „iuris divini".

[100] LUTHER, Contra 32 articulos Lovaniensium theologistarum (wie Anm. 84) S. 428, 13 / Wider die 32 Artikel der Theologisten zu Löwen S. 437, 20 dt.: „Die Ehe ist ein Gottlich gescheffe, Gabe und Ordenung." Deshalb soll der Eintritt in den Ehestand möglichst festlich begangen werden, Traubüchlein (wie Anm. 89), S. 75, 15.

[101] Martin LUTHER, Großer Katechismus, Auslegung des Sechsten Gebots, WA 30/1, S. 161, 28 (dort im acc.).

[102] Im Unterschied zur zu den Gütern der Schöpfung gehörenden Ehe freilich von Gott erst aufgrund der Sünde gestiftet, um den Menschen auch in dieser Lage ein einigermaßen friedliches und gerechtes gesellschaftliches Leben zu ermöglichen, vgl. Martin LUTHER, Genesisvorlesung, WA 42, S. 79, 7–19. Vgl. zu diesem Komplex auch STEGMANN, Luthers Auffassung (wie Anm. 30), Kap. 8.2.

[103] „Denn wir sehen ja wol, das Gott die weltliche herrschafft oder königreiche unter die Gottlosen strewet auff das aller herrlichst und mechti-

Creatio, donum et ordinatio divina.[104] Nicht anders die Arbeit, die Wirtschaft und so fort.[105] Das ändert nichts daran, dass all diese Güter keine christlichen, dem Glauben offenbarten, an die Kirche gebundenen Ordnungen sind, dass sie jedem Menschen gelten und von der allen Menschen verliehenen Vernunft zu gebrauchen und zu gestalten sind. Doch die Vernunft, die dieses ihr Geschäft mündig tut, „als wäre kein Gott da",[106] folgt damit, wenn sie es sachgerecht tut, den Grundgegebenheiten, die Gott der Schöpfung und dem menschlichen Leben eingestiftet hat.

Mit diesem Gedanken ist die Brücke gegeben, die es nach Meinung Luthers für den Glaubenden zwingend macht, sich im Bereich der „weltlichen Dinge" einzubringen. Wohl ist der Christ für sich persönlich von Gott aus dem Regelwerk von Recht, Strafe und Verteidigung, von Wirtschaftsmehrung und Interessenausgleich und so fort in ein Leben freier Liebe „herausgezogen", sodass er das alles „für sich selbst nicht braucht"[107]. Doch zugleich hat er einen „kranken Nächsten" neben sich, um dessentwillen er sich jenes Regelwerks bedienen muss, „das [dieser] Frieden habe und

---

gest, gleich wie er die liebe Sonne und regen auch über und unter den Gottlosen lesst dienen." So „heisst er solch weltlich regiment der Gottlosen seine ordnung und geschepffe", Auslegung des 101. Psalms (wie Anm. 91), S. 238, 19–22 und 24 f.

[104] S. das oben bei Anm. 100 angeführte Zitat einschließlich seiner Fortsetzung: „Est vero Matrimonium Creatio, donum et ordinatio divina sicut politia seu Magistratus", WA 54, S. 428, 13 f.

[105] Luther, Von der Freiheit (wie Anm. 25), S. 61, 3–9; Luther, Wochenpredigten (wie Anm. 74), S. 304, 25–29. Vgl. Stegmann, Luthers Auffassung (wie Anm. 30), S. 435–453.

[106] Martin Luther, Auslegung des 127. Psalms für die Christen zu Riga (1524), WA 15, S. 373, 3.

[107] Luther, Von weltlicher Obrigkeit (wie Anm. 93), S. 260, 4–9: „Sihe, da [in Mt 5] sihestu, wie Christus seyne wort nicht dahyn deuttet, das er Moses gesetz auffhebe oder die welltlich gewallt verpiete, Sondern er zeucht die seynen erauß, das sie fur sich selb der nicht brauchen, sondern den unglewbigen lassen sollen, wilchen sie doch auch mit solchem yhrem recht dienen mügen, weyl da unchristen sind und man niemant zum Christenthum zwingen kan."

sein Feind abgewehrt werde"[108]. Das heißt, der Glaubende trägt
Verantwortung für andere in einer Welt, in der es übel zugeht, weil
sie nicht nur aus auf die Liebe verpflichteten Christen besteht und
auch Christen vielfältig unchristlich leben; so ist er verpflichtet,
die Liebe auch im Rahmen jener Strukturen zu üben, durch die
die Welt, solange es Gott will, erhalten und in ihr „äußerlicher
Friede geschaffen und bösen Werken gewehrt"[109], kurz, bei aller
Bedrohung bestmögliches Leben gewährleistet wird.[110] Wie der
Glaubende das konkret tut, das sagt auch ihm die ihn mit allen
Menschen verbindende Vernunft. Weil er aber im Unterschied zu
nichtgläubigen Zeitgenossen weiß, dass er damit im Dienst der
in jenen Strukturen wirksamen Liebe Gottes steht, wird sich sein
Handeln durch Uneigennützigkeit und „gottesfürchtige", unbe-
stechliche Prüfung der eigenen Motive auszeichnen.[111]

---

[108] „Ob du nicht bedarffest, das man deynen feynd straffe, so darffs aber
dein krancker nehister, dem solltu helffen, das er frid habe und seynem
feynd gesteuret werde", a. a. O., S. 254, 16–18.

[109] Im Original aktiv: Das weltliche Regiment ist jenes, „das eusserlich
frid schaffe und bösen wercken weret", a. a. O., S. 252, 13 f.

[110] A. a. O., S. 253, 23–32.

[111] A. a. O., S. 273, 8–20: Ein christlicher Herrscher „[richtet] alle seynen
synn da hyn […], das er den selben [sc. den Untertanen] nutzlich und
dienstlich sey Und nicht also dencke: ‚land und leutt sind meyn, ich wills
machen, wie myrs gefellet', ßondernn alßo: ‚Ich byn des lands und der leutt,
ich solls machen, wie es yhn nutz und guot ist. Nicht soll ich suchen, wie
ich hoch fare und hirsche, sondern wie sie mit guottem frid beschutzt und
verteydingt werden'. Und soll Christum ynn seyn augen bilden und also
sagen: ‚Sihe, Christus der uberst furst, ist komen und hatt myr gedienet […]
Alßo will ich auch thun, nicht an meynen unterthanen das meyne suchen,
sondern das yhre, unnd will yhn auch alßo dienen mit meynem ampt, sie
schützen, verhören und verteydingen und alleyn dahyn regirn, das sie
guot unnd nutz davon haben und nicht ich'". Martin LUTHER, Wider die
räuberischen und mörderischen Rotten der Bauern, WA 18, S. 359, 27–37:
Christliche Fürsten sollen bei dem Kampf gegen die aufständischen Bauern
„mit furchten handeln, Und zum ersten die sachen Gott heym geben und
bekennen, das wyr solchs wol verdienet haben […]. Wenn nu das hertze
so gegen Gott gerichtet ist, das man seynen götlichen willen lesst wallten,
ob er uns wölle odder nicht wölle zu Fürsten und herren haben, soll man

Die Mitwirkung der Christen an den „weltlichen Dingen" war
in der Zeit der Reformation und danach nicht nur intensiv, sondern sie war allumfassend. Der Grund lag darin, dass sich, von
Ausnahmen abgesehen, alle Bewohner der protestantischen Territorien, von den Herrschern bis zu den unteren Schichten, zum
evangelischen Christentum bekannten, wie sie in früheren Zeiten
der lateinischen „institutionalized worldview" gefolgt waren. So
konnte es gar nicht anders sein, als dass auch jene Jahrhunderte die
Epoche einer kirchlichen Kultur, hier nun eben einer evangelisch-
kirchlichen Kultur waren – nicht weniger als das Mittelalter, ja
noch intensiver, insofern die Reformation die Ansprüche an die
persönliche, lebensprägende Aneignung des Christlichen nachdrücklich gesteigert hatte.[112] Eine Epoche, in der die Christen in
den weltlichen Ämtern das Leben aller, das ein christliches war,
mit ihren Mitteln zu fördern suchten und die Untertanen in ihrer
Gesamtheit, die Christen waren, die weltlichen Amtsträger stütz-
ten.[113] Es darf nicht verschwiegen werden, dass sich der christliche
Glaube und die „weltlichen Dinge" auch in Weisen verbanden, die
die wesenhafte Distanz des Glaubens zur Welt unterliefen und den
reformatorischen Einsichten widersprachen,[114] und ebenso wenig,

---

sich gegen die tolle bawren zum uberflus (ob sie es wol nicht werd sind) zu
recht und gleichem erbieten. Darnach, wo das nicht helffen will, flux zum
schwerd greyffen." S. a. Martin LUTHER, Von Kaufhandel und Wucher, WA
15, S. 293, 29–34; S. 303, 29–31.

[112] Vgl. Karl HOLL, Der Neubau der Sittlichkeit, in: Ders.: Gesammelte
Aufsätze zur Kirchengeschichte, Bd. I: Luther, Tübingen ⁵1927, 155–287;
DERS., Die Geschichte des Worts Beruf (wie Anm. 56). Diesen Aspekt hebt
in sozialhistorischer Perspektive die Konfessionalisierungsforschung mit
ihrem Paradigma der „Sozialdisziplinierung" durch die nachreformatorischen Konfessionen hervor, dabei freilich auch den Katholizismus ein-
beziehend. Vgl. oben Anm. 97.

[113] Vgl. für die Anfänge im lutherischen Bereich James ESTES, Peace,
Order, and the Glory of God. Secular Authority and the Church in the
Thought of Luther and Melanchthon, 1518–1559, Leiden 2005.

[114] Zu nennen ist hier besonders die Entwicklung des als Provisorium
angelegten und zunächst die Regelung der geistlichen Belange nach geistlichen Kriterien durchaus respektierenden Landesherrlichen Kirchen-

dass jene Epoche auch die Schattenseiten aufwies, die mit einer religiösen Einheitskultur einhergehen: Druck, Diskriminierung, Verfolgung nicht Dazugehöriger.[115] Doch zugleich verdanken wir

---

regiments zum Mittel der Integration der Kirche in den Staat, die in den meisten lutherischen und reformierten Kirchen Europas vor sich ging.

[115] Vgl. GREGORY, Unintended Reformation (wie Anm. 2). Es ist auffällig, dass Gregory diese Kosten der Gewalttätigkeit, die eine „institutionalized worldview" mit sich bringt, deutlich herunterspielt – jedenfalls für jene „institutionalized worldview", deren Verlust er betrauert, die des Mittelalters: Die religiös motivierten Kreuzzüge einschließlich der Spanischen Reconquista und des Albigenserkreuzzuges werden nur knapp als kaum erwähnenswerte Ausnahme neben dem Übergewicht lediglich aus säkularen Beweggründen geführter Kampfhandlungen des Mittelalters genannt – während die nachreformatorische Zeit als eine Epoche immer neuer Kriege dargestellt wird, die sich „der neuen Kriegsmotivation" verdankten, „Verteidigung von Gottes Wahrheit" und „Widerstand gegen seine Feinde in einer gespaltenen Christenheit" zu sein (Gregory, S. 159; vgl. a. S. 162); dass Gregory selbst schließlich die sehr einschränkende Formulierung anfügt, das Blutvergießen sei „wenigstens teilweise", also nur teilweise, aus Glaubensgründen geschehen, geht in seiner Nachträglichkeit und Beiläufigkeit unter (S. 160; vgl. a. S. 162). Geradezu als probates Mittel der mittelalterlichen „institutionalized worldview" erscheint die religiös motivierte Gewalt, wenn Gregory den „relativen Erfolg", den sie „in der Eindämmung der Häresie" gehabt habe, hervorhebt und im Kontrast dazu die Tatsache, dass die Gegenreformation gegenüber der Reformation solchen Erfolg nicht hatte, zur Wurzel der Gewaltgeschichte Europas bis in die jüngste Zeit erklärt (S. 160) – statt zu fragen, ob nicht ein wesentliches Movens dieser Gewaltgeschichte in der Tatsache lag, dass Gewalt integraler Bestandteil des spätantik-mittelalterlichen kirchlich-weltlichen *corpus christianum* war, was die Reformation gerade kritisierte, aber lange nicht abzuschütteln vermochte (vgl. die Aussagen der Rezension von NOLL, s. oben Anm. 17). Die Feststellung, ohne die Unterstützung weltlicher Herrscher „wäre die Reformation durch kirchliche oder weltliche Machthaber der Gegenreformation ebenso zerquetscht (crushed) worden wie mittelalterliche Häresien" (S. 152), dient ihm dazu, die Problematik der Unterstützung der sich formierenden evangelischen Kirchen durch weltliche Obrigkeiten zu unterstreichen – nicht etwa, solches „Zerquetschen" für fragwürdig zu halten.

Es erstaunt nicht, dass Gregory für das Gegenteil solchen Umgangs mit abweichender Überzeugung, nämlich religiöse Toleranz, wenig Sympathie verrät. Er vermag sie nur als gegen Wahrheitsfragen gleichgültiges Laissez-

jener Zeit eine Fülle kultureller Blüten, vor allem auf den Gebieten der Musik, der Dichtung und Literatur,[116] wie sie nur eine als ganze kirchlich geprägte Kultur hervorbringen konnte.

III. Schluss

Auch der Protestantismus hatte also sein „eingebettetes Christentum", und in vielem zehrt er davon noch heute. Nur – als die Vollform des Christlichen, als die Gestalt der Kirche, die ihr Stifter für sie vorgesehen hat, könnte vielleicht ein Nostalgiker, aber kein reformatorischer Theologe jene evangelisch-christliche Gesellschaft und ihre Kultur betrachten. Weil der Glaube des Christen aus Gott lebt, ist er frei und mit der ihm entspringenden Liebe nicht wesenhaft und dauerhaft an eine Form der gesellschaftlichen Mitwirkung und Auswirkung gebunden. Er hat zur Kenntnis zu nehmen, dass die mündige Welt, die er als geschaffene erkennt und zu bejahen, zu unterstützen und gegebenenfalls zu korrigieren hat,

---

faire auf dem Markt der Meinungen und Lebensstile zu betrachten, den religiösen Niederschlag modernen Konsumverhaltens (S. 164 und 278). Zwar kann er nicht umhin einzuräumen, dass es „im 17. Jahrhundert zweifellos besser war, ungestört zusammen mit seinen Konfessionsgenossen Gottesdienst zu halten als für seinen Glauben verfolgt zu werden" (S. 164). Doch ist für ihn der Preis, der für solche Ungestörtheit bezahlt werden muss, größer als ihr Gewinn: Der Preis ist das Ende des Christentums als „institutionalized worldview" und damit des Christentum in seiner eigentlichen Gestalt; der Triumph der „Religionsfreiheit" ist dessen Preisgabe (S. 166). Nicht umsonst sieht Gregory in Jesus selbst das Urbild des gegen diesen Triumph kämpfenden, intoleranten Christentums (S. 162 und 164). Die im Ganzen als marginal zu betrachtenden „five thousand or so" Hinrichtungen wegen Heterodoxie, die diese Intoleranz gekostet habe, stehen auf einer Stufe mit der Pharisäerschelte und der Tempelreinigung des Herrn (S. 162; vgl. o. Anm. 20).

[116] Es ist bezeichnend, dass in Gregorys Negativszenario davon keine Rede ist. Mit den Worten eines aufmerksamen studentischen Lesers: Ein Name wie der Johann Sebastian Bachs kommt in dem ungeheuer namenreichen Buch nicht vor.

Entwicklungen nimmt, die sich, aus vielerlei Ursachen gespeist, seiner Macht entziehen. Wenn dazu eine Säkularisierung gehört, die die Welt aus dem Einfluss der Kirche herausführt, ist damit weder das Ende des christlichen Glaubens noch der christlichen Liebe gekommen, sondern die Herausforderung, beide unter neuen Umständen zu leben. Das belegt nicht zuletzt der Blick in die Geschichte: Das Christentum der ersten Jahrhunderte kannte keine allumfassende christliche Welt und Kultur, sie bahnte sich erst mit dem sogenannten Konstantinischen Zeitalter an und galt auch danach nicht überall, wo christliche Gemeinden bestanden. Es gibt weder Grund, die vorkonstantinischen Jahrhunderte noch das lange Konstantinische Zeitalter zu verherrlichen. Wir sollten nur nicht die Einsicht verschlafen, dass der Glaube und die Gemeinschaft der Glaubenden heute fast überall in nachkonstantinischen Zeiten leben. Vielmehr gilt es, die Chancen zu nutzen, die die Entkirchlichung der Welt einem aus seinen eigenen Quellen lebenden Christentum für es selbst und für die Welt zu bieten hat.

Konsequente Historisierung

Die Revision und Transformation reformatorischer Basisimpulse im Zeitalter der Aufklärung

ALBRECHT BEUTEL

1. Einleitung

Im Zeitalter der Aufklärung begann die Geschichte der Gegenwart. Jene Morgendämmerung der neuzeitlichen Welt- und Selbstwahrnehmung ließ erstmals die Konturen und Koordinaten hervortreten, die das moderne, postmoderne, postpostmoderne oder eben insgesamt: das neuzeitliche Wirklichkeitsverständnis bestimmen. Selbstverständlich ereignete sich dieser Anfang nicht unvermittelt. Doch die Motive, Impulse und Konstellationen, denen er sich verdankte, erhielten erst durch den Prozess ihrer aufklärerischen Anverwandlung zukunftsfähige Vitalität. Insofern anachronisierte die Aufklärung die von ihr verwalteten Traditionsbestände zu einer bloßen Vorgeschichte der Gegenwart.

Dies betraf nicht zuletzt auch den aus der Reformation herkommenden Strom der Überlieferung. Von jener protestantischen Ursprungsära rezipierte die Aufklärung vornehmlich deren emanzipatorische Züge, während viele der genuin religiösen und theologischen Motive, die zu Beginn des 16. Jahrhunderts die Konfessionalisierung des westlichen Christentums in Gang gesetzt hatten, kaum wahrgenommen oder als der Zeit geschuldet depotenziert wurden. Andererseits mag sich eben dadurch erklären lassen, dass erstmals in der Aufklärung die Reformation als eine nicht nur konfessionskirchliche, sondern auch geistesgeschichtliche Schlüsselepoche erkannt und gewürdigt wurde. „Die Reformation", urteilte etwa Friedrich der Große, „war ein Segen für die Welt und besonders für den Fortschritt des menschlichen Geistes".[1] Georg Christoph Lichtenberg hat in seinen „Goettinger Taschen Calender[n]" das jeweilige Jahr „nach Luthers Religionsverbesserung" datiert[2] und war im übrigen unbefangen genug, selbst dem jüdischen Aufklärer Moses Mendelssohn „wahre[n] Protestantismus"[3] zu attestieren.

Dass sich die Aufklärer dergestalt als Testamentsvollstrecker der Reformation inszenierten, war nun freilich weder einzigartig, noch war es neu. Vielmehr erscheint der Anspruch, die Reformation zu vollenden, als ein genuines Strukturelement protestantischer Geistesgeschichte. Man könnte an Philipp Melanchthon denken, zuvor schon an Thomas Müntzer und überhaupt an die vielgestaltigen Seitentriebe der Reformation, später dann an den Calvinismus und die von ihm in Deutschland mit großem Erfolg propagierte „Zweite Reformation"[4], ferner an Philipp Jakob Spener und den von ihm inspirierten lutherischen Pietismus[5] oder auch an Gotthold Ephraim Lessing, Lichtenberg und andere namhafte

---

[1] FRIEDRICH DER GROSSE, Denkwürdigkeiten zur Geschichte des Hauses Brandenburg (1748), in: Die Werke Friedrichs des Großen. In deutscher Übersetzung, hrsg. von Gustav Berthold Volz, Bd. 1, Berlin 1913, S. 197.

[2] Vgl. Albrecht BEUTEL, Lichtenberg und die Religion. Aspekte einer vielschichtigen Konstellation (BHTh 93), Tübingen 1996, S. 221–224.

[3] Georg Christoph LICHTENBERG an Friedrich Nicolai, 31.3.1786, in: Georg Christoph Lichtenberg, Briefwechsel, hrsg. von Ulrich Joost und Albrecht Schöne, Bd. 3, München 1990, S. 201 f.

[4] Vgl. nur Heinz SCHILLING (Hrsg.), Die reformierte Konfessionalisierung in Deutschland – Das Problem der „Zweiten Reformation". Wissenschaftliches Symposion des Vereins für Reformationsgeschichte 1985, Gütersloh 1986; Michael G. MÜLLER, Zweite Reformation und städtische Autonomie im königlichen Preußen. Danzig, Elbing und Thorn während der Konfessionalisierung (1557–1560), Berlin 1997.

[5] Vgl. etwa Johannes WALLMANN, Pietismus und Sozinianismus. Zu Philipp Jakob Speners antisozinianischen Schriften, in: Ders., Theologie und Frömmigkeit im Zeitalter des Barock. Gesammelte Aufsätze, Tübingen 1995, S. 282–294, hier S. 283.

Literaten der Aufklärung. Übrigens hat selbst der unselige Theologiestudent Karl Ludwig Sand, als er am 23. März 1819 den kaiserlich-russischen Generalkonsul und deutschen Dichter August von Kotzebue in Mannheim erstach, diesen Mord mit der Parole „Die Reformation muss vollendet werden!" zu legitimieren versucht.[6] Das Motiv, anders als Kotzebue und der im Folgejahr exekutierte Karl Sand, blieb unsterblich; noch in jüngster Zeit hat Kurt Kardinal Koch kritisch kundgetan, die Reformation könne erst dann als gelungen und vollendet gelten, wenn sie rückgängig gemacht worden sei oder, in den römisch konnotierten Worten des Kardinals, wenn „die Einheit einer im Geist des Evangeliums erneuerten universalen Kirche wiederhergestellt sein wird"[7].

Die Anfragen säkularen Denkens an die reformatorischen Traditionen und ihre Responsionen ergingen im 18. Jahrhundert weithin als ein personalunionistischer Dialog. Denn die Protagonisten der Aufklärung, zumal der deutschen, waren ja allermeist beides zugleich: Zeitgenossen *und* Traditionswahrer, säkulare Selbstdenker *und* geschichtsimprägnierte Mediatoren, Verfechter der autonomen Vernunft *und* Treuhändler der Überlieferung. Eine Darstellung dieser vielschichtigen Selbstvergewisserung erheischte monographisches, wenn nicht gar serielles Format. Angesichts der knappen Frist, die uns heute eingeräumt ist, mag darum ein strikt exemplarisches Vorgehen als tunlich erscheinen. Demgemäß kann ich nun lediglich die rhapsodische Inspektion von drei zentralen Bezugsfeldern anbieten. Dabei übergehe ich jetzt die Philosophie – sie liegt bei Volker Gerhardt in den besten aller möglichen Hände. Stattdessen bescheiden wir uns mit den intellektuell nachstehen-

---

[6] Zit. nach Carl Ernst JARCKE, Carl Ludwig Sand und sein, an dem kaiserlich-russischen Staatsrath v. Kotzebue verübter Mord. Eine psychologisch-criminalistische Erörterung aus der Geschichte unserer Zeit, Berlin 1831, S. 209.

[7] Kurt Kardinal KOCH, Reformation und Tradition. Impulsreferat auf der 5. Tagung der 11. Generalsynode der VELKD am 2.11.2012, in: epd-Dokumentation 47 (2012), S. 37–40, hier S. 37.

den Feldern der Politik, der Literatur sowie, dies dann ein wenig
ausführlicher, der Theologie.

2. Politik[8]

Mit dem als provisorische Notordnung installierten, dann aber
für vier Jahrhunderte geschichtswirksam anhaltenden Landesherrlichen Kirchenregiment hatte die lutherische Reformation,
ohne diese Folgen zu wollen oder auch nur absehen zu können,
eine entscheidende strukturpolitische Weichenstellung vollzogen.
Dadurch verstärkte sich die schon seit geraumer Zeit aufblühende
territorialherrschaftliche und reichsstädtische Selbstständigkeit
noch einmal erheblich. Zwar sollte sich das Kirchenregiment der
lutherischen Obrigkeiten bekanntermaßen auf das *ius circa sacra*,
also auf die das äußere Aufsichtsrecht betreffende Kirchenhoheit
beschränken. Doch so eindeutig, wie die Abgrenzung gegenüber
den innerkirchlichen Kompetenzen des *ius in sacra* in theoretisch-
ideeller Hinsicht auch sein oder erscheinen mochte, so vielfältig,
tiefgreifend und dauerhaft waren doch die Konflikte, die aus der
Konkurrenz zwischen landesherrlichem Summepiskopat und
ekklesialem Selbstbestimmungsanspruch in pragmatisch-prakti-
scher Hinsicht erwuchsen.

Schon als Kronprinz rühmte Friedrich II. von Preußen die beiden Hauptreformatoren Luther und Calvin, die er im Übrigen als
„arme Teufel" ansah, für die von ihnen bereitgestellte Entstehungs-
bedingung des aufgeklärten Absolutismus. Wenn sie die Religion
auch noch längst nicht von Frömmelei und Aberglauben befreit
hätten, so sei ihnen doch, als ihr entscheidender historischer Erfolg, die Befreiung vom „Priesterjoch" sowie die Säkularisation

---

[8] Dieser Abschnitt fußt weithin, teils auch in wörtlicher Übernahme,
auf Albrecht BEUTEL, Die reformatorischen Wurzeln der Aufklärung. Ein
Beitrag zur frühneuzeitlichen Transformationsgeschichte des Protestantismus, (in Vorbereitung).

vieler Kirchengüter zu danken.[9] Allein diese Maßnahmen, nicht aber die genuin religiösen und theologischen Reformimpulse, hätten damals einen Großteil der deutschen Fürsten zur Unterstützung des Protestantismus bewogen.[10] Würde Luther darum auch weiter nichts getan haben, „als daß er die Fürsten und Völker aus der Knechtschaft befreite, in der sie der römische Hof gefesselt hielt, so verdiente er schon, daß man ihm als dem Befreier des Vaterlands Altäre errichtete"[11].

In staatspolitischer Hinsicht erschien dem großen Friedrich der Protestantismus schlichtweg darum von Vorteil, weil er seine Anhänger zu ungeteiltem Obrigkeitsgehorsam verpflichte, wohingegen der ultramontane Katholizismus gleichsam einen ränkehaften, tendenziell subversiven „Staat im Staate" darstelle.[12] Der konfessionellen Pluralisierung des Christentums vermochte er ebenfalls Günstiges abzugewinnen: Sie habe zwar unselige, blutige Religionskriege heraufgeführt, andererseits aber gerade durch den lebensweltlichen Konkurrenzdruck, der auf den Religionsparteien lag, zu scharfer Sozialdisziplinierung und, damit einhergehend, zu nachhaltiger sittlicher Besserung beigetragen.[13] Darüber hinaus wiesen für den Preußenkönig auch der Aufschwung der Wissenschaften, der autoritätsfreie Vernunftgebrauch und das aufklärerisch-säkulare Toleranzgebot auf subkutane Wurzeln der Reformationszeit zurück.

---

[9] FRIEDRICH DER GROSSE an Voltaire, 14.5.1777, in: Briefwechsel Friedrichs des Großen mit Voltaire, hrsg. von Reinhold Koser und Hans Droysen, Bd. 1, Leipzig 1908, S. 59.

[10] „Bald wurde er [sc. Luther] zum Führer der Bewegung, und da seine Lehre den Bischöfen ihre Pfründen und den Klöstern ihre Besitztümer streitig machte, schlossen sich die Fürsten dem neuen Bekehrer in Scharen an" (FRIEDRICH DER GROSSE, Denkwürdigkeiten [wie Anm. 1], S. 197).

[11] FRIEDRICH DER GROSSE, Vorrede zum Auszug aus Fleurys Kirchengeschichte (1766), in: Ders., Philosophische Schriften (Die Werke Friedrichs des Großen. In deutscher Übersetzung, hrsg. von Gustav Berthold Volz), Bd. 8, Berlin 1913, S. 103–112, hier S. 110.

[12] Vgl. FRIEDRICH DER GROSSE, Denkwürdigkeiten (wie Anm. 1), S. 198.

[13] Vgl. ebd., S. 197 f.

Von jeder Glorifizierung der protestantischen Ursprungsepoche hielt sich Friedrich allerdings fern. Wenn diese auch zu ihrer Zeit einen kategorialen Fortschritt bewirkt habe – er selbst, hieß es am 18. Mai 1762 in einem Schreiben an den französischen Philosophen Marquis d'Argens, sei der Ansicht, „daß die ganze Welt von Konstantin bis Luther schwachsinnig war"[14] –, so könne sie im Vergleich mit den Errungenschaften des 18. Jahrhunderts doch nur als rückständig und abergläubisch eingeschätzt werden.

Für seine Person hatte sich der freisinnige preußische König von allen reformationskirchlichen Bindungen denn auch vollständig emanzipiert. Rechtgläubig, gestand er gegenüber Herzogin Luise Dorothea von Gotha, wolle er allein vor dem Forum der praktischen Vernunft erscheinen, nicht aber „vor einer Versammlung von Kirchenlehrern, die ihre Beweise auf Esra, Matthäus, Johannes, Paulus und den ganzen Schwarm der Apostel des Aberglaubens stützt"[15]. Der Protestantismus im Lande blieb ihm darin willkommen, dass er die Menschen menschlich und mitleidig mache; alle darüber hinausgehenden metaphysischen Glaubenslehren der Menschheit müssten dann so ertragen werden, „wie man die Verschiedenheiten ihrer Physiognomien, Trachten und Sitten duldet, die durch langen Brauch volkstümlich geworden sind"[16]. In diesem Sinne war Friedrichs berühmte, am 22. Juni 1740 und mithin bereits drei Wochen nach seiner Thronbesteigung ausgefertigte Aktennotiz zu verstehen, in seinem Staat könne „ein jeder nach Seiner Fasson Selich werden"[17]. Und auch den Berliner Gesangbuchstreit suchte er 1781 mit einem entsprechend zynischen Machtwort zu schlichten: „Ein jeder kann bei mir glauben, was er

---

[14] FRIEDRICH DER GROSSE an den Marquis d'Argens, 18.5.1762, in: Friedrich der Grosse, Briefe. Auswahl in deutscher Übersetzung, hrsg. von Max Hein, Bd. 1, Berlin 1914, S. 101.

[15] FRIEDRICH DER GROSSE an Luise Dorothea von Gotha, 26.4.1764, in: Friedrich der Grosse, Briefe (wie Anm. 14), Bd. 2, Berlin 1914, S. 138.

[16] Ebd.

[17] Zit. nach Anton Friedrich BÜSCHING, Character Friederichs des zweyten, Königs von Preußen, Halle 1788, S. 118.

will, wenn er nur ehrlich ist; was die Gesangbücher angeht, so steht
es jedem frei zu singen: Nun ruhen alle Wälder, oder dergleichen
thörigt und dummes Zeug.“[18]

Die Staatstheoretiker der Aufklärung bevorzugten weithin, von
Samuel Freiherr von Pufendorf und Christian Thomasius inspiriert, das naturrechtlich argumentierende Begründungsmodell des
sogenannten Territorialismus. Demgemäß komme dem Landes-
herrn nicht, wie das Modell des sogenannten Episkopalismus sug-
gerierte, als Notbischof, vielmehr als Repräsentant der territorialen
Obrigkeit selbstverständlich auch die kirchliche Leitungs- und
Aufsichtsfunktion zu. In klassischer Konsequenz hat dann das
„Allgemeine Landrecht für die Preußischen Staaten“ von 1794 die
kirchlichen Ordnungsfragen als Teil der staatlichen Gesetzgebung
kodifiziert.[19]

Der bedeutende Osnabrücker Jurist, Historiker und Staatsmann
Justus Möser stimmte mit dem preußischen König in der dis-
tanzierten Wertschätzung der Reformation überein. Auch er lobte
die durch den Protestantismus beförderte Sozialdisziplinierung,[20]
die damit verbundene unbedingte Staatsloyalität und das aus der
Reformation erwachsene säkulare Toleranzpostulat. Ein höchst
aparter Gesichtspunkt trat bei Möser dann allerdings noch insofern hinzu, als er den reformatorischen Kirchen auch einen erheblichen bevölkerungspolitischen Nutzeffekt zuschrieb. Aufgrund

---

[18] Zit. nach Malte van Spankeren, Johann Joachim Spalding und der
Berliner Gesangbuchstreit (1781), in: Zeitschrift für neuere Theologie-
geschichte 18 (2011), S. 191–211, hier S. 197; zum unmittelbaren kirchen-
geschichtlichen Kontext vgl. Albrecht Beutel, Johann Joachim Spalding.
Meistertheologe im Zeitalter der Aufklärung, Tübingen 2014, S. 209–212.
[19] Vgl. Hans-Wolfgang Strätz, Das staatskirchenrechtliche System des
preußischen Allgemeinen Landrechts, in: Civitas. Jahrbuch für Sozialwis-
senschaften 11 (1972), S. 156–183; Uta Wiggermann, Woellner und das
Religionsedikt. Kirchenpolitik und kirchliche Wirklichkeit im Preußen des
späten 18. Jahrhunderts (BHTh 150), Tübingen 2010, S. 96–124.
[20] Vgl. Justus Möser, Schreiben an den Herrn Vikar in Savoyen, ab-
zugeben bei Herrn Johann Jacob Rousseau, in: Deutsche Staatskunst und
Nationalerziehung, hrsg. von Peter Klassen, Leipzig o. J. [1937], S. 81–104.

detaillierter Hochrechnungen kam er nämlich zu dem Ergebnis, die reformatorische Abkehr von zölibatärem Leben habe die Welt seiner Gegenwart um 27 Millionen Menschen reicher gemacht.[21] Auch der eurozentrische Weltmarkt, meinte Möser, würde niemals in so famoser Weise gediehen sein, „wenn die Aufhebung der Klöster nicht jene Millionen von Matrosen und Kolonisten hätte geboren werden lassen, die der indische Handel täglich die europäischen Nationen kostet."[22]

3. Literatur[23]

Für die deutschen Schriftsteller des 18. Jahrhunderts war Martin Luther der reformatorische Heros schlechthin. Allerdings zielte das in der Spätaufklärung noch einmal deutlich intensivierte Interesse der Literaten[24] kaum auf die theologischen Anliegen und Kämpfe des Reformators, umso mehr hingegen auf Luthers Charakter und seinen reformatorischen Mut.

Dieses Leitinteresse an der kraftvollen Persönlichkeit präzisierte Johann Gottfried Herder durch die Verbindung mit dem neuen Geniebegriff: Luther war ihm „großer Geist, und würkliches Genie"[25]. Den entscheidenden Geschichtsimpuls erkann-

---

[21] Vgl. Ernst Walter ZEEDEN, Martin Luther und die Reformation im Urteil des deutschen Luthertums. Studien zum Selbstverständnis des lutherischen Protestantismus von Luthers Tode bis zum Beginn der Goethezeit, Bd. 1, Freiburg i. Br. 1950, S. 312f.

[22] Zit. nach ZEEDEN, Martin Luther (wie Anm. 21), S. 313.

[23] Dieser Abschnitt fußt weithin, teils in wörtlicher Übernahme, auf Albrecht BEUTEL, Martin Luther im Urteil der deutschen Aufklärung. Beobachtungen zu einem epochalen Paradigmenwechsel, in: Zeitschrift für Theologie und Kirche 112 (2015), S. 164–191.

[24] Vgl. Volker MEHNERT, Protestantismus und radikale Spätaufklärung. Die Beurteilung Luthers und der Reformation durch aufgeklärte deutsche Schriftsteller zur Zeit der Französischen Revolution, München 1982.

[25] Johann Gottfried HERDER, Rez. von Klopstock, Oden (1771), in: Herders Sämmtliche Werke, hrsg. von Bernhard Suphan (33 Bde., Berlin 1877–1913, Nachdr. Hildesheim 1994), Bd. 5, S. 350–362, hier S. 350.

te Herder in der durch Luther bewirkten Rationalisierung und Individualisierung des geistigen Lebens. Er habe „in einer männlichen Verstandessprache […] der Philosophie Raum"[26] verschafft und die Gewissensfreiheit als das „Principium der Reformation"[27] etabliert. Darum: „Laßet uns seine Denkart […] und die von ihm eben so stark als naiv gesagten Wahrheiten für unsre Zeit nutzen und anwenden!"[28]

Aus olympischer Distanz erwies auch Johann Wolfgang von Goethe dem Reformator zeitlebens eine entsprechende Hochschätzung: „Luther arbeitete uns von der geistlichen Knechtschaft zu befreien, […] er gab dem Herzen seine Freiheit wieder, und machte es der Liebe fähiger"[29], hieß es im „Pastorbrief" von 1773, und ein halbes Jahrhundert später, geradezu vermächtnishaft, an Johann Traugott Leberecht Danz gewandt: „Wenn wir trachten, daß Gesinnung, Wort, Gegenstand und That immer möglichst als Eins erhalten werde, so dürfen wir uns für ächte Nachfolger Luthers ansehen, eines Mannes, der in diesem Sinne so Großes wirkte und, auch irrend, noch immer ehrwürdig bleibt"[30].

---

[26] Johann Gottfried HERDER, Vernunft und Sprache (1799), in: Herders Sämmtliche Werke (wie Anm. 25), Bd. 21, S. 191–339, hier S. 268.

[27] Johann Gottfried HERDER, Briefe das Studium der Theologie betreffend IV (1788), in: Herders Sämmtliche Werke (wie Anm. 25), Bd. 11, S. 203.

[28] Johann Gottfried HERDER, Briefe zur Beförderung der Humanität (1793), in: Herders Sämmtliche Werke (wie Anm. 25), Bd. 17, S. 87; vgl. auch DERS., Von Religion, Lehrmeinungen und Gebräuchen (1798), in: Herders Sämmtliche Werke (wie Anm. 25), Bd. 20, S. 133–265, hier S. 209.

[29] Johann Wolfgang VON GOETHE, Brief des Pastors zu *** an den neuen Pastor zu ***. Aus dem Französischen (1773), in: Goethe, Weimarer Ausgabe, Bd. I.37, Weimar 1896, Nachdr. München 1987, S. 153–173, hier S. 163.

[30] Johann Wolfgang VON GOETHE an Johann Traugott Leberecht Danz, 10.6.1826, in: Goethe, Weimarer Ausgabe, Bd. IV.41, Weimar 1907, Nachdr. Hamburg 1987, S. 56. – Vgl. etwa Jörg BAUR, Martin Luther im Urteil Goethes, in: Goethe-Jahrbuch 113 (1996), S. 11–22; DERS., Art. Luther, Martin, in: Goethe Handbuch, Bd. 4/2, hrsg. von Hans-Dietrich Dahnke und Regine Otto, Stuttgart 1998, S. 674–677; Herbert FELDEN, Martin Luther in

In eminentem Maße zeiterschließend dürfte namentlich das von Lessing kultivierte Interesse an Luther sein. Bereits während der frühen 1750er-Jahre trat seine Verehrung allenthalben hervor. „Unser Vater der gereingtern Lehre"[31] galt ihm als „eine[r] der größten Männer, die jemals die Welt gesehen hat"[32]. Allerdings war Lessing zugleich darauf bedacht, in solcher Verehrung nicht mit den Berufslutheranern verwechselt zu werden. Das dort gesungene Lutherlob missbilligte er als professionsbedingte „Heuchelei"[33]. Demgegenüber suchte er sich eines aufgeklärten, kritischen, „aus Überzeugung"[34] geborenen Lutherbildes zu vergewissern, das sich allein durch die konsequente Historisierung des Reformators gewinnen lasse. „Dankbarkeit, wenn man sie übertreibt", verkomme „zu einer Idolatrie […]. Billig bleibt Luthers Andenken bei uns in Segen; allein die Verehrung so weit treiben, daß man auch nicht den geringsten Fehler auf ihn will haften lassen, als ob Gott das, was er durch ihn verrichtet hat, sonst nicht würde […] haben verrichten können, heißt meinem Urteile nach, viel zu ausschweifend sein"[35]. In diesem Sinne ist auch der viel bemühte Satz zu verstehen, es sei ihm, Luther betreffend, „recht lieb […], einige kleine Mängel an ihm entdeckt zu haben, weil ich in der Tat der Gefahr sonst nahe war, ihn zu vergöttern."[36]

---

der Sicht Goethes, in: Früh vertraut – spät entdeckt. Dichter begegnen dem Buch der Bücher, hrsg. von Herbert Felden, Stuttgart 1987, S. 112–125; Wolfgang HECHT, „… ein Genie sehr bedeutender Art". Goethes Lutherbild und seine Wandlungen, in: Impulse 7 (1984), S. 95–116.

[31] Gotthold Ephraim LESSING, Rettung des Cochläus aber nur in einer Kleinigkeit (1754), in: Lessing, Werke und Briefe in zwölf Bänden, hrsg. von Wilfried Barner, Bd. 3, Frankfurt a. M. 2003, S. 244–258, hier S. 244.

[32] Gotthold Ephraim LESSING, Rettung des Lemnius in acht Briefen (1753), in: Lessing, Werke und Briefe (wie Anm. 31), Bd. 2, Frankfurt a. M. 1998, S. 655–678, hier S. 658.

[33] Gotthold Ephraim LESSING, Werke und Briefe (wie Anm. 31), S. 1282 (zu 658,12).

[34] Ebd.

[35] LESSING, Rettung des Cochläus (wie Anm. 31), S. 257 f.

[36] LESSING, Rettung des Lemnius (wie Anm. 32), S. 658.

Ein Vierteljahrhundert später war bei Lessing das Bedürfnis nach differenzierender Abstandswahrung dann längst einer freien, selbstgewissen Bezugnahme gewichen. Im Fragmentenstreit mit Johann Melchior Goeze fand er polemisches Vergnügen daran, sich als den wahren Sachwalter der lutherischen Kirche zu inszenieren: „Sie, Herr Pastor, Sie hätten den allergeringsten Funken Lutherischen Geistes? – Sie? der Sie auch nicht einmal Luthers Schulsystem zu übersehen im Stande sind?"[37] Dabei wusste Lessing durchaus, dass er seinerseits weder zureichend fähig noch auch nur willens war, „Luthers Schulsystem" fachmännisch zu rekonstruieren. Indessen markierte ihm dieser Umstand nicht etwa peinliches Defizit, sondern programmatische Aufklärung: „Der wahre Lutheraner will nicht bei Luthers Schriften, er will bei Luthers Geiste geschützt sein."[38] Und eben dieser Geist trieb ihn nun dazu an, die von Carl Friedrich Bahrdt vorgelegte Übersetzung des Neuen Testaments[39] gegenüber Goeze, der obrigkeitliche Zensurmaßnahmen gefordert hatte, in Schutz zu nehmen – nicht weil er deren höchst fragwürdige philologische Qualität blindlings gutheißen wollte, sondern schlicht um der formalen Gerechtigkeit willen, der zufolge man niemandes Absicht, „in der Erkenntnis der Wahrheit nach seinem eigenen Gutdünken fortzugehen"[40], behindern oder delegitimieren dürfe. Die zeittypische Antithese von „Luthers Schriften" und „Luthers Geiste" war damit auf die Spitze getrieben, doch eben auf diese Weise setzte sie erhebliches geistesgeschichtliches Innovationspotential frei.

Signifikant erscheint die von den Schriftstellern des 18. Jahrhunderts vollzogene Akzentuierung nicht zuletzt darin, dass sie

---

[37] Gotthold Ephraim LESSING, Absagungsschreiben an Goeze (1778), in: Lessing, Werke und Briefe (wie Anm. 31), Bd. 9, Frankfurt a. M. 1993, S. 48–52, hier S. 50.

[38] Gotthold Ephraim LESSING, Erster Anti-Goeze (1778), in: Lessing, Werke und Briefe (wie Anm. 31), Bd. 9, Frankfurt a. M., S. 93–99, hier 95.

[39] Vgl. Carl Friedrich BAHRDT, Die Neuesten Offenbarungen Gottes in Briefen und Erzählungen, 4 Teile, Frankenthal 1773/74.

[40] LESSING, Erster Anti-Goeze (wie Anm. 38), S. 95.

sich gerade durch den Rekurs auf Luther ihrerseits ausdrücklich legitimiert sahen. Bereits zur Jahrhundertmitte erkannte Anton Friedrich Büsching die eigentliche Größe Luthers in dessen Entschiedenheit, „in Religionssachen schlechterdings von keinem andern Menschen, sondern blos von seiner eigenen Einsicht, Überzeugung und Entscheidung abhangen"[41] zu wollen. Dergestalt war Luthers Freiheitsdrang, den der Pietismus noch weitgehend auf den Kampf gegen die Papstkirche fixiert hatte, von den Aufklärern zu einem Verdikt gegen jedwede Bevormundung des Glaubens und Gewissens entgrenzt worden. Insofern konnte es kaum verwundern, dass sich das Luther zugewiesene Freiheitspathos am Ende auch gegen dessen eigene, zeitverhaftete Lehrbildung wandte und „der wahre Lutheraner", wie es Lessing, stellvertretend für viele, ausgedrückt hatte, „nicht bei Luthers Schriften", sondern „bei Luthers Geiste"[42] identitätsstiftende Heimat fand.

Diese Orientierung hat sich in einer bemerkenswerten, weit verbreiteten Denkfigur manifestiert. In kritischer Absicht wurde dabei die Frage erörtert, was wohl geschehen würde, wenn Luther in der eigenen Gegenwart wiederkehren und leben würde. Bis in das erste Drittel des 18. Jahrhunderts fiel die Antwort durchweg negativ aus, nämlich als tadelnde Zurechtweisung der Spätorthodoxie, und dies nicht allein bei Spener[43] und anderen Pietisten, sondern beispielsweise, in beißender Ironie, auch noch beim jun-

---

[41] Zit. nach Horst STEPHAN, Luther in den Wandlungen seiner Kirche, Berlin ²1951, S. 45.

[42] Siehe oben bei und in Anm. 38.

[43] „Man vergleiche unsers theuren Lutheri schrifften/[...] hingegen einen grossen theil der heut herauß kommenden. Man wird wahrhafftig finden/[...] so lähr sind fast diese gegen jenen [...]. Und weiß ich nicht/ob unser Sel[iger] Herr Lutherus/wo er wieder auffstehen solte/nicht auch an unsern Academien öffters ein und anders straffen würde/was er mit eiffer zu seiner zeit den damahligen verweißlichen vorgerückt" (Philipp Jacob SPENER, Pia desideria, in: Die Werke Philipp Jacob Speners. Studienausgabe, hrsg. von Kurt Aland, Bd. I/1, Gießen und Basel 1996, S. 55–407, hier S. 126).

gen Johann Christoph Gottsched.[44] Dann aber wurde die Antwort ausnahmslos affirmativ: Heutzutage, beteuerten die Aufklärer nun einhellig, würde Luther lehren und streben – wie wir! Nicht die Sachentscheidungen, die er einstens getroffen hatte, waren dabei im Blick, sondern allein die Effekte, die sie erzielten. Im Zeitalter der Aufklärung, war man überzeugt, würde Luther jede konfessionalistische Engstirnigkeit geißeln; er würde, wie es Carl Friedrich Bahrdt drastisch ausdrückte, „seine dummen Nachbeter anfahren und gegen eben die eifern, die sich frommer und weiser dünken, als andre, indem sie seinen Kehricht fressen.“[45] Als es 1770 in Berlin zu einer prominenten protestantisch-bikonfessionellen Eheschließung gekommen war, besang die Lyrikerin Anna Louisa Karsch die Vision einer Himmelsbrüstung, von der aus Luther und Calvin, einander umarmend, in segnendem Wohlwollen auf das lutherisch-reformierte Brautpaar herabschauen, so als wollten sie bereits die preußische Union von 1817 beschwören.[46] Und Friedrich der Große zeigte sich gar davon überzeugt, als Zeitgenosse hätte sich Luther ohne Zweifel zum Sozinianismus bekannt.[47]

Indessen reklamierte man Luther nun nicht allein als Gewährsmann der eigenen geistigen Selbstbestätigung, sondern darüber hinaus auch als prophetischen Mahner, um den anhaltenden Prozess der Aufklärung kraftvoll zu beschleunigen und zu vollenden. „Wollen wir“, fragte Friedrich Nicolai, „auf einem gleichen Wege nicht weiter fortgehen?“[48] Sehr viel kritischer appellierte Lichten-

---

[44] Vgl. Andres Strassberger, Johann Christoph Gottsched und die „philosophische“ Predigt. Studien zur aufklärerischen Transformation der protestantischen Homiletik im Spannungsfeld von Theologie, Philosophie, Rhetorik und Politik (BHTh 151), Tübingen 2010, S. 183.

[45] Zit. nach Stephan, Luther (wie Anm. 41), S. 46.

[46] Karschs Ode war der Eheschließung des reformierten Theologen Friedrich Samuel Gottfried Sack mit Johanna Wilhelmina Spalding, der Tochter des lutherischen Propstes zu Berlin, gewidmet. Vgl. dazu Beutel, Spalding (wie Anm. 18), S. 180 f.

[47] Vgl. Zeeden, Martin Luther (wie Anm. 21), Bd. 1, S. 920.

[48] Friedrich Nicolai, Das Leben und die Meinungen des Herrn Magister Sebaldus Nothanker, Bd. 3, Berlin 1776, Nachdr. Hildesheim 1988, S. 59.

berg an die systemsprengende Dynamik des Reformators: „Wir
Protestanten glauben nunmehr in sehr aufgeklärten Zeiten [...] zu
leben. Wie wenn nun ein neuer Luther aufstünde?"[49] Und Lessing
flüchtete sich vor den „kurzsichtigen Starrköpfen", die den Reformator fortwährend im Munde führten, direkt zu Luther: „Wer
bringt uns endlich ein Christentum, wie du es *itzt* lehren wür-
dest?"[50] Dort freilich, in Luthers Armen, fand Lessing nicht etwa
die geschichtliche Gestalt des Reformators, sondern, zu neuem
Kampfesmut ertüchtigt, sich selbst. Dergestalt avancierte Luther
„zum Zeugen absolut freier Wahrheitsforschung auch gegen die
Autorität seiner eigenen Lehre"[51]. Denn während er uns seiner-
zeit, wie Lessing festhielt, „von dem Joche der Tradition erlöset"
habe, gelte es jetzt, „uns von dem unerträglichern Joche des Buch-
stabens"[52] – man beachte den Komparativ! – zu erlösen; und das
hieß doch: von Luthers Prinzip des *sola scriptura*, das wohl seine
historische Berechtigung hatte, nun aber, wie Lessing forderte,
durch das Prinzip einer strikten Vernunftreligion abgelöst werden
müsse. Schärfer ist die aufklärerische Maxime „Lutherus contra
Lutherum" wohl von niemandem formuliert worden.

Der Paradigmenwechsel, den das Zeitalter in seiner Wahrnehmung Luthers vollzog, ist von epochaler Bedeutung. Indem sich
das Rezeptionsinteresse vom Werk auf die Person, vom Buch-
staben auf den Geist des Reformators verschob, wandelte sich die
bis dahin übliche positionelle in eine strukturelle Schülerschaft
Luthers. Das schloss selbstverständlich nicht aus, dass einzelne
materiale Einsichten und Entscheidungen sich auch weiterhin als

---

[49] Georg Christoph Lichtenberg, Schriften und Briefe. Bd. 1: Sudel-
bücher I, hrsg. von Wolfgang Promies, München ²1973, S. 184 (C 148). –
Unter dem Eindruck des Woellnerschen Religionsedikts von 1788 notierte
Lichtenberg: „Was würde aus Luthern geworden sein? sicherlich würde er
nach Spandau gebracht worden sein" (S. 661 [J 58]).

[50] Lessing, Absagungsschreiben an Goeze (wie Anm. 37), S. 50.

[51] Walter Mostert, Art. Luther, Martin III. Wirkungsgeschichte, in:
TRE 21 (1991), S. 567–594, hier S. 571.

[52] Lessing, Absagungsschreiben an Goeze (wie Anm. 37), S. 50.

plausibel erwiesen. Gleichwohl hatte sich die Art des Zugriffs auf
Luther nun grundlegend verändert: Nicht mehr in loyaler Partei-
lichkeit, sondern in kritischer Prüfung suchte man jetzt das Erbe
des Reformators zu pflegen und fruchtbar zu halten. Die Literaten
der Aufklärung vollzogen ihre strukturelle Schülerschaft Luthers,
indem sie auf zweifache Weise „nach Luther", nämlich chronolo-
gisch später und zugleich seiner Art gemäß, die ihnen obliegende
Gegenwartsdeutung jederzeit in *eigener* Verantwortung vortrugen.
Insofern schien den Aufklärern gerade die konsequente Historisierung der Reformation deren anhaltende Geschichtswirksamkeit
sicherzustellen.

4. Theologie[53]

Mochte die politische und literarische Rezeption reformatorischer
Basisimpulse das Vorrecht eines systemfrei eklektischen, durch
ressortspezifische Eigeninteressen legitimierten Zugriffs genießen,
so blieb die protestantische Aufklärungstheologie zu einer inten-
sionswahrenden Aufarbeitung ihrer ureigenen Traditionsbestände
gefordert. Insofern sind gerade die hier vollzogenen Revisions-
und Transformationsprozesse von epochenerschließender Dig-
nität. In dieser Hinsicht stehen der exemplarischen Illustrations-
absicht die verschiedensten Autoren und Problemkonstellationen
bereit. Indessen mag es nicht allein aus Respekt vor dem *genius
loci*, sondern zugleich, ja zuvörderst aus sachhaltigen Erwägungen
statthaft sein, als einen Repräsentanten der neologischen Umfor-
mungsarbeit den Berliner Propst und Meistertheologen Johann
Joachim Spalding in den Zeugenstand zu zitieren. Näherhin wird
er nun auf seinen Umgang mit zwei reformatorischen Fundamen-
talunterscheidungen, die in den Dualen „Gesetz und Evangelium"

---

[53] Dieser Abschnitt fußt zu Teilen auf Albrecht BEUTEL, Elastische Identität. Die aufklärerische Aktualisierung reformatorischer Basisimpulse bei
Johann Joachim Spalding, in: Zeitschrift für Theologie und Kirche 111
(2014), S. 1–27.

sowie „Glaube und Werke" formelhaft greifbar geworden sind, zu befragen sein.

a) Gesetz und Evangelium

Diese Unterscheidung, die in der Theologie der Reformatoren als ein fundamentalhermeneutisches Klärungsinstrument expliziert wurde, hat danach erst wieder im Zuge der Neokonfessionalisierung des 19. Jahrhunderts und verstärkt in den theologischen, kirchlichen und politischen Auseinandersetzungen des 20. Jahrhunderts eine tragende Rolle gespielt. Insofern könnte es als ein blanker Anachronismus erscheinen, den Aufklärungstheologen Spalding nach seinem Umgang mit dieser Distinktion zu befragen. Orientierte man sich lediglich am Wortlaut jenes reformatorischen Duals, so bliebe der Befund durchweg negativ: Weder in seinen Schriften noch in seinen erhaltenen Predigten hat er jemals die Formel „Gesetz und Evangelium" angewandt. Der Sache nach lässt sich bei ihm gleichwohl eine signifikante Rezeption und Transformation dieser Unterscheidung nachweisen.

Bekanntlich unterschied Luther mit dem *usus civilis* oder *politicus* und dem *usus theologicus* oder *elenchticus* einen zweifachen Gesetzesgebrauch, den dann Philipp Melanchthon und erst recht Johannes Calvin um einen die christliche Lebenspraxis fortschreitend optimierenden dritten Gebrauch des Gesetzes ergänzten. Während das orthodoxe Luthertum theoretisch an der Beschränkung auf den zweifachen Gebrauch festhielt, hat es in seiner Anleitung zu einem gottgefälligen Glaubensleben doch faktisch auch dem *tertius usus* Geltung verschafft. Nun sah Spalding für die Erörterung der dem Gebot Gottes zugeschriebenen politischen Ordnungspotenz kaum eine Notwendigkeit. Umso mehr lag ihm hingegen an der Dialektik zwischen einer den Menschen als heillosen Sünder überführenden und einer ihn zu christlicher Tugend anleitenden Funktion des Gesetzes. Dass er dabei auf eine bloße Rekapitulation reformatorischer Termini durchweg verzichtete und auch sich selbst kaum einmal auf wiederkehrende starre „Wortformeln"[54] festlegte, entsprach seinem allenthalben verfolgten Bemühen um authentische theologische Individualität.

Als Ausgangspunkt seiner einschlägigen Reflexion hielt er zunächst fest, „der grosse Begriff von demjenigen, was ich seyn und thun sollte, und die Vergleichung mit demjenigen, was ich wirklich bin und thue", verursache einerseits „Demüthigung", andererseits das „Bestreben, meine Pflicht zu erfüllen"[55]. Die darin anklingende, in ihrer Reihenfolge nicht umkehrbare Sicht auf das, was der Mensch ist oder sein soll und was er tut oder zu tun ihm gebührt, markiert eine deutlich in reformatorischer Traditionsspur stehende Grundstruktur seines Denkens.

Die Überzeugung, dass christlicher Glaube ohne eine umfassende „bussfertige Demuth"[56] weder sein noch gedeihen kann, führte Spalding, längst vor Schleiermacher, zu der bei ihm dann doch formelhaft wiederkehrenden Einsicht, das Grunddatum eines Christen liege „in der nothwendigen Empfindung seiner gänzlichen Abhängigkeit von Gott"[57]. Erst unter dieser Voraussetzung verhelfe die göttliche Unterweisung dann auch „zu unserer höchsten und ewigen Glückseligkeit"[58], und dergestalt erwecke das Evangelium geradezu unsere „eigene Lust an dem, was Gott uns vorschreibet"[59]. Diesen Zweischritt einer in die erfühlte gänzliche Abhängigkeit von Gott einwilligenden und darum zu christlicher Lebensführung gemahnenden Glaubenserkenntnis hat Spalding bevorzugt in einer Zwillingsformel zum Ausdruck gebracht, die

---

[54] Johann Joachim SPALDING, Ueber die Nutzbarkeit des Predigtamtes und deren Beförderung ([1]1772; [2]1773; [3]1791), hrsg. von Tobias Jersak (SpKA I/3), Tübingen 2002, S. 105.

[55] Ebd., S. 22.

[56] Ebd., S. 194.

[57] Ebd., S. 200. – Vgl. dazu Albrecht BEUTEL, Frömmigkeit als „die Empfindung unserer gänzlichen Abhängigkeit von Gott". Die Fixierung einer religionstheologischen Leitformel in Spaldings Gedächtnispredigt auf Friedrich II. von Preußen, in: Ders. (Hrsg.), Spurensicherung. Studien zur Identitätsgeschichte des Protestantismus, Tübingen 2013, S. 165–187.

[58] SPALDING, Nutzbarkeit (wie Anm. 54), 128.

[59] Ebd., S. 129.

für ihn den Kernbestand christlicher Lehre markierte: „Besserung und Beruhigung"[60].

Insofern ließe sich bei ihm also durchaus eine authentisch anverwandelte Aufnahme jener reformatorischen Unterscheidung erkennen. Allerdings ergab sich innerhalb dieser strukturellen Analogie dadurch eine für ihn und seine Zeit signifikante theologische Differenz, dass die von den Reformatoren emphatisch betonte Externität des Gesetzes nun zunehmend anthropologisch internalisiert wurde. In regelrechter Umkehrung der reformatorischen Ansicht, die Predigt des Gesetzes habe das extern kodifizierte Gebot Gottes den Menschen buchstäblich ans Herz zu legen, bestimmte Spalding „das Gesetz des Gewissens" als „das eigentliche Gesetz Gottes", das erst nachträglich dann auch „durch ausdrücklich erklärte Bestätigungen unterstützt"[61] und bekräftigt werde. Dadurch avancierte für ihn der Glaube zu einer „äußerste[n] Gewissensverbindlichkeit"[62], und die „Treue […] gegen Gott und gegen sein Gewissen"[63] wurden für ihn synonym. Mit ungleich größerem Recht, als dies Karl Holl einst für Luther in Anspruch nahm,[64] dürfte in Spalding der klassische

---

[60] Ebd., S. 229 u. ö.

[61] Ebd., S. 92. – Analoge Aussagen finden sich neben den Schriften auch vielfach in Spaldings Predigtwerk; vgl. nur die Wendung, „das Gewissen" sei „das Gesetz des Allerhöchsten" (Johann Joachim SPALDING, Predigten [¹1765; ²1768; ³1775], hrsg. von Christian Weidemann [SpKA II/1], Tübingen 2010, S. 245). – Dass Spalding vor der Gefahr einer Vergesetzlichung des Evangeliums nicht durchweg gefeit war, wird etwa im Hinweis auf das, „was Gott fodert, was die große Verbindlichkeit des Evangelii und des Gewissens mit sich bringet", augenscheinlich (DERS., Neue Predigten [¹1768; ²1770; ³1777], hrsg. von Albrecht Beutel und Olga Söntgerath [SpKA II/2], Tübingen 2008, S. 118).

[62] SPALDING, Nutzbarkeit (wie Anm. 54), S. 145.

[63] Ebd., S. 133.

[64] „Luthers Religion ist Gewissensreligion im ausgeprägtesten Sinne des Worts" (Karl HOLL, Was verstand Luther unter Religion? [1917], in: Ders., Gesammelte Aufsätze zur Kirchengeschichte, Bd. 1: Luther, Tübingen ⁶1932, S. 1–110, hier S. 35). – Zur Kritik vgl. etwa Gerhard EBELING, Luthers Kampf gegen die Moralisierung des Christlichen, in: Ders., Luther-

Vertreter einer spezifisch neuzeitlichen „Gewissensreligion" zu erkennen sein.[65]

b) Glaube und Werke

Bekanntlich erhoben die Wittenberger Reformatoren die Lehre von der Rechtfertigung zum Strukturprinzip ihrer Theologie. Die darauf gemünzte Rede vom „articulus stantis et cadentis ecclesiae" geht nicht in der Formulierung,[66] wohl aber im Sachgehalt unmittelbar auf Luther zurück.[67] Die Pointe der von ihm gelehrten Rechtfertigung allein aus Glauben lag darin, dass er das Handeln des Menschen soteriologisch depotenzierte und damit das Leistungsprinzip aus dem Gottesverhältnis entfernte. Zugleich freilich galt Luther ein Glaube, der nicht auch tätig sein würde, als tot.[68] Führe doch, indem das geglaubte Wort Gottes den ganzen Menschen erneuere, das dadurch gestiftete neue Sein *coram Deo* notwendig auch ein neues Sein *coram mundo* mit sich herauf, sodass sich der Glaube erst in der Liebe als seiner Lebensgestalt

---

studien, Bd. 3: Begriffsuntersuchungen – Textinterpretationen – Wirkungsgeschichtliches, Tübingen 1985, S. 44–73, hier S. 39 f. u. passim; Dietrich KORSCH, Glaubensgewißheit und Selbstbewußtsein. Vier systematische Variationen über Gesetz und Evangelium (BHTh 76), Tübingen 1989, S. 160–174 u. passim.

[65] Eine Studie, die das Gewissensverständnis Spaldings als Schlüssel zu seiner Theologie auszuarbeiten versucht, steht noch aus und wäre dringend zu wünschen.

[66] Vgl. Theodor MAHLMANN, „Die Rechtfertigung ist der Artikel, mit dem die Kirche steht und fällt". Neue Erkenntnisse zur Geschichte einer aktuellen Formel, in: Zur Rechtfertigungslehre in der Lutherischen Orthodoxie. Beiträge des Sechsten Wittenberger Symposions zur Lutherischen Orthodoxie (LStRLO 2), hrsg. von Udo Sträter, Leipzig o. J. [2003], S. 167–271.

[67] „Articulus iustificationis est magister et princeps, dominus, rector et iudex super omnia genera doctrinarum, qui conservat et gubernat omnem doctrinam ecclesiasticam et erigit conscientiam nostram coram Deo" (WA 39/1, S. 205, 2–5 [1537]).

[68] Vgl. etwa WA 39/1, S. 46, 20 f. (1535).

verifiziere. Darum konnte Luther das tätige Handeln des Christen durchaus als heilsnotwendig bezeichnen. Als Ursache des Heils blieb es indessen außer Betracht: „Opera sunt necessaria ad salutem, sed non causant salutem, quia fides sola dat vitam."[69]

Wie bei anderen theologischen Zentraldoktrinen, namentlich der Zwei-Naturen-, Trinitäts- oder Erbsündenlehre, so warnte Spalding auch für die „Lehre von der seligmachenden Kraft des Glaubens ohne Werke"[70] vor einem unkritischen religiösen Gebrauch. Um einer frömmigkeitspraktisch nutzbaren Anwendungsmöglichkeit dieser Doktrin auf die Spur zu kommen, unterzog er sie einer konsequenten Historisierung, zunächst im exegetischen Rekurs auf die auch von den Reformatoren als *locus classicus* bemühte Auskunft des Paulus, er halte dafür, „dass der Mensch gerecht werde ohne des Gesetzes Werke, allein durch den Glauben" (Röm 3,28). Die von Paulus apostrophierten Werke des Gesetzes, stellte Spalding in historisch-kritischer Kontextualisierung heraus, seien keineswegs auf die „Gesinnungen und Handlungen der moralischen Rechtschaffenheit" bezogen, vielmehr „augenscheinlich" allein auf „die Beybehaltung der mosaischen Anordnungen"[71], zu der sich die Heidenchristen damals gefordert sahen. Dass ein „wirklicher thätiger Fleiß in der Tugend […] das unausbleibliche Resultat"[72] des christlichen Gottesglaubens darstelle, sei von Paulus nicht im mindesten bestritten oder relativiert worden.

Die kontextuelle Historisierung der reformatorischen Rechtfertigungslehre führte Spalding sodann zu der Erkenntnis, es hätten sich „die Kirchenverbesserer des sechszehnten Jahrhunderts" insofern in einer zu Paulus analogen Situation vorgefunden, als sie nicht etwa die in christlicher Liebestätigkeit sich manifestierende Lebensgestalt des Glaubens in Abrede stellten, sondern lediglich die damals zeitbedingt gängige Auffassung bestritten, durch „leere

---

[69] WA 39/1, S. 96, 6–8 (1536).
[70] SPALDING, Nutzbarkeit (wie Anm. 54), S. 179.
[71] Ebd., S. 179 f.
[72] Ebd., S. 182.

äusserliche Handlungen der willkührlichen Andacht, abergläubige Kasteyungen, vermeinte heilige Stiftungen" lasse sich „ein Recht zum Himmel"[73] erwerben. Obschon die Notwendigkeit, dass „der Glaube [...] die ganze praktische Annehmung der Lehre Jesu in sich faßen"[74] müsse, davon unberührt bleibe, habe man in nach-reformatorischer Zeit jene „unbedeutenden verwerflichen Werke" immer stärker mit dem wahren „christlichen Streben nach Unschuld und Tugend"[75] vermengt. Dadurch sei der biblische Glaubensbegriff zu einer fatalen Äquivokation verkommen, und der „zu kunstmäßige, zu schwere Ausdruck [...] Rechtfertigung" habe sich längst „von der gewöhnlichen Denkungsart und Sprache"[76] entfernt. Da sich diese deutschsprachigen Wörter jedoch keinesfalls „göttlicher Eingebung" verdankten und es darum abwegig wäre, „eine heilige Kraft in den Schall eines Ausdrucks zu legen"[77], erweise sich die Identität christlicher Glaubenslehre nicht in einer lexikalischen, sondern allein in der intentionalen Treue zur Tradition.[78]

Gemäß dieser zweifachen Historisierung der kirchlichen Rechtfertigungslehre suchte Spalding nun auch die geschichtlichen Bedingungen, unter denen der im weitesten Sinn gefasste Religionsunterricht seiner eigenen Gegenwart steht, zu bestimmen. Dabei diagnostizierte er nirgendwo die Gefahr, dass der wahre Glaube in Werkgerechtigkeit abgleiten werde, umso drängender hingegen die Verwechslung von wahrem und eingebildetem Glauben als das Hauptproblem seiner Zeit.[79] Weil diese religiöse Bedarfs-

---

[73] Ebd., S. 183.
[74] Ebd.
[75] Ebd., S. 184.
[76] Ebd., S. 189.
[77] Ebd., S. 185.
[78] Vgl. ebd., S. 185 f.
[79] „Ich habe [...] niemand kennen gelernet, der, bey einer wirklichen redlichen Liebe zu Gott und zum Guten, und bey der nothwendig damit verknüpften Demuth, durch den Wahn von eigenem Verdienste wegen dieser seiner innerlichen rechtschaffenen Gesinnung, in Gefahr seiner See-

lage durch ein „übel verstandenes Berufen auf jene apostolischen
Zeugnisse"[80] nur verfehlt werden könne, gelte es, dem Unterschied
der Zeiten Rechnung zu tragen, um nicht in fehlgeleitetem bib-
lisch-reformatorischem Identitätsstreben „gegen eine Denkungsart [zu] streiten, die in unsern Gemeinden vielleicht gar nicht
vorhanden ist"[81]. Angesichts der als akut erkannten Gefahr, dass
sich die Menschen seines Umgangs viel eher „aus dem Glauben
ein Verdienst machen, als aus der Frömmigkeit"[82], sollte seine
Mahnung zur Behutsamkeit, anstatt die Wahrheit der paulinischen
Rechtfertigungslehre schlechterdings in Abrede zu stellen, lediglich vor deren ungeschichtlicher, die gegenwärtige religiöse Lage
verfehlender Anwendung warnen.[83] Insofern wird der Einwand,
Spalding habe sich einer „Pelagianisierung der Rechtfertigungslehre"[84] schuldig gemacht, dessen religionspraktisch aspektierter
Bezugnahme auf das zentrale Lehrstück des Protestantismus in
keiner Weise gerecht.

Eine an den Bedürfnissen der Zeit orientierte Aktualisierung
dieses reformatorischen Basisimpulses könne, so der Berliner
Seelsorger und Religionslehrer, dem hochmütigen „geistlichen
Stolze", der dem eigenen Glauben die „Einbildung von Verdienst-
lichkeit" beimengt, am besten dadurch entgegenwirken, dass sie
den Christen der Gegenwart „die wahre Natur der Frömmigkeit"[85] zu erkennen gibt. Diese „wahre Natur" lag für Spalding
in der organischen Verschränkung von Glaube und Werken,
dem harmonischen Einklang der „Grundsätze der Gesinnungen

---

le gerathen wäre; desto mehr aber solche, die sich falsche Vorstellungen von
der Frömmigkeit machten, die sich einbildeten, fromm zu seyn, da sie es
nicht waren" (ebd., S. 187).

[80] Ebd., S. 186.

[81] Ebd., S. 187.

[82] Ebd.

[83] Vgl. ebd., S. 188 f.

[84] Reinhard KRAUSE, Die Predigt der späten deutschen Aufklärung
(1770–1805) (AzTh II.5), Stuttgart 1965, S. 23.

[85] SPALDING, Nutzbarkeit (wie Anm. 54), S. 190.

und Handlungen"[86], der „Rechtschaffenheit des Herzens und des Lebens"[87].

Es scheint, als sei der Einwand, Spalding propagiere, indem er „so ein großes Gewicht auf die Richtigkeit der Gesinnung"[88] lege, statt der Predigt des Evangeliums lediglich eine aufklärerisch verwässerte Moralpredigt, schon zu *seiner* Zeit gängig gewesen. Dabei war seine oft – und zumeist in denunziatorischer Absicht – zitierte Bemerkung, die Pfarrer seien „noch immer die eigentlichen Depositairs der öffentlichen Moralität"[89], ausdrücklich nicht normativ, sondern deskriptiv ausgelegt: als die Wahrnehmung der faktischen gesellschaftlichen Funktion des Predigtamtes zu seiner Zeit. Im Übrigen suchte Spalding den semantischen Vollklang des Wortes *Moral* dadurch zu restituieren, dass er damit nicht nur „die Feinheit und Anständigkeit der äußerlichen Sitten und das Gefällige des Umgangs" denotiert wissen wollte, vielmehr den „auf die Besserung des ganzen inneren Grundes und auf die gehörige Richtung der Seele zu Gott"[90] abzielenden Inbegriff des menschlichen Selbst-, Welt- und Gottesverhältnisses.

Derart hat Spalding – und dies, beiläufig bemerkt, neben und vor Immanuel Kant, mit dem er über Jahre hinweg korrespondierte und dessen Hauptwerke ihm durchaus bekannt waren – das Konzept einer christlich normierten materialen Werkethik durch den Entwurf einer streng gefassten Gesinnungsethik ersetzt. Evangelische Glaubenslehre, stellte er fest, beziehe sich niemals nur auf partikulare Handlungsfelder, vielmehr auf die allem rechten Handeln voraus- und zugrunde liegende Ausrichtung der Seele auf Gott: „Wir sollten den Menschen erst lehren, gut zu *seyn*, ehe wir ihm Vorschriften geben, Gutes zu *thun*"[91]. Dass sich diese Maxime

---

[86] Ebd., S. 70.
[87] Ebd., S. 126.
[88] Ebd., S. 238.
[89] Ebd., S. 70.
[90] Ebd., S. 239.
[91] Ebd., S. 243; Hervorhebungen von mir.

in Luthers *Freiheitsschrift* von 1520 nicht eben wörtlich, aber doch
sachidentisch vorgeprägt findet,[92] schließt jeden Plagiatsverdacht
aus: nicht nur, weil sich für Spalding keine direkte Rezeption dieser
Schrift nachweisen lässt, sondern erst recht darum, weil beide,
Luther und Spalding, dabei ganz unmittelbar das Bildwort der
Bergpredigt vom guten und faulen Baum (Mt 7,17f) applizierten.

Exakt in diesem Sinn definierte Spalding die christliche Religion
als „Tugend um Gottes Willen" und näherhin als „rechtschaffene
Gesinnung und rechtschaffenes Verhalten aus der Erkenntniß unserer Abhängigkeit von Gott, seiner Regierung, seinen Wohlthaten
und seiner Vergeltung"[93]. Und das „Gefühl von der Gottheit", also
der Glaube, war ihm „das eigentliche Schwungrad der Tugend-
motiven, das Principium, welches sie alle umfaßt und begleitet"[94].
Der junge Schleiermacher, als er die zweite seiner Reden „Über
die Religion" abfasste,[95] muss diese Sätze Spaldings gekannt haben.

Eine rechtfertigungstheologische Verhältnisbestimmung von
Glaube und Werken hat selbstverständlich auch die religions-
praktische Predigtarbeit Spaldings grundiert. Das mag an der am
25. Oktober 1772 in der Berliner Hauptkirche St. Nikolai vor-

---

[92] „Drumb seyn die zween sprüch war [...], das allweg die person zuvor
muß gut und frum sein vor allen gutten wercken, und gutte werck folgen
und außgahn von der frumen gutten person" (WA 7, 32, 4–9 [1520]).

[93] SPALDING, Nutzbarkeit (wie Anm. 54), S. 70.

[94] Johann Joachim SPALDING, Vertraute Briefe, die Religion betreffend
([1]1784; [2]1785; [3]1788), hrsg. von Albrecht Beutel und Dennis Prause (SpKA
I/4), Tübingen 2004, S. 40.

[95] Zur Auslotung der zwischen Spalding und Schleiermacher waltenden
spezifischen Analogien und Differenzen vgl. etwa Äußerungen wie diese:
„Alles eigentliche Handeln soll moralisch sein und kann es auch, aber die
religiösen Gefühle sollen wie eine heilige Musik alles Thun des Menschen
begleiten; er soll alles mit Religion thun, nichts aus Religion" (Friedrich
SCHLEIERMACHER, Über die Religion. Reden an die Gebildeten unter ihren
Verächtern [1799], hrsg. von Günter Meckenstock, Berlin 1999, S. 87). –
Vgl. Albrecht BEUTEL, Aufklärer höherer Ordnung? Die Bestimmung der
Religion bei Schleiermacher (1799) und Spalding (1797), in: Ders. (Hrsg.),
Reflektierte Religion. Beiträge zur Geschichte des Protestantismus, Tübin-
gen 2007, S. 266–298.

getragenen, nur handschriftlich überlieferten Kanzelrede über „Die Beruhigung auf dem Krankenbette"[96] knapp andeutend illustriert werden. Das Thema der Predigt deduziert Spalding aus dem die Geschichte von der Heilung des Gichtbrüchigen (Mt 9,1–8) erzählenden Evangelium für den 19. Sonntag nach Trinitatis. Der erste Hauptteil soll „die Ursachen von der Unruhe eines Kranken wohl unterscheiden"[97]. Hinsichtlich der auf dem Kranken- und Sterbelager sich einstellenden „qvälende[n] Unruhe des Herzens"[98] sieht Spalding drei prinzipiell mögliche Gründe, die er in einer Klimax gradualistisch entfaltet: zuerst psychosomatisch bedingte Angstzustände, dann die aus dem Gedanken an das eigene irdische Ende und die dadurch erzwungene Trennung von seinen Lieben sich nährende „natürliche Furcht vor dem Tode", schließlich, am schwersten wiegend, die „aus dem Zurückdenken auf ein sündiges Leben" resultierende, durch die Erkenntnis der biographischen Irreversibilität noch verschärfte „Unruhe aus dem bösen Gewißen"[99].

Mögliche Linderungsmaßnahmen entfaltet Spalding im zweiten Hauptteil, der sich als Antiklimax mit dem ersten chiastisch verschränkt. Für den, der sein sündiges Leben erst auf dem Sterbebett zu bereuen beginnt und deshalb jeder Möglichkeit, solche Reue tätig werden zu lassen, enthoben ist, gebe es weder Hoffnung noch Trost: „ich weiß dazu kein Mittel"[100]. In derart selbstverschuldeter, ausweisloser Verzweiflung nach seinem Pfarrer zu rufen heiße ein „unwürdiges Spiel mit der Religion treiben. Aller Nutzen, den da ein Prediger stiften kann, ist nicht für den Kranken, sondern für die anwesenden Gesunden, daß die daraus lernen, was es für

---

[96] Johann Joachim SPALDING, Die Beruhigung auf dem Krankenbette, in: Ders., Barther Predigtbuch. Nachgelassene Manuskripte, hrsg. von Albrecht Beutel, Verena Look und Olga Söntgerath (SpKA II/5), Tübingen 2010, S. 54–70.
[97] Ebd., S. 56.
[98] Ebd.
[99] Ebd., S. 58 f.
[100] Ebd., S. 62.

ein Elend sey, auf dem Krankenbette mit einem unruhigen und anklagenden Gewißen zu kämpfen"[101]. Dagegen sei hinsichtlich der beiden anderen Angstursachen Abhilfe möglich: Die natürliche Todesfurcht lasse sich im Glauben an die Vorsehung Gottes beherrschen,[102] und bei psychosomatisch bedingter Unruhe rät Spalding zu christlicher Geduld und Gelassenheit.

Man könnte geneigt sein, den harten Kern dieser Predigtbotschaft, also die barsche Zerstörung einer erst auf dem Sterbebett aufkeimenden und darum schlechterdings passiv bleibenden Vergebungshoffnung, als eine gnadenlose, widerchristliche[103] Überspitzung pelagianischer Werkgerechtigkeit zu empfinden. Allerdings blieben bei solcher Einschätzung die Absicht und Situation der Kanzelrede ganz außer Acht. Denn Spalding predigte ja nicht zu sterbenskranken Sündern, vielmehr „zu gesunden Menschen", die einer tätigen Umkehr noch fähig waren, und wies allein diese eindringlich darauf hin, „daß eben für die Gesunden die Lehren gehören, durch welche sie sich bey Zeiten und zum voraus den Grund zu der Beruhigung in ihrem Herzen legen müßen, die sie dann so sehr nöthig haben"[104]. Eine irritierende, für Spalding eher untypische Härte verbleibt in dieser Predigt gleichwohl.

5. Schluss

Dass die deutsche Aufklärung aus vielfältigen, auch im Mutterboden der Reformation verankerten Wurzeln ihre Lebenskraft zog und insofern mit Fug und Recht eine legitime Teilerbin jener protestantischen Ursprungsepoche genannt werden kann, mag

---

[101] Ebd., S. 64.

[102] „Was wird aus denen werden, die wir auf der Welt zurücklaßen, wenn die Krankheit, die uns drückt, uns ihnen entreißen sollte? Die Antwort ist: Es wird das aus ihnen werden, was Gott, der beßte und sorgfältigste Vater über sie beschloßen hat" (ebd., S. 67).

[103] Vgl. nur Lk 23,39–44.

[104] Spalding, Die Beruhigung (wie Anm. 96), S. 54 f.

nunmehr zwar längst nicht erschöpfend, aber doch vielleicht um-
rißhaft und exemplarisch deutlich geworden sein. Gleichwohl ist
die Feststellung gewisser struktureller und intentionaler Kontinuitäten zwischen zwei nicht unmittelbar aufeinander folgenden Geschichtsperioden als solche noch recht trivial, da doch geschichtliche Ereignisse und Entwicklungen, gleich welcher Art, allemal in
einem diachronen Wirkungszusammenhang stehen. Brisanz oder
gar Aktualität würde der Aufweis von reformatorischen Wurzeln
der Aufklärung allenfalls durch die Plausibilisierung erlangen, dass
das im 18. Jahrhundert aneignend umgeformte Erbe der Reformation tatsächlich als der Vollzug authentischer protestantischer
Identitätsvergewisserung zu bestimmen ist.

Für die Erörterung dieser Frage erzeigt sich als jederzeit konstitutiv, dass die Reformation nicht allein zum Ursprung gewisser
in das Zeitalter der Aufklärung führender Kontinuitätslinien geworden ist, sondern zugleich immer auch als Legitimationsinstanz
genuin aufklärerischer Interessen und Intentionen in Anspruch
genommen wurde. Einer analogen Gefährdung unterliegt selbstverständlich nicht minder die eigene affirmative Bezugnahme auf
eine womöglich zwischen Reformation und Aufklärung waltende
Identitätstradition. Man wird ihr sinnvollerweise allein dadurch
begegnen können, dass man solche Gefährdung nicht bloß selbst-
kritisch reflektiert, sondern, damit einhergehend, die geschichtlichen Bezugsgrößen der eigenen protestantischen Identitätsvergewisserung ihrerseits einer konsequenten Historisierung aussetzt.
Damit entfällt dann auch jede Möglichkeit eines aus der Geschichte
abgeleiteten materialen Autoritätspostulats. Demgegenüber wird
die Aufgabe traditionaler Verbindlichkeitswahrung, wie von den
Aufklärern demonstriert, allein auf dem Weg einer *strukturellen*
Schülerschaft zu gewährleisten sein. Dies aber bedeutet nichts anderes als die aus freier Einsicht übernommene Selbstverpflichtung,
gemäß dem Beispiel der auf die Gegenwart zuführenden, konsequent historisierten Geschichtsperioden die eigenverantwort-
liche Gestaltung der aktuell anstehenden Reflexions- und Hand-
lungsanforderungen auf sich zu nehmen. Allein dadurch wird sich

die authentische Identitätsgeschichte des Protestantismus, der aus der Reformation hervorgegangen ist und im Zeitalter der Aufklärung seine unveräußerlichen modernen Züge ausgebildet hat, weiterhin traditions- und zeitgemäß fortschreiben und damit als Realisierung des Semper-Reformanda-Prinzips auch künftig verstetigen lassen.

Aufklärung über den Glauben

Volker Gerhardt

1. Wissen als Element des Glaubens?

Dass Glauben und Wissen zusammengehören, dürfte Theologen so selbstverständlich sein wie Philosophen: Theologen müssen schon aus Achtung vor ihrer eigenen Profession davon ausgehen, dass man ohne Wissen nicht das glauben kann, was sie lehren – es sei denn, sie schätzen ihre Lehre als unerheblich für den Glauben ein.

In einer theologischen Geringschätzung ihrer eigenen Lehre könnte ein Philosoph einen performativen Selbstwiderspruch der Theologie vermuten. Doch es läge mir fern, selbst dann davon zu sprechen, wenn ein Theologe wider besseres Wissen den zwingenden Zusammenhang zwischen beiden ursprünglich menschlichen Fähigkeiten des Wissens und des Glaubens in Abrede stellen sollte.

Tatsächlich kommt es vor, dass ein gläubiger Mensch sich entschieden dazu bekennt, sein Glauben habe nichts mit dem Wissen zu tun; Glauben stehe vielmehr in entschiedener Opposition zu allem, was der Mensch wissen könne – insbesondere wenn es sich um wissenschaftliches Wissen (oder gar um eine philosophische Einsicht) handelt. In einem solchen Fall dürfte jede Aufklärung über den Glauben vergeblich sein, weil sie als Aufklärung ja notwendig auf das Wissen setzt, das dem Glauben angeblich entgegensteht.

Von solchen Einzelfällen abgesehen, muss man gerade im Interesse des Glaubens darauf bestehen, dass sich ohne Wissen nicht sagen ließe, worauf sich der Glauben eigentlich bezieht und worauf er beruht. Man wüsste noch nicht einmal zu benennen, worin der Glauben als Glauben seine Besonderheit hat. Zumindest daran sollte dem Gläubigen gelegen sein, der ja gewiss nicht möchte, dass auch der Umgang mit Zahlen, eine Angabe der Tageszeit oder die Antwort auf die Frage, ob einer noch lebt (oder nicht vielleicht schon gestorben ist), eine Sache des Glaubens ist.

2. Die Unumgänglichkeit des Nicht-Wissens

Dem Philosophen ist es vermutlich weniger leicht verständlich zu machen, dass er, wenn er denn überhaupt zu denen gehört, die auf das Wissen Wert legen, ohne Glauben nicht auskommt.[1] Natürlich kann man dem Philosophen zugestehen, dass sogar er einiges weiß: Er kennt die Regeln der Logik und verfügt gewiss über Informationen über die Geschichte und das Selbstverständnis seines Fachs. Vor allem aber erhebt er den Anspruch, einiges über sein Spezialgebiet – sagen wir über die Sprachtheorie, die Ethik oder die Politische Philosophie zu wissen (zumindest darüber, wer zur „analytischen" Philosophie gehört und wer nicht). Folglich wird er auch sagen können, was er – sowohl in seinem Spezial-gebiet wie auch darüber hinaus – nicht weiß. Und damit stellt sich die Frage, wie er mit diesem (in jedem Fall gegebenen) Nicht-Wissen umgeht.

Die wenigsten werden sagen, dass sie das Nicht-Wissen nichts angehe. Wer es dennoch tut, steht in einem zweifelsfrei gegebenen *performativen Widerspruch* zu seiner Profession als Wissenschaft-ler, die ihn auf Erweiterung und Sicherung seiner Erkenntnisse verpflichtet.

---

[1] Heidegger hat uns am eigenen Beispiel vorzuführen versucht, dass es solche Philosophen gibt. Leider ist er an sich selbst gescheitert. Vgl. dazu: Reinhard MEHRING, Heideggers „große Politik". Die semantische Revolution der Gesamtausgabe, Tübingen 2016.

Andere werden sich an Sokrates erinnern, der aus der Einsicht, zu wissen, dass er nichts weiß, den Antrieb seines philosophischen Fragens gemacht hat. Wieder andere haben die Eigenart des gesuchten Wissens darin entdeckt, dass es niemals abgeschlossen und zu keiner Zeit als vollständig erwiesen werden kann: Also setzen sie ihre Energie darein, das bestehende Wissen zu „falsifizieren", um es, wo immer es geht, auf eine verlässlichere Grundlage zu stellen.

Die Beispiele zeigen nicht nur, dass man selbst als Philosoph das Nicht-Wissen nicht einfach links liegen lassen kann, sondern dass man in erheblicher Weise auf es bezogen bleibt und jederzeit mit ihm rechnen muss. Das gilt insbesondere dann, wenn man sich, was Philosophen nicht nur in der sokratischen Tradition leicht fallen sollte, vergegenwärtigt, wie viel man selbst unter günstigsten Bedingungen nicht weiß. Im Übrigen sollte jeder wissen, dass man in so gut wie keiner Lebenslage mit dem Handeln so lange warten kann, bis man alles weiß, was den Erfolg des Tuns garantiert.

3. Glauben als Komplement des Wissens?

Ist man bis zu diesem Punkt gelangt, braucht man den Philosophen nur zu fragen, wie er die unter allen Bedingungen seines Fachs und seiner Lebenspraxis benötigte Beziehung auf das Nicht-Wissen denn begreift? Man wird einen bunten Strauß von Antworten erhalten: Die einen werden von der *Überzeugung* sprechen, die sie im Umgang mit dem Nicht-Wissen hegen; andere werden nur *Meinungen* oder *Mutmaßungen* einräumen; mancher wird vielleicht so weit gehen, sein *Vertrauen* einzugestehen, das er trotz seiner Wissenslücken in die von ihm für gesichert gehaltenen *Annahmen* hat; wieder andere werden *gute Gründe* anführen, die sie für eine *plausibel* erscheinende Entwicklung optieren lassen. Und stark auf ihr Wissen setzende Zeitgenossen werden sich auf verlässlich berechnete *Wahrscheinlichkeiten* berufen, die mehr als bloß eine *Hoffnung* von der künftigen Entfaltung der treibenden Kräfte zu haben erlauben.

Doch wie immer die Antworten auch ausfallen: Keine Auskunft, mit der man hier rechnen kann, ist ausilbentrennuf ein sicheres *Wissen* gegründet! Dem kann niemand widersprechen. Widerspruch dürfte es hingegen geben, wenn man das, was hier das fehlende Wissen ersetzt, unter den Titel des Glaubens stellt.

Doch eben diese These möchte ich vertreten, und ich verschärfe sie durch die doppelte Behauptung, dass nicht nur alles, was das Wissen im Interesse einer konsequenten Lebenspraxis ergänzt, *Glauben* genannt werden kann, sondern auch alles, was uns überhaupt erst das lebenspraktisch wirksame *Vertrauen in das Wissen* gibt. Also behaupte ich, Glauben komplettiert das Wissen, das seinerseits bereits aufgrund seiner notorischen Unvollkommenheit auf Glauben beruht.

4. Der Umweg zum Argument

Die vermutlich sowohl den Theologen wie auch den Philosophen befremdende These bedarf einer systematischen Begründung. Die dürfte sich wie von selbst einstellen, wenn zuvor einige historische Erläuterungen gegeben werden, die kenntlich machen, dass die Behauptung nicht auf einem idiosynkratischen Wortspiel beruht, das durch sprachliche Unschärfen möglich ist. Im Umgang mit Ausdrücken wie *Glauben, Meinen, Überzeugen, Hoffen, Erwarten* oder *Vertrauen* kann man im deutschen Wortgebrauch die Eindeutigkeit vermissen, die anders als bei *belief* und *faith* nicht zu erkennen gibt, wo hier ein bloß epistemischer oder aber ein religiöser Gebrauch gegeben ist. Doch dieser Verdacht gegen den deutschen Sprachgebrauch wird sich, so denke ich, im historischen Rückblick von selbst erledigen.

Um das anschaulich zu machen, gehe ich auf *drei Exempel* ein: *Erstens* spreche ich vom mutmaßlichen Anfang des religiösen Glaubens unter den Bedingungen eines sich erstmals mit zivilisatorischer Macht entfaltenden Wissens. Damit bewege ich mich im Feld einer kulturgeschichtlichen Spekulation über die Ursprünge der großen Religionen.[2]

Zweitens handle ich von der theologischen Konzentration allein auf den Glauben unter dem Eindruck einer bedrohlichen Preisgabe des Glaubens unter dem Machtanspruch einer sich primär politisch verstehenden kirchlichen Institution. Dann wird die reine Lehre eines Glaubens überwacht, der unter dem Machtspruch einer Kirche aber gar keinen Platz hat, sich frei zu entfalten.[3] Hier trage ich eine Erwägung vor, die sich auf die Gründe bezieht, die Luther zur Reformation nötigten.[4]

Drittens hatte ich vor, eine aufgeklärte – und wenn man will eine entschieden *säkulare* – Einsicht in das Verhältnis von Glauben und Wissen, so wie es Kant darstellt, zu umreißen. Dabei wäre es dann auch um die Unerheblichkeit der Existenzbehauptung von einem „Dasein" Gottes gegangen.

Doch soweit komme ich im vorliegenden Text aus Raum- und Zeitgründen leider nicht. Mit Rücksicht auf das Tagungsthema belasse ich es bei einer Skizze der im Vorfeld von Kants Religionsphilosophie erfolgenden säkularen Aufwertung zivilisatorischer Überzeugungen zu einem gleichermaßen *politischen* wie *moralischen Glauben* des Menschen an sich selbst. Im Medium dieses *humanitären Glaubens* ist es dann möglich, den Glauben an eine göttliche Macht als die – im humanen Interesse erfolgende – Kompensation des theoretisch wie praktisch uferlos gewordenen Wissens auszuweisen. Damit ist dann mit Blick auf den humanitär-moralischen wie auch auf den religiösen Glauben gleich in

---

[2] Dargestellt in Punkt 5.

[3] Von „Platz" spreche ich mit Seitenblick auf Kants Diktum, er habe das Wissen begrenzen müssen, um für den Glauben „Platz" zu bekommen (Kritik der reinen Vernunft, B XXX; Akad. Ausgabe, Bd. 3, S. 19). Dieser Platz kann nicht allein durch die Maßlosigkeit wissenschaftlicher Ansprüche besetzt sein, sondern auch unter den Kontrollerwartungen einer machthabenden Kirche verloren gehen.

[4] Dargestellt in Punkt 6 und 7.

zweifacher Weise gezeigt, dass der Glauben zum Wissen gehört und dass kein Wissen, wenn es denn im Leben Bedeutung haben soll, auf den Glauben verzichten kann.[5]

Doch wie gesagt: Auf die religionsphilosophische Exegese Kants verzichte ich für heute und schließe stattdessen mit einer Bemerkung zu Martin Luther, der aus der Not, den Glauben vor der Maßlosigkeit eines mit Macht institutionell aufgeblähten Wissens zu retten, der existenziellen Befreiung des Gottesglaubens durch Kant näher gekommen ist, als er wissen konnte.

5. Das Wissen verlangt nach Ergänzung durch den Glauben

Das „Drei Stadien-Gesetz", erstmals in populärer Fassung von Thomas Paine formuliert und dann durch August Comte zum Generalbass des geschichtlichen Selbstverständnisses der Moderne geworden, wird zwar nur noch selten zitiert; dennoch gehört es zu den fortwirkenden Glaubenssätzen unserer sogenannten Wissensgesellschaft:

Die These ist: am Anfang der menschlichen Zivilisation habe die *Religion* gestanden. Auf sie folge eine in ihrer rationalen Form deutlich von ihr abgesetzte, ihr aber in den Inhalten angeblich noch stark verpflichtete *Metaphysik*, die dann im Gang von etwas mehr als zwei Jahrtausenden die *positiven Wissenschaften* aus sich entließ. Das Zeitalter der positiven Wissenschaften fällt mit dem der fortschreitenden Säkularisierung zusammen, in dem wir angeblich noch immer leben.

Mit dieser Konstruktion wird unterstellt, dass hier eine aufsteigende Entwicklung vorliegt, in der es zwar gelegentliche Ungleichzeitigkeiten und vielleicht auch Rückschritte geben kann, im Ganzen aber wird jede vorangehende Epoche durch das auf sie folgende Stadium sachlich überwunden. Mit dem Schritt in das

---

[5] Dargestellt in Punkt 8.

vorgeblich letzte Stadium, also in die Ära empirischer Wissenschaft werden Religion und Metaphysik ihr Ende finden.

Nichts ist besser widerlegt als dieser Dreitakt aus falschen Behauptungen: Die Religion hat nicht am Anfang gestanden. Die Metaphysik ist ihr nicht gefolgt, sondern mit ihr einhergegangen. Und die Wissenschaft kann, wenn wir die historische Gesamtlage in Betracht ziehen, weder ohne Religion noch ohne Metaphysik bestehen.

Heute sind die Religionen zahlreicher und mächtiger als je zuvor und üben (außer vielleicht im mittleren Nordwesten Europas) eine massenhafte Anziehung aus.[6] Doch das kann sich, gesetzt es kommt zu einem wachsenden Wohlstand der Weltbevölkerung sowie zur Eindämmung ihrer politischen, ökologischen und epidemischen Selbstgefährdung, mit der Zeit auch ändern.

Deshalb ist es von einigem Gewicht, zu wissen, dass bereits die historischen Prämissen von Comtes Gesetz unzutreffend sind: Es ist durch nichts erwiesen, dass die Religion der Metaphysik vorausgeht und ihr erst dann – nach langer Inkubationszeit – die Wissenschaft folgt. Zwar gibt es Anzeichen dafür, dass sich die neolithische Entwicklung der Menschheit im Medium ritueller und zeremonieller Praktiken, vermutlich mit einem hohen Anteil animistischer Deutungen, vollzogen hat.[7] Aber „Religionen" waren diese Prozesse affektiver und intellektueller Selbstformung, bei wachsender innerer Anteilnahme an der zunehmend auch symbolisch erschlossenen Welt, keineswegs!

Religionen, wie es sie heute gibt, haben ihre Form erst seit etwa vier- bis fünftausend Jahren. Sie sind ein Produkt der bereits

---

[6] Dazu Näheres vom Verf.: Säkularisierung: Eine historische Chance für den Glauben, in: Unerfüllte Moderne? Neue Perspektiven auf das Werk Charles Taylors, hrsg. von Michael Kühnlein und Matthias Lutz-Bachmann, Berlin 2011, S. 547–572. – Zum Folgenden siehe auch vom Verf.: Glauben und Wissen. Ein notwendiger Zusammenhang, Stuttgart 2016.

[7] Vgl. dazu das vielfältige natur- und kulturevolutionäre Material, das Robert N. Bellah in: Religion in Human Evolution (Cambridge/Mass. und London 2012) zusammengetragen hat.

durch rationale Techniken sowie durch ein die Zivilisationen in den großen Flusstälern des Nahen, Mittleren und Fernen Ostens arbeitsteilig ordnendes Wissen. Religionen kommen erst unter den Bedingungen der frühen menschheitlichen Zivilisationen auf und haben stets einen lehrhaften Bestand eines als sicher behaupteten Wissens. Sie werden von Propheten und Priestern verbreitet, die den Anspruch erheben, über verlässlichere Kenntnisse als die Menge zu verfügen. Und es ist immer auch das in ihren Institutionen verwaltete Wissen, das ihre Überlegenheit begründet. Die Schöpfungsgeschichte des Alten Testaments, aufgeladen mit dem Wissen der noch älteren Welt, wie es das Gilgamesch-Epos seit den Anfängen des 3. Jahrtausends bewahrt, ist ein den Juden, Christen und Moslems besonders nahes Beispiel.[8]

Die das alltägliche Wissen mit erhofftem höheren Wissen kompensierende Leistung religiöser Lehren setzt allemal ein umfänglich vermitteltes lebenspraktisches Wissen voraus, das in Medizin, Astronomie, Rechtspflege, Verwaltung, Handel und in den (die Kultur versichernden) Archiven alsbald disziplinär geordnet vorliegt.

Aber je reicher man an Wissen ist und je mehr man von ihm hat, umso deutlicher wird, dass es nicht reicht: Es ist das Wissen, das sich im Bewusstsein des Nicht-Wissens – des zum Leben und Sterben Nicht-genug-Wissens – niederschlägt und damit zunächst

---

[8] Als ein Beispiel für die dem Alten Testament vorangehende Tradition eines kulturell verarbeiteten Wissens verweise ich hier auf das Gilgamesch-Epos, das in der Geschichte der Sintflut eine technisch genauer ausgestaltete Vorlage für das staunenswerte Schicksal Noahs und seiner Familie gelesen werden kann. Die Sumerer, Babylonier und Assyrer wussten bekanntlich bereits viel über den Lauf der Gestirne, über die Angewiesenheit des Menschen auf die Geschichtlichkeit und Endlichkeit seiner Natur, über die von ihm zum Einsatz gebrachte Technik, aber auch über die Rolle der Scham und des Rechts. Doch dieses Wissen reichte zum Verständnis ihres Handelns, zum Umgang mit einander und zur Einstellung auf ihre eigene Sterblichkeit nicht aus. Der Mythos war somit die durch ihr Wissen (und durch ihr künstlerisches Können) ermöglichte und benötigte Kompensation dessen, was das Wissen an Orientierung nicht bot.

die Religionen, dann aber auch die Philosophie und ihre zentrale Disziplin, die Metaphysik, begünstigt – ohne dass je die geringste Gefahr (oder Chance) bestand, die Religion durch Metaphysik überflüssig zu machen. Auch daraus ergibt sich ein gravierender Einwand gegen das Drei-Stadien-Gesetz.

Ein weiterer, auf die Gegenwart bezogener Kritikpunkt kommt hinzu: Nie zuvor ist dem Menschen in solchem Umfang und in solcher Eindringlichkeit bewusst geworden, dass sich mit dem durch das Wachstum der Wissenschaften exponentiell ansteigenden Wissen das Bewusstsein des Nicht-Wissens nicht verliert! Im Gegenteil: Es nimmt explosionsartig zu und zieht neue Wissenschaften nach sich, mit denen sich die existenzielle Ratlosigkeit nur noch vergrößert.[9] Es kann als sicher gelten, dass auch das geballte Wissen aller Wissenschaften niemals ausreicht, um verlässlich zu handeln, in Sicherheit zu leben und in Ruhe zu sterben.

6. Vom Versagen des Wissens vor seinem eigenen Anspruch

Wie gewichtig die Rolle des Wissens in der Selbsteinschätzung der Religionsgründer noch in der vorantiken Alten Welt gewesen ist, belegen die in die Geschichte Hiobs eingeschobenen Reden eines jungen Mannes mit Namen Elihu (Hiob 32–37). Elihu trägt eine der Konvention verpflichtete Entschuldigung vor, dass er es, trotz seiner Jugend, wagt, nach den voranstehenden Reden hochgelehrter, an Erfahrungen wie an Jahren reicher Schriftgelehrter, nicht nur das Wort zu ergreifen, sondern ihnen auch zu widersprechen. Dabei beruft er sich auf nichts so sehr wie auf sein *Wissen*:

„Ich will mein Wissen weit herholen und meinem Schöpfer Recht verschaffen. Meine Reden sind wahrlich nicht falsch; vor dir [gemeint ist Hiob] steht einer, der es wirklich weiß." (Hiob 36,3–4)

---

[9] Wie das eindrucksvolle Beispiel der Psychoanalyse zeigt.

Wenig später fügt er, wenn nicht drohend, so doch ziemlich selbstbewusst hinzu:

„Hört mir zu: auch ich will mein Wissen kundtun." (Hiob 32,10)

Was ist mit „Wissen" gemeint? Was bedeutet die Bekräftigung durch den Zusatz „wirklich"? Elihu beansprucht das *bessere* Wissen! Er weiß es besser als Hiob – und das allein deshalb, weil er den für ihn offenkundigen Tatbestand anerkennt, dass der Mensch, im Vergleich zu Gott, gar nichts weiß! (Hiob 37,15–16) Das „wirkliche Wissen" ist eines, das von seinen Grenzen weiß – und, so füge ich hinzu: von seiner *Fundierung durch den* Glauben weiß.[10]

Elihu also geht, wie er es auch seinen Vorrednern unterstellt, vom Wissen aus. Aber seine Reden sind eine nicht zu überbietende Apologie des Glaubens, die eigentlich alles von dem vorweg nimmt, was wir später von Paulus, von Augustinus oder von den großen Mystikern kennen, die uns, aus gegebenem Anlass, vornehmlich an Luther erinnern.

7. Luthers Konzentration auf den Glauben

Als auffällig begabter und überdurchschnittlich gelehrter Augustiner-Mönch geht Martin Luther natürlich von seinem aus den Schriften gewonnenen Wissen aus. Hinzu kommen die Erfahrungen, die er in seinem mitteldeutschen Umfeld und bei seinem Rom-Aufenthalt gemacht hat. Sie schlagen sich in Einsichten nieder, die er in seinen Texten in der Form kritisch exponierten Wissens zum Ausdruck bringt und die für ihn sein Leben lang bestimmend sind. Allein zehn seiner Thesen von 1517 beginnen mit der Aufforderung: „Man muss die Christen lehren …"[11]

---

[10] Dazu: Volker GERHARDT, Glauben und Wissen. Ein notwendiger Zusammenhang, Stuttgart 2016.

[11] Martin LUTHER, Disputation zur Erläuterung der Kraft des Ablasses (95 Thesen), 42 bis 51, vgl. Martin Luther, Ausgewählte Schriften, 6 Bde.,

Bedenken wir nur den Aufwand an Gelehrsamkeit, der es Luther ermöglicht, in kurzer Zeit das Neue wie später auch das Alte Testament in eine Sprache zu übersetzen, die er damit zugleich schuf! Stellen wir uns vor, welchen Wert Luther auf die kooperative Form des kommunikativ geprüften Wissens legt, wenn er es in der Fortsetzung der Übersetzungsarbeit in Wittenberg für unverzichtbar hält, sich über Jahre hinweg Woche für Woche mit seinen gelehrten Mitarbeitern zu treffen, um den gemeinten Sinn der Schrift zu ermitteln. Warum hätte er diesen Aufwand treiben sollen, wenn es ihm nicht ein gleichermaßen theologisches, pädagogisches und zugleich höchst persönliches Anliegen gewesen wäre, jeden der deutschen Sprache mächtigen Hörer und Leser instand zu setzen, *wissen* zu können, was in der Schrift geschrieben steht? *Bildung* wird hier als eine Voraussetzung des Glaubens angesehen, der dadurch *allen* möglich sein soll.[12] Die Übersetzung der Bibel ist ein elementarer Akt der Aufklärung, der auf den Erfolg des Wissenstransfers setzt.

Damit sind der hohe Rang des *eigenen Urteils* und des *nachprüfbaren Wissens* betont, ohne die sich der Glauben eines Christenmenschen gar nicht festigen kann. Luthers Empörung gegen den Missbrauch des Wissens für vorgeschobene Zwecke eines Glaubens, der lediglich politische Absichten oder persönliche Vorteilsnahme verbrämt, bringt ihn zu keiner Zeit in Versuchung, für einen *Glauben ohne Wissen* zu plädieren! Was sollte das auch sein?

Zwar ist es richtig, dass in den vier Maximen der reformatorischen Theologie die *individuellen Imperative des Glaubens* am Anfang stehen: *Solus Christus*, *sola gratia* und *sola fide* gehen voran,

---

hrsg. von Karin Bornkamm und Gerhard Ebeling, Bd. 1, Frankfurt a. M. 1982, S. 31 f.
[12] Melanchthon setzt Glauben mit Vertrauen (fiducia) gleich. Dennoch betreibt er im Einvernehmen mit Luther die auf Wissen gegründete Bildung (humanitas). Sie wird zum Programm, dessen Erfüllung durch den Buchdruck sowie durch Schul- und Universitätsgründungen in greifbare Nähe gerückt scheint. Gleichwohl etablierte sich der Glauben als eine separate geistige Macht nicht nur in den Enklaven der europäischen Kultur.

weil sie den Vorrang der persönlichen Botschaft mit der Verheißung einer Erlösung von der individuellen Schuld zum Ausdruck
bringen. Doch die drei Prinzipien des *Heils*, der *Rechtfertigung*
und der *Gnade* haben ihren *Erkenntnis-* und *Wissensgrund* in der
biblischen Überlieferung.

Also legt der vierte Grundsatz – *sola scriptura* – das *epistemische Fundament*. Nur in der *Schrift* finden sich die von Luther
exponierten „Zeichen", auf die man sich verstehen muss, wenn
man zum rechten Glauben gelangen will. Den Anfang macht auch
hier das *Wissen*.

Dazu gehört, sowohl die Narration wie auch die Mittel, derer
sie sich bedient, lediglich *als Zeichen* zu begreifen! Wer den Fehler
macht, sie selbst anzubeten, wie Luther es seinen Widersachern in
Rom zum Vorwurf macht, betreibt die „Abgötterei", vor der sich
der Gläubige zu hüten hat.[13]

Wie aber soll das dem Gläubigen möglich sein, solange er über
keine *Kenntnis* des Wortsinns, keine *Einsicht* in die eigenen Le-
bensumstände und über keinen ihn mit anderen verbindenden
und ihn selbst versichernden (intelligiblen) *Eindruck* von der
umgebenden Welt verfügt? Um davon auch nur eine ungefähre
Vorstellung haben zu können, braucht er als Mensch eine Fähigkeit, die schon zu Luthers Zeiten unter dem deutschen Titel der
„Vernunft" in Umlauf ist.

Und so ist es auch nach Luthers Verständnis die *Vernunft*, die
zum Glauben gehört. Sein positives Urteil über die Vernunft muss
uns daher gar nicht wundern:

„Und in der Tat ist es wahr, dass die Vernunft die Hauptsache von allem
ist, das Beste im Vergleich mit den übrigen Dingen dieses Lebens und
[geradezu] etwas Göttliches."[14]

---

[13] So in Martin LUTHERS 3. und 4. Predigt nach Invokavit in Wittenberg
am 11. und 12. März 1522, vgl. Ausgewählte Schriften (wie Anm. 11), Bd. 1
(1982), S. 281–186.

[14] Martin LUTHER, Disputatio de homine (1536), dt. in: Ausgewählte
Schriften (wie Anm. 11), Bd. 2 (1982), S. 294.

Erst vor diesem Hintergrund gewinnt Luthers theologische Priorisierung des Glaubens ihr Gewicht. Das Wissen ist unerlässlich, aber es reicht unter keinen Umständen aus, um den Menschen Gott nahe zu bringen, und schon gar nicht, um den Einzelnen hoffen zu lassen, er könne im Ganzen bestehen und somit vor dem Höchsten derart gerechtfertigt sein, dass er auf dessen Gnade hoffen darf.

8. Die neuzeitliche Selbstgefährdung des Menschen

Setzen wir, in aller Kürze, hinzu, was mit und nach Luther geschieht: Wir haben einen Reformator, der sich gegen seinen Willen genötigt sieht, selbst zum Kirchengründer zu werden. Ihm bleibt nichts anderes übrig, als dem Glauben selbst ein *institutionelles Fundament* zu geben, das alle Gefahren wieder aufleben lässt, gegen die er in seiner Kritik am römischen Katholizismus angegangen ist. Die nachfolgenden Glaubenskriege, in denen die Lutheraner und die Reformierten kaum weniger Schuld auf sich laden als ihre religiösen Gegner, haben die politische Neutralisierung des Glaubens zu einer Selbsterhaltungsfrage des neuzeitlichen Staates gemacht. Damit war die Politik genötigt, das Wissen mit dem daran geknüpften Allgemeinheitsanspruch zur rechtlichen Grundlage ihres Handelns zu erklären.

Was man darüber hinaus an allgemein menschlichen Verbindlichkeiten benötigte, bahnte sich schon wenige Jahre nach Luthers Tod in der (erstmals von dem Dominikanermönch Las Casas gebrauchten) Formel von den „Rechten der Menschen" an.[15] Und noch zu Luthers Zeiten gewann das von Paulus nicht nur propagierte, sondern auch praktizierte Toleranzgebot in der von Religionsstreitigkeiten zerrissenen Schweiz einen geschärften politischen Sinn, ehe es von den neuenglischen Siedlern mit einem auf

---

[15] Vgl. dazu Henning OTTMANN, Geschichte des politischen Denkens, Stuttgart/Weimar 2006, Bd. 3,1, S. 116.

Europa zurückwirkenden Anspruch versehen wurde.[16] Das, was sich im politischen Widerstreit nicht durch Wissen beheben ließ, musste durch eine Form säkularer Überzeugung in den Anspruch unbedingter Lebenssicherung des Einzelnen, seines Glücks, seiner Freiheit und einer darin begründeten Gleichheit übersetzt und verbindlich gemacht werden. Das gelang unter dem Titel des Menschenrechts keineswegs nur in der Theorie, sondern auch in einigen, wenn auch regional begrenzten Bereichen politischer Praxis.

Damit war ein Feld elementarer politischer Überzeugungen abgesteckt, auf dem sich der Mensch im Bewusstsein seiner unantastbaren Würde und im Vertrauen auf eine das geltende Recht, die Mitwirkung aller und die Gewaltenteilung sichernden Verfassung als politisch handlungsfähig begreifen konnte. In bewusster Anknüpfung an ältere republikanische Traditionen, aber mit neuen institutionellen Mitteln, unter formeller Anerkennung parlamentarischer Repräsentation, der Zulässigkeit der Opposition und des gleichen Stimmrechts für alle Bürger, wurde ein politisches Terrain abgesteckt, das es dem Menschen erlaubte, allein im Vertrauen auf seine eigenen humanen Kräfte die Welt als Ganze zum selbst verantworteten Gegenstand eines vernunftgeleiteten Handelns zu machen.

Von dieser Idee, die bereits gegen Ende des 18. Jahrhunderts ausgebildet und in Deklarationen verkündet war, leben wir, trotz zweier Weltkriege, trotz größter humaner Katastrophen, angesichts atomarer, ökologischer und terroristischer Selbstgefährdung – bis heute. Und die Hoffnung ist, die technisch und rechtlich bereits in großen Teilen aufgebaute Weltordnung werde wenigstens in der Lage sein, nicht nur die Selbstvernichtung der Menschheit zu verhindern, sondern sogar Schritt für Schritt einen zunehmend auch

---

[16] Schon Luther sagt: „Man sollte die Ketzer mit Schriften, nicht mit Feuer überwinden." Vor Luther hatte Johannes Reuchlin in seinem 1511 erschienenen Buch „Augenspiegel" seinen Ratschlag zur Toleranz gemacht. Erinnert sei an das Verfahren gegen den Antitrinitarier Michael Servet in Genf, vor allem aber an Sebastian CASTELLIO, De haereticis, an sint persequendi, Basel 1554.

regional gesicherten politischen Frieden mit weltweit geltenden Grundrechten und einer kooperativen Sorge um die Erhaltung eines menschenwürdigen Lebens möglich machen.

9. Pragmatischer und moralischer Glauben

In groben Zügen ist das der in allen aufgeklärten politischen Reden beschworene *pragmatische Glauben* an den Erfolg der Handlungsfähigkeit des Menschen. Ihm liegt ein moralischer Glauben des Menschen an die Würde eines jeden Einzelnen zugrunde. Beide Formen dieses säkularen Glaubens, in dessen Geist inzwischen sogar Naturwissenschaften ihr Vokabular verändern,[17] gehen aus einer Vielfalt von Erwartungen und Überzeugungen hervor, die sich bis weit in die Geschichte des Denkens in verschiedenen Kulturen zurückführen lassen. Dass dabei auch zahlreiche religiöse Impulse eine zum Teil nicht unerhebliche Rolle spielen, ist offenkundig. Doch es wäre falsch, sie insgesamt als Säkularisat eines religiösen Glaubens an eine göttliche Macht zu deuten.[18] Hier liegt das prinzipielle Missverständnis aller „politischen Theologie" nach dem Modell von Carl Schmitt oder Leo Strauss.

---

[17] Der Name des mit der Erfindung der Dampfmaschine neu datierten geophysikalischen Erdzeitalters soll in Kürze unter dem Titel des *Anthropozän* firmieren. In dieser bis auf etwa zehn- bis fünfzehntausend Jahre voraus berechneten erdgeschichtlichen Epoche ist die globale Handlungsfähigkeit des Menschen nach Art einer naturwissenschaftlichen Wirkungsgröße einkalkuliert. Auch die Meteorologen setzten in der Diagnose wie in den Vorschlägen zur Bekämpfung der Klimakatastrophe die Menschheit nach dem Modell eines kollektiven Handlungssubjekts voraus. Vgl. dazu Volker GERHARDT, Die Menschheit in der Person eines jeden Menschen. Zur Theorie der Humanität, in: Jahrbuch politisches Denken 2014, Berlin 2015, S. 21–45; DERS., Glauben und Wissen. Ein notwendiger Zusammenhang, Stuttgart 2016.

[18] So geschieht es nicht nur in allen Varianten der sogenannten politischen Theologie, sondern bevorzugt auch durch Soziologen in der Folge Emile Durkheims.

Man muss vielmehr wissen, dass es immer schon eine Vielfalt an persönlichen, gesellschaftlichen und politischen Motiven gegeben hat, die seit Jahrtausenden zunehmend unabhängig von religiösen Themen und Motiven wirksam waren. Sie wirken, wie wir tagtäglich beobachten können, fort, haben sich zum Teil jedoch von ihrer Zentrierung auf familiäre, ständische, ethnische, nationale, militärische oder einfach auch heroische Antriebskräfte gelöst. Stattdessen konnten sie sich, wie uns die Freizeit- und Kulturindustrie, aber auch das technische und wissenschaftliche Interesse beweisen, zahlreiche neue Selbstbehauptungsfelder erobern. Davon ist die Politik nicht unberührt geblieben. Sie ist, von der allgemeinen humanitären Hilfsbereitschaft abgesehen, und in Anerkennung der Tatsache, dass politisches Handeln die Entstehung von Oppositionen jederzeit begünstigt, sogar der bevorzugte Bereich für Aktivitäten geworden, die auf den menschheitlichen Zusammenhang der Individuen gerichtet sind.

Also können wir von einer Transformation einer Pluralität menschlicher Ziele in einen *humanitären Kontext* sprechen. Unter den Bedingungen einer zunehmend als real erfahrenen Weltgesellschaft nehmen sie die Form eines Glaubens an die Unabdingbarkeit humaner Prämissen an. Hier finden sie ihren Niederschlag in der Überzeugung, dass die Menschenrechte unaufkündbar sind. Und da man sie nicht in der Form des empirisch gesicherten oder logisch deduzierten Wissens zu praktischer Geltung bringen kann, muss man sie als Norm oder Wert ins politische Handeln einbinden. Das kann, wenn überhaupt, nur gelingen, wenn man von ihrer Unverzichtbarkeit überzeugt ist. Und das heißt: Wenn man an sie *glaubt*.

Das kann umso leichter zugegeben werden, je stärker der Glauben von seiner primär auf die Region des Göttlichen bezogenen Bedeutung entlastet ist. Er kann zwar vielfältige Färbungen annehmen und sich auf so gut wie alles beziehen, wo das Wissen nicht ausreicht, um mit der Selbstgewissheit der ganzen Person auftreten und handeln zu können. Aber in seiner Suche nach dem Göttlichen verbindet sich die Ausrichtung auf das Ganze der Welt mit dem existenziellen Ernst der ganzen *Person*. Und damit ist der Punkt erreicht, an dem ich über Kants epochale kritische Leistung sprechen könnte.[19]

Doch ich will mich, wie angekündigt, noch einmal auf den Impuls beziehen, den Paulus in aller Klarheit formuliert, der die europäische Mystik beseelt und der in Luthers Reformation zu geschichtlicher Wirksamkeit gekommen ist: Es geht um die Entlastung des Glaubens von unzulässigen Ansprüchen des Wissens. Nur im Glauben gibt es einen genuinen Gottesbezug, der dem Wissen sein Recht und der Politik ihre Macht zugesteht, aber in der Gewissheit der Anwesenheit Gottes die Autonomie des sich existenziell begreifenden Individuums begründet. In ihr können dem Individuum alle politischen Freiheiten zugestanden werden, sofern ihm in seinem Bekenntnis, vornehmlich in den Fragen des Heils und der Erlösung, keine Beschränkungen auferlegt werden. Dazu kann ich abschließend nur eine Andeutung machen.

10. Religiöser Glaube als Abschluss aller Intentionen des Wissens

Schon die christliche Botschaft lässt sich als die Befreiung von den politischen Zwängen ansehen, in die das Religiöse im altorientalischen Raum bis zur Zeitenwende befangen war. In Athen und Rom gelingt es zwar schon in den vorangehenden Jahrhunderten, die Tempeldienste in den Dienst der Politik zu stellen. Aber erst durch die Lehre des Evangeliums kommt es zu der welthistorischen Wende, ohne prinzipielle Abkehr von der Politik, die im Glauben eröffnete Unabhängigkeit des Individuums von äußeren

---

[19] Hier erinnere ich an die ursprüngliche Absicht des Vortrags. Inzwischen kann ich auf die Abhandlung „Politik und Religion" bei Kant verweisen, die in dem von Oliver Hidalgo und Christian Polke herausgegebenen Sammelband *Religion und Politik in der Geschichte des Denkens*, der 2017 erscheinen wird.

Gewalten überhaupt zu verkünden.[20] Dabei wird niemandem untersagt, in der Welt die Aufgaben zu erfüllen, für die er sich als geeignet ansieht. Die Tätigkeiten sollten nur den Grundsätzen, die in der Bergpredigt dargelegt werden, nicht widersprechen.

Paulus hat das verstanden und eindrucksvoll vertieft, so dass man in seiner Folge manchen anderen Theologen nennen könnte, der hier das weltliche Wissen mit hinreichender Deutlichkeit vom Glauben an den göttlichen Grund getrennt hat. Neben Augustinus und Meister Eckhart läge mir persönlich daran, die epistemische Klärung hervorzuheben, die wir Nikolaus von Kues verdanken und die, wie wir erst seit kurzem wissen, nachhaltig auf den tief religiösen, aber von allen kirchlichen Rücksichten freien Michel de Montaigne gewirkt hat.[21]

Doch Luther nimmt in dieser Tradition allein deshalb einen besonderen Platz ein, weil er sich mit einzigartiger theologischer Konsequenz und mit den bekannten politischen Folgen vom institutionalisierten Wissensanspruch der römischen Kirche abkehrt und in dieser Abgrenzung die Reinheit des religiösen Glaubens verteidigt. Die Abkehr ist als politisches Fanal verstanden worden und hat – nicht nur in Verbindung mit dem neuen Medium des mechanischen Buchdrucks – mit globalen Effekten gewirkt. Wir müssen sehen, dass hier ein Individuum mit der Radikalität seines existenziellen Einsatzes den Mut und die Kraft aufbringt, eine Lebensform zu ändern, sodass sein bloßes Dasein als ein exemplarischer Akt epochaler Befreiung begriffen werden kann. Nehmen wir die radikalen Flugschriften seiner Zeit, die natürlich immer auch spezifische Interessen der Bauern, des Handwerks, des niederen Adels, des städtischen Bürgertums oder einzelner

---

[20] Dazu vom Verfasser: Die zeitlose Modernität des Christentums, in: Das Christentum hat ein Darstellungsproblem. Zur Krise religiöser Ausdrucksformen im 21. Jahrhundert, hrsg. von Tobias Braune-Krickau, Katharina Scholl und Peter Schütz, Freiburg i. Br. 2016, S. 76–116.

[21] Vgl. Charlotte Bretschneider, Montaignes exemplarische Ethik. Auf dem Weg zur Konzeption des souveränen Individuums, Paderborn 2015.

Landsmannschaften zu vertreten suchen, dann ist Luther schon kurz nach 1517 so verstanden worden.

Das gilt zweifelsfrei auch für die Person des Reformators. Luther selbst hat seinen nicht nur der Familie rätselhaft erscheinenden Entschluss, Mönch zu werden, im Rückblick auf sein Erlebnis am 2. Juli 1505 auf dem Rückweg von Mansfeld nach Erfurt als Entscheidung nach Art einer „Grenzsituation" geschildert.[22] Aus Erfahrungen wie diesen haben dann erst die Romantiker des 19. und die Existenzphilosophen des 20. Jahrhunderts eine auf die Lebenspraxis durchschlagende These gemacht. Die Zwangsläufigkeit seiner Wandlung vom Kritiker zum Reformator hat Luther offenbar gar nicht anders schildern können, als durch eine Folge solcher „Grenzsituationen" der „Erleuchtung" in seinem Arbeitszimmer im Südturm des Wittenberger Augustinerklosters,[23] des fabulösen „Thesenanschlags" in Wittenberg am 31. Oktober 1517 oder in der Nacht vom 17. auf den 18. April 1521 in Worms, die er sich als Bedenkzeit für den dann nicht erfolgten Widerruf erbeten hatte.

Schon das Reichstagspublikum hat den in dieser Nacht erfolgten Sprung vom vorgeladenen Angeklagten zum unbeugsamen Ankläger als Fanal verstanden, das selbst den jungen Kaiser so beeindruckt hat, dass er sich in der darauf folgenden Nacht zur Niederschrift seiner höchst persönlichen Gegnerschaft genötigt sieht. Luthers „Hier stehe ich und kann nicht anders" und Karls dagegen gesetztes Bekenntnis zur mehr als tausendjährigen Überlieferung der Christenheit – mit der Erklärung dafür „zu leben und zu sterben" bereit zu sein – sind Exempel einer existenziellen

---

[22] Zum Folgenden siehe eindrucksvoll: Heinz SCHILLING, Martin Luther. Rebell in einer Zeit des Umbruchs, München ³2014.

[23] Manche datieren dieses Erlebnis auf die Jahre 1511 bis 1513, andere auf die Zeit um 1515 oder um 1518, wieder andere nehmen eine allmähliche Entwicklung der reformatorischen Wende an. Wichtig ist mir hier, dass solche dramatischen Ereignisse für Luther selbst von höchster Bedeutung waren.

Ergriffenheit, die uns gerade auch nach den daraus bis heute erwachsenen Kämpfen bis ins Innerste berühren.[24]

Die neuromantische Luther-Begeisterung des 19. Jahrhunderts ist für das Drama dieser Ereignisse besonders empfänglich gewesen. Hätte Richard Wagner sein Vorhaben, eine Oper über *Luthers Hochzeit* auf die Bühne zu bringen, realisiert, könnten wir uns im Jubiläumsjahr des Thesenanschlags ein „Gesamtkunstwerk" vorführen lassen, das der bis in die Alltagsgeschichte reichenden Revolutionsversessenheit unserer Erlebniswelt vermutlich auf betörende Weise entgegenkäme.

Den philosophisch-theologischen Kern solchen Erlebens bezeichnet Luther mit eindringlicher Schärfe: Am 9. März 1522 verlässt Luther ohne Erlaubnis des Kurfürsten sein Versteck auf der Wartburg und tritt in Wittenberg erstmals wieder öffentlich auf. Es geschieht in einer Reihe Tag für Tag gehaltener Predigten mit bedeutsamen Einsichten in den individuellen Charakter des Glaubens, der ganz und gar auf das eigene Erleben gegründet ist. Die oben erwähnte Unterscheidung, zwischen den „Zeichen" die man für sich selber braucht, aber selbst nicht schon für das Göttliche selbst halten darf, ist dieser ersten Folge von „Predigten nach Invokavit" entnommen.

Nicht nur für den erstmals aus der Monate langen Schutzhaft heraustretenden Mönch ist das ein Epoche machender Auftritt. Wenn man den Berichten trauen darf, haben auch die Bewohner Wittenbergs das Unerhörte des Augenblicks so empfunden. Aber womit beginnt Luther? Nicht mit den großen, von ihm ausgelösten Vorgängen in der Welt, nicht mit dem kirchenpolitischen Chaos in Wittenberg oder den politischen Vorgängen im Reich, sondern – ohne Ankündigung und ohne Vorspruch – mit der *Einsamkeit des Sterbens*, mit Worten also, die uns schlagartig vor Augen führen, dass hier alles *Wissen* seine Bedeutung verliert und nur noch dem *Glauben* Bedeutung zukommen kann:

---

[24] Dazu Schilling, Martin Luther (wie Anm. 22), S. 221 ff.

„Wir sind allesamt zu dem Tod gefordert, und keiner wird für den andern sterben, sondern jeder in eigener Person für sich mit dem Tod kämpfen. In die Ohren können wir wohl schreien, aber ein jeder muss für sich selbst geschickt sein in der Zeit des Todes. Ich werde dann nicht bei dir sein noch du bei mir. Hierin muss jedermann die Hauptstücke, die einen Christen angehen, genau wissen und gerüstet sein."[25]

Deutlicher kann nicht gesagt werden, worauf es im Glauben an denjenigen, der allein am Kreuz gestorben ist, ankommt. Hier ist das Wissen an eine unüberschreitbare Grenze gelangt, und uns bleibt nichts als der Glauben, der ein Glauben nicht mehr an den so oder so angenommenen Lauf der Dinge, auch nicht bloß ein *pragmatischer* oder *moralischer Glauben* an die *Menschheit* oder die *eigene Würde* ist, sondern ein *Glauben an den Sinn im Ganzen des Daseins*, dem man auch im Sterben zugehört, indem man nicht davon ablässt, selbst noch in diesem letzten Akt des Lebens einen Sinn anzunehmen, der *alles in allem* trägt.

Dieser Glauben setzt Wissen nicht nur als historische und individuelle Grundverfassung des Bewusstseins voraus; er verlangt immer wieder auch die Prüfung der Reichweite und Tragfähigkeit der Kenntnisse. Er ist somit auf die fortgesetzte Anwesenheit des Wissens angewiesen. Doch es genügt ihm nicht, sobald er sich zum Handeln herausgefordert sieht, sobald er Verantwortung zu tragen sucht und sich durch das Bewusstsein seiner Sterblichkeit weder vom Ernst seiner Lebensführung noch von der Hoffnung auf eine sein Dasein überschreitende Wirksamkeit abbringen lässt. Es ist, um es kurz zu sagen, das Wissen, dass den Glauben fordert, ohne je die Erwartung begründen zu können, ihn eines Tages durch bloßes Wissen ersetzen zu können.

In dieser vorgängigen Bindung an ein Wissen, das den Glauben bereits fordert, wenn es als bloßes Wissen zum Einsatz kommen

---

[25] Martin LUTHER, Erste Predigt Sonntag Invokavit am 9. März 1522, vgl. Ausgewählte Schriften (wie Am. 11) , Bd. 1, Frankfurt a. M. 1982, S. 271.

soll, also in der Einsicht, dass der Glauben nicht erst dort nötig ist, wo das Wissen an seine Grenzen gelangt, sondern vielmehr schon dort, wo wir überhaupt auf das Wissen vertrauen, ist es unmöglich, den Glauben vom Wissen freizustellen. Er bleibt somit an die Differenziertheit der Welt wie auch an die konstitutive Unterscheidung zwischen Ich und Welt gebunden, so sehr das Ich zur Welt gehört. Also kann das Göttliche, auf das der Glauben seine Hoffnung richtet, nicht mit einer unterschiedslosen Einheit von Person und Welt identisch sein. Denn der Glauben, mit dem sich eine Person als Ganze in die Bresche des Nicht-Wissens wirft, kann nur in etwas seine Ruhe finden, das ihm *als Ganzes gegenüber* steht – und zu dem die Person nur in ihrer Eigenständigkeit gehören kann.

Religion und Individualisierung

Kulturelle Wirkungen des Protestantismus

Detlef Pollack

Die Besinnung auf die geschichtlichen Wurzeln der westlichen Moderne ist immer wieder erforderlich, um unsere Gegenwart zu verstehen. Zugleich tragen wir in unsere Beschäftigung mit der Vergangenheit kategoriale Gegenwartsanliegen unausweichlich mit hinein. Gerade wenn es um die Identifikation langfristiger Wirkungen und Zusammenhänge geht, wäre es naiv, einfach von den beobachtbaren Phänomenen ausgehen zu wollen. Wir wüssten gar nicht, auf welche Entwicklungslinien in der unübersichtlichen Mannigfaltigkeit historischer Aufbrüche, Abbrüche und Umbrüche wir uns konzentrieren sollten, wenn uns nicht klar wäre, nach welchen Langfristwirkungen und Kontinuitäten wir suchen. Unsere theoretischen Vorannahmen legen fest, was wir historisch zu sehen bekommen und was nicht. Es ist daher notwendig, die theoretischen Leitunterscheidungen, die wissenschaftlichen Interessengesichtspunkte und Fragestellungen, die unserer Analyse die Richtung geben, offenzulegen.

Was die hier anzustellenden Überlegungen leitet, das ist das Interesse an der Frage nach dem Beitrag von Reformation und Protestantismus für die Heraufkunft der modernen Welt. Auch wenn der Schwerpunkt der Analyse auf dem Verhältnis von Religion und Individualisierung liegt, soll diese Analyse doch in die Behandlung der übergreifenden Frage nach den religiösen Ursprüngen der Moderne eingebettet werden. Ist die Reformation mit ihrer zivilisierten Streit- und Konfliktkultur, mit ihrem Bestehen auf der

Autonomie des gläubigen Subjekts, mit ihrer Bestreitung des Primats des römischen Papstes und ihrer Betonung des Priestertums aller Gläubigen als „Musterbuch der Moderne" zu lesen? Oder muss man ihre Bedeutung geringer einschätzen und religiöse Ursprünge der Moderne bereits vor ihr ansetzen oder nach ihr oder überhaupt bestreiten? Die Frage nach der Bedeutung des Protestantismus für die Entstehung der modernen Welt hat die Klassiker der Soziologie, allen voran Max Weber und Ernst Troeltsch, ebenso beschäftigt wie Soziologen der Gegenwart, etwa Steve Bruce, David Martin oder Peter L. Berger. Will man sie behandeln, ist es zunächst erforderlich, einen Begriff von Moderne zu entwickeln. Die Klassiker haben das nicht anders gehalten. Sowohl Weber als auch Troeltsch haben ihren genealogischen Untersuchungen zur Herausbildung der Kultur des Kapitalismus und des Rationalismus eine Bestimmung dessen, was die Moderne ausmacht und von der Vormoderne unterscheidet, vorangestellt. Das *Explanandum* – die Moderne – muss klar definiert sein, um das *Explanans* – also die Bestimmungsgründe der Moderne – ausfindig machen zu können. Oder wie Ernst Troeltsch es formuliert hat: Erst die genauere Bestimmung des Begriffs der modernen Welt wird uns „die Fragen an die Hand geben […], welche wir an den Protestantismus als einen der Väter der modernen Kultur zu stellen haben"[1].

Unter Aufnahme von Arbeiten Niklas Luhmanns, Pierre Bourdieus, Ulrich Becks, Uwe Schimanks und anderer werden hier zur Kennzeichnung moderner Gesellschaften drei Merkmale vorgeschlagen: funktionale Differenzierung, Individualisierung sowie die Einrichtung von sozialen Wettbewerbsarenen. Individualisierung, um die es hier vor allem geht, ist also als ein Kennzeichen der Moderne unter anderen gefasst und muss daher unter steter Bezugnahme auf die anderen beiden Charakteristika der Moderne analysiert werden.

---

[1] Ernst Troeltsch, Die Bedeutung des Protestantismus für die Entstehung der modernen Welt, München, Berlin 1911, S. 8.

Funktionale Differenzierung[2] meint die Ausdifferenzierung unterschiedlicher gesellschaftlicher Bereiche wie Recht, Wirtschaft, Politik, Wissenschaft oder Religion, die unterschiedlichen Funktionslogiken, Semantiken und Leitunterscheidungen folgen. Während vormoderne Gesellschaften, etwa das lateinische Christentum des Mittelalters, hierarchisch gegliedert waren und auf eine Spitze zuliefen, die das Ganze der Gesellschaft zu repräsentieren vermochte, zeichnen sich moderne Gesellschaften durch eine polyzentrische Differenzierungsform aus, in der verschiedene gesellschaftliche Bereiche relativ selbständig nebeneinander stehen und durch Austauschbeziehungen aufeinander bezogen sind, eine gesamtgesellschaftlich verbindliche Interpretation der Gesamtgesellschaft jedoch ausgeschlossen ist.

Individualisierung ist ein Seitenaspekt funktionaler Differenzierung, insofern als in funktional differenzierten Gesellschaften der soziale Ort des Individuums durch die Ordnung der Gesellschaft nicht mehr ein für alle Mal vorgegeben ist. Vielmehr kann der Einzelne aufgrund seiner Verflechtung in unterschiedliche Bereiche der Gesellschaft die Rollen, die er in den verschiedenen Gesellschaftssphären spielt und damit seine Stellung in der Gesellschaft, stärker mitbestimmen. Unter Individualisierung ist mithin zu verstehen, dass der Einzelne sein Leben mehr und mehr selbst zu beeinflussen vermag. Er kann sich aus vorgegebenen Sozialformen wie Stand und Klasse oder Milieu und kommunaler Gemeinschaft zunehmend herauslösen, zu kulturell codierten Wertvorstellungen und Diskursen auf Distanz gehen und ist auch von Obrigkeit und Staat nicht mehr so abhängig wie früher. Individualisierung meint selbstverständlich nicht, dass das Individuum freikommt von der Gesellschaft, wohl aber, dass die Beziehung zwischen Individuum und Staat nicht mehr eine direkte, sondern eine vielfältig vermittelte ist – vermittelt durch Schul- und Ausbildungsangebote, durch

---

[2] Zu den hier vorausgesetzten modernitätstheoretischen Bestimmungen vgl. Detlef POLLACK, Modernisierungstheorie – revised: Entwurf einer Theorie moderner Gesellschaften, in: Zeitschrift für Soziologie 45 (2016), S. 219–240.

den Arbeitsmarkt, sozialstaatliche Einrichtungen, durch Öffentlichkeit und Medien; mit der Konsequenz, dass der Einzelne alle gesellschaftlichen Strukturen und Ereignisse zwar auf sich bezieht und sich und seine Bedürfnisse zum Maßstab ihrer Beurteilung macht, aber keine Personen, auch nicht privilegierte Eliten, ihre Ansprüche unvermittelt in der Gesellschaft durchsetzen können.

Mit der Einrichtung von Wettbewerbsforen ist gemeint, dass sich in einzelnen gesellschaftlichen Bereichen Märkte herausbilden, auf denen konkurrierende Leistungsanbieter um Akzeptanz ringen. Angebote können stets von besseren Angeboten überholt werden. Von den Wettbewerbsforen in Wirtschaft, Politik, Wissenschaft, Kunst geht eine Wandlungsdynamik aus, die nicht auf ein letztes Ziel zustrebt, sondern prinzipiell ergebnisoffen ist. In der Anwendung moderner Praktiken auf sich selbst liegt das reflexive, selbstkritische Konstitutionsprinzip der Moderne. Voraussetzung der Entstehung moderner Wettbewerbsforen ist die Einrichtung von rechtsstaatlich abgesicherten fairen Wettbewerbsbedingungen. Nur wenn derartige rechtliche Rahmenbedingungen gewährleistet sind, kann sich die Konkurrenz zwischen unterschiedlichen Leistungsanbietern entfalten. Die Pluralisierung der Angebotsstrukturen hat dann wiederum einen Einfluss auf die Prozesse der Individualisierung, denn mit der Verbreiterung der Angebote steigen auch die individuellen Wahlmöglichkeiten.

Wie lässt sich dieses anhand von modernisierungstheoretischen Überlegungen gewonnene heuristische Raster auf die Reformation und ihre Nah- und Fernwirkungen anwenden? Hat der Protestantismus auf die Herausbildung der Moderne einen Einfluss ausgeübt, und wenn ja, welchen? Setzte die Reformation für die Prozesse der funktionalen Differenzierung, der Individualisierung sowie der Errichtung von Wettbewerbsarenen neue Akzente?

Von der Reformation bis heute lassen sich drei herausgehobene Individualisierungsschübe ausmachen, jeweils unterbrochen von retardierenden oder sogar von gegenläufigen Entwicklungstendenzen. Einen ersten Individualisierungsschub bildete die frühe Epoche der Reformation selbst, in der ein *theonomer Individualis-*

mus entstand. Der Individualisierungsschub der evangelischen Bewegung zu Beginn des 16. Jahrhunderts wurde abgelöst durch das sogenannte Konfessionelle Zeitalter, in dem die Objektivität dogmatischer Lehrinhalte stärker in den Vordergrund trat. Vorbereitet durch Pietismus, Aufklärungsphilosophie und eine mystisch-spiritualistische Traditionslinie im literarischen Untergrund folgte auf das Konfessionelle Zeitalter ein zweiter Individualisierungsschub im ausgehenden 18. Jahrhundert, in dem die Vorstellung des *autonomen Individuums* eine zentrale Stellung gewann. Ein dritter Individualisierungsschub lässt sich in der zweiten Hälfte des 20. Jahrhunderts, insbesondere in den langen 1960er-Jahren, beobachten, in denen sich ein *expressiver Individualismus* herausbildete. Mit der Herausstellung von Individualisierungsschüben wird ein einliniges und kontinuierliches Entwicklungsmodell vermieden, das nicht in der Lage ist, Spannungen, Konflikten und Gegenläufigkeiten der Geschichte gerecht zu werden. Zweifellos können neben den drei hier bezeichneten Individualisierungsschüben weitere Verdichtungen von Individualisierungstendenzen ausfindig gemacht werden. Bezüglich der Identifikation dieser drei Individualisierungsschübe dürfte in den Sozial- und Geschichtswissenschaften indes weitgehende Übereinstimmung bestehen. Ihnen soll im Folgenden genauer nachgegangen werden.

1 Die frühe lutherische Reformation

Mit seiner Rechtfertigungslehre reagierte Luther auf die durch die mittelalterliche Theologie aufgeworfene Frage nach der Heilsgewissheit, die aufgrund der Lehre von der durch die Erbsünde bedingten Verdammung aller zur Hölle ihre besondere Dringlichkeit erhielt.[3] Luther beantwortete diese Frage aber nicht wie die theologische Tradition durch Hinweis auf die hierarchische Erlösungsanstalt der Priesterkirche, die die *ex opere operatum* wir-

---

[3] TROELTSCH, Die Bedeutung des Protestantismus (wie Anm. 1), S. 33.

kenden Sakramente verwaltete, und grenzte sich ebenso von einer auf die Leistung des Menschen setzenden Werkfrömmigkeit ab, wie sie etwa im Werk Gabriel Biels vertreten wurde. Seine reformatorische Entdeckung bestand vielmehr darin, dass Grundlage der Heilszueignung allein die Gnade Gottes sei, die in schroffem Gegensatz zu allen Leistungen des Menschen stehe.[4] Die theologische Einsicht in den Gnadencharakter des Heils gehörte bereits zu den Grundaussagen Thomas von Aquins und wurde in der mittelalterlichen Theologie von vielen geteilt. Bei Luther spitzte sie sich jedoch zu der Überzeugung zu, dass das Heil allein auf der Gnade Gottes beruhe und der macht- und kraftlose Mensch zur Erlangung des Heils schlichtweg nichts beitragen könne, außer dass er diese Gnade gläubig annehme. Allein im Akt des Glaubens sei das Heil gegenwärtig. „Glaubst du, so hast du. Glaubst du nicht, so hast du nicht", so heißt es in Luthers Schrift „Von der Freiheit eines Christenmenschen".[5] Diesen Glaubensakt verstand Luther als allein von Gott gewirkt. Damit aber waren die Fundamente der mittelalterlichen Soteriologie, die die Beteiligung des Menschen am Heilswerk Christi ebenso betonte wie die sakramentale Vermittlung der Gnade, grundlegend in Frage gestellt.[6]

Noch bevor Luther die Konsequenzen seines theologischen Ansatzes völlig deutlich vor Augen standen, wurde er von Rom in einen Prozess verwickelt, in dem es nicht mehr um die ihn bewegende Frage ging, wie der Mensch das Heil erlangt, sondern darum, inwieweit er mit seinen Thesen die päpstliche Autorität verletzt habe. Von soteriologischen Fragen wurde damit auf die Ekklesiologie umgestellt. In der Leipziger Disputation von 1519 trieb

---

[4] Dorothea Sattler, Volker Leppin (Hrsg.), Reformation 1517–2017: Ökumenische Perspektiven; für den ökumenischen Arbeitskreis evangelischer und katholischer Theologen, Freiburg im Breisgau, Göttingen 2014, S. 41.

[5] Martin Luther, Von der Freiheit eines Christenmenschen (1520), in: WA 7, S. 24.

[6] Dorothea Sattler und Volker Leppin (Hrsg.), Reformation 1517–2017 (wie Anm. 4), S. 42.

Johannes Eck Martin Luther zu Aussagen, mit denen er nicht nur die Autorität des Papstes, sondern auch die von Konzilen als oberste Instanzen der Gesamtkirche in Zweifel zog. Nicht kirchliche Gremien würden über die christliche Wahrheit entscheiden, sondern allein die Heilige Schrift. Zunächst ungewollt und auch nur im Privaten, dann aber in absichtsvoller polemischer Provokation vollzog Luther den Bruch mit der Papstkirche. Spätestens im Zusammenhang mit der Verbrennung der päpstlichen Bannandrohungsbulle 1520 bezeichnete Luther den Papst nun auch öffentlich als Antichrist. Der Papst stelle sich über die Heilige Schrift, mache sich zum Herrscher über die Kirche, beanspruche die Weltherrschaft sowie den Supremat auch gegenüber Kaisern und Königen und tyrannisiere das Gewissen der Gläubigen. Angesichts der geistlichen Vorherrschaftsansprüche betonte Luther in seiner Schrift „An den christlichen Adel deutscher Nation von des christlichen Standes Besserung" von 1520 demgegenüber den Eigenwert der weltlichen Obrigkeit.[7] So führte ihn die Bestreitung des weltlichen Machtanspruchs des Papstes auch zu der Forderung nach einer Trennung von geistlichem und weltlichem Regiment. Der innere und der äußere Mensch, Leib und Seele, seien zu unterscheiden, so Luther in seinem Traktat „Von der Freiheit eines Christenmenschen". In seinem Innern, seinem Gewissen, gehöre der Christ dem Reiche Gottes an und könne durch äußere Gewalt zu nichts gezwungen werden. Im Reich der Welt wiederum will Luther das geistliche Regiment, das fromm mache, den Glauben wecke und durch die Evangeliumsverkündigung der Ausbreitung des Reiches Gottes diene, und das weltliche Regiment, das angesichts der Macht der Sünde für Ordnung und Frieden zu sorgen habe, getrennt sehen.[8] Die Evangeliumsverkündigung geschehe ohne Gewaltanwendung,

---

[7] Martin LUTHER, An den christlichen Adel (1520), in: WA 6, S. 404–469, bes. S. 407–411.

[8] Vgl. Christoph STROHM, Calvin und die religiöse Toleranz, in: 1509 – Johannes Calvin – 2009: Sein Wirken in Kirche und Gesellschaft. Essays zum 500. Geburtstag, hrsg. von Martin Ernst Hirzel und Martin Sallmann, Zürich 2008, S. 219–236, hier S. 223 f.

allein durch das Wort. Das weltliche Handeln aber bediene sich des
Schwertes. Es könne sich nur auf den äußeren Menschen beziehen,
nicht aber auf Fragen der Gesinnung und des Gewissens.

Aus dieser Ansicht folgte für Luther, dass falsche Lehren nicht
durch Anwendung von Gewalt überwunden werden können, sondern allein durch die Verkündigung des Evangeliums, durch das
Wort, das die Herzen ergreift. „Ketzerei ist ein geistlich Ding, das
kann man mit keinem Eisen zerhauen, mit keinem Feuer verbren-
nen, mit keinem Wasser ertränken."[9] Im Gegenteil. Wo man mit
Gewalt die Irrlehren austreiben wolle, werde man sie nur bestär-
ken. „Willst du Ketzerei vertreiben, so musst du den Griff treffen,
dass du sie vor allem aus dem Herzen reissest und [sie] gründlich,
mit Zustimmung [des von ihr Befallenen], abwendest. Das wirst
du mit Gewalt nicht zu Ende bringen, sondern nur stärken. Was
hilft dirs denn, wenn du die Ketzerei in dem Herzen stärkst und
nur auswendig, auf der Zunge, schwächst und zu lügen nötigst?
Gottes Wort aber, das erleuchtet die Herzen; und damit fallen dann
von selbst alle Ketzer und Irrtümer aus dem Herzen."[10]

Nach der Exkommunikation Luthers im Jahr 1521 nahmen sich
die Landesfürsten und Städte der Reformation an. Dass Luthers
Exkommunikation nicht ein Akt individueller Ausgrenzung blieb,
sondern historische und soziale Konsequenzen mit sich brachte,
hatte mit dieser Politisierung der Reformation zu tun. Nachdem
die Fürsten die Reformation zu ihrer Sache gemacht hatten, war
sie nicht mehr rückgängig zu machen. Die Politisierung der Reformation hatte allerdings auch zur Folge, dass Luther die in der
reformatorischen Frühphase vollzogene klare Trennung von geistlichem und weltlichem Regiment wieder zurücknahm. Schon im
Zusammenhang mit den Bauernaufständen, zu deren Eskalation
nach Luthers Auffassung die „schwärmerischen" Lehren Thomas
Müntzers maßgeblich beigetragen hatten, sieht Luther die weltliche Obrigkeit in der Verantwortung, gegen die öffentliche Predigt

---

[9] Martin LUTHER, Von weltlicher Obrigkeit (1523), in: WA 11, S. 268.
[10] LUTHER, Von weltlicher Obrigkeit (wie Anm. 9), S. 269.

falscher Lehren vorzugehen. In späteren Jahren wird mit der Einführung des landesherrlichen Kirchenregiments die ursprüngliche Trennung von geistlichem und weltlichem Regiment überhaupt aufgehoben. Auch gegenüber den von ihm als bekehrungsunwillig angesehenen Juden nahm Luther sein früheres Insistieren auf Unzuständigkeit des weltlichen Handelns wieder zurück.

Was besagt das nun für unsere Frage nach dem Beitrag der Reformation zur Herausbildung der modernen Welt? Unter Aufnahme der drei entwickelten heuristischen Kriterien zum Verständnis der Moderne seien die Wirkungen der Reformation hier noch einmal kritisch diskutiert.

Hinsichtlich der Individualisierungsdimension sind die von der Reformation ausgehenden innovativen Impulse wohl als am bedeutsamsten einzuschätzen. Zwar gab es auch im Mittelalter, vor allem im Spätmittelalter, immer wieder Stimmen, die auf eine individuelle Gottes- und Christusbeziehung drängten und ihr gegenüber die Heilsvermittlung über die Klerikerkirche und die von ihr verwalteten Sakramente als geringerwertig einstuften. Man denke etwa an die *Devotio moderna* oder auch an die Aussagen mittelalterlicher Mystikerinnen und Mystiker, wie zum Beispiel Hildegard von Bingen.[11] Sie nahmen die im Christentum angelegte individuelle Gottesbeziehung beim Wort und entwickelten von der Tradition abweichende Konzeptionen der Unmittelbarkeit zu Gott. Im Vorfeld der Reformation finden sich sogar schon verschiedene Strömungen, die Anspruch auf die Rechtfertigung des Menschen allein durch den Glauben erhoben. Mit seiner Unterscheidung von innerem und äußerem Menschen, mit seinem Bestehen auf der Freiheit des Gewissens und seiner Abwehr allen äußeren Zwangs in Glaubensfragen sowie mit seiner scharfen Kritik am Gehorsamsanspruch des Papstes nahm Luther in seiner Rechtfertigungstheologie, wie Berndt Hamm herausgearbeitet hat, aber

---

[11] Christel MEIER-STAUBACH, Krise und Conversio: Grenzerfahrungen in der biographischen Literatur des Mittelalters. Vorlesung am 17.11.2015 an der Universität Münster.

noch einmal eine „normative Zentrierung" vor,[12] auf die hin er alle seine theologischen Aussagen ausrichtete. Auch wenn das „sola fide" bereits Eingang in mittelalterliche Formulierungen gefunden hat, zum Beispiel bei Thomas Bradwardine,[13] wird es doch erst bei Luther zum systematischen Kern der Theologie. Die Betonung des Glaubens hat eine Depotenzierung der Kirche zur Folge, die im Verhältnis zum Glauben zur nachgeordneten Instanz wird, obschon sie zugleich insofern von Bedeutung ist, als der Glaube nicht aus sich selbst heraus entstehen kann, sondern auf das Hören des Wortes Gottes angewiesen ist.[14] Die Kirche kann aber nicht den Glauben bewirken, der allein das Werk des lebendigen Gottes ist. Sie erstreckt sich nur auf die äußeren Belange der Christenheit und muss sich vom Inhalt der Verkündigung unterscheiden. Insofern wird bei Luther die Unterscheidung zwischen religiösem und säkularem Bereich der Unterscheidung zwischen weltlich und göttlich unterstellt: Kirche und Staat gehören gleichermaßen zur von Gott geschaffenen Schöpfung und sind vom Schöpfer fundamental unterschieden.[15]

Gleichwohl wird man aber auch die Grenzen des durch die Reformation ausgelösten Individualisierungsschubs ins Auge

---

[12] Berndt HAMM, Normative Zentrierung im 15. und 16. Jahrhundert: Beobachtungen zur Religiosität, Theologie und Ikonologie, in: Zeitschrift für Historische Forschung 26 (1999), S. 163–202.

[13] Thomas BRADWARDINI Archiepiscopi olim Cantuariensis, De Causa Dei, Contra Pelagium et De Virtute Causarum. Libri tres, London 1618. Nachdruck: Frankfurt a. M. 1964.

[14] Vgl. Martin LAUBE, Kirche als „Institution der Freiheit": Traditionen und Perspektiven protestantischer Ekklesiologie, in: Kirche, hrsg. von Christian Albrecht, Tübingen 2011, S. 131–170, hier S. 131.

[15] Die doppelte Unterscheidung zwischen religiös und säkular sowie göttlich und weltlich liegt dem Prozess der Säkularisierung zugrunde. Darauf macht Ingolf U. Dalferth in der Einleitung zu diesem Band aufmerksam. Indem die Reformation die Unterscheidung zwischen säkular und religiös durch die Differenz zwischen göttlich und weltlich überbietet und in dieser aufhebt und auf diese Weise also auch Klöster, Priester und kirchliche Hierarchien als weltlich behandelt, vollzieht sie einen fundamentalen Schritt hin zur Säkularisierung.

fassen müssen, denn die Wahrheit des christlichen Glaubens ist nach Luther zwar nicht mehr an die kirchliche Lehrautorität gebunden, wohl aber an die Heilige Schrift und damit nach wie vor an ein heteronomes Prinzip. Luther kann sogar behaupten, dass sich die Schrift selbst auslege,[16] und damit auf die Verankerung der christlichen Wahrheit im gläubigen Subjekt verzichten. Die in der lutherischen Orthodoxie des 16. und 17. Jahrhunderts vollzogene Konzentration auf die dogmatische Lehre und die daraus resultierende Relativierung der subjektiven Unmittelbarkeit der Gottesbeziehung hat insofern Anhalt an Luther selbst. Erst der Pietismus mit seiner Kritik am reinen Buchstabenglauben besinnt sich dann wieder neu auf die religiöse Kompetenz des frommen Subjekts. Das Beispiel des Pietismus zeigt freilich auch, wie die Impulse der Reformation zwar zunächst nachlassen, als gedankliche und affektive Ressource aber auch weiterwirken und wiederentdeckt werden können.

Die Zwei-Regimenten-Lehre ergibt sich unmittelbar aus Luthers Eintreten für die Freiheit des gläubigen Gewissens. Weder soll der Papst weltliche Macht ausüben und mit äußeren Mitteln auf die Herzen der Gläubigen einzuwirken versuchen, noch soll die weltliche Herrschaft in das Reich des Glaubens übergreifen. Äußeres und Inneres, Weltliches und Geistliches sollen vielmehr getrennt sein. Durch die Politisierung der Reformation wird der Trennungsgrundsatz von Kirche und Staat jedoch innerhalb kürzester Zeit außer Kraft gesetzt. Das landesherrliche Kirchenregiment nimmt sowohl geistliche als auch weltliche Aufgaben wahr. Im Konfessionellen Zeitalter bilden Thron und Altar eine handlungspraktische Einheit. Zur Kennzeichnung ihres Verhältnisses spricht Rudolf Schlögl von „symbiotischer Konkur-

---

[16] Martin LUTHER, Assertio omnium articulorum M. Lutheri per bullam Leonis X. novissimam damnatorum (1521), in: WA 7, S. 91–151, hier S. 97. Vgl. auch Walter MOSTERT, Scriptura sacra sui ipsius interpres, in: Lutherjahrbuch 46 (1979), S. 60–96. Den Hinweis auf die Lutherstelle verdanke ich Matthias Pohlig, Münster.

renz"[17] und Heinz Schilling von der im Zeichen des Konfessionalismus geschlossenen Allianz der Kirche mit dem aufsteigenden Staat.[18] Im Hinblick auf das moderne Prinzip der funktionalen Differenzierung von Religion und Politik wird man der Reformation also kaum Langfristwirkungen zusprechen können. Allerdings enthält das reformatorische Gedankengut ein Innovationspotential, auf das protestantische Erneuerungsbewegungen, Freikirchen und Dissenters sich immer wieder berufen konnten und auf das sie zur Bestimmung ihres Verhältnisses zum Staat immer wieder zurückgegriffen haben. In den USA hat dieser Impuls eine tiefgehende Wirkung entfaltet, die sich in dem skeptischen Verhältnis der protestantischen Denominationen zum Staat ebenso ausdrückt wie in der scharfen Trennung zwischen Kirche und Staat, die verfassungsrechtlichen Rang erhalten hat. In skandinavischen Ländern dagegen hat stärker das Erbe des konfessionellen Staatskirchentums nachgewirkt und die verfassungsrechtliche Gestalt der lutherischen Kirchen beeinflusst. In Finnland, Dänemark und Norwegen besteht bis heute eine lutherische Staatskirche, in Schweden wurde sie erst im Jahr 2000 abgeschafft.

Auch was die Einrichtung von Arenen des Wettbewerbs, also die Entstehung eines religiösen Marktes angeht, wird man den Einfluss der Reformation eher gering ansetzen müssen. Der junge Luther ging zwar noch davon aus, dass die Bekämpfung von Ketzern nicht in die Zuständigkeit der weltlichen Obrigkeit fällt. Da der Glaube nicht mit äußeren Mitteln erzwungen werden könne, habe die Obrigkeit für die Erweckung des Glaubens keine oder doch nur insofern eine Verantwortung, als sie die freie Predigt des Wortes Gottes sicherzustellen habe, welches allein zum Glauben führen könne. Später aber billigte Luther nicht nur die Verfolgung von Ketzern durch die weltliche Obrigkeit, sondern nahm sogar

---

[17] Rudolf Schlögl, Alter Glaube und moderne Welt: Europäisches Christentum im Umbruch 1750–1850, Frankfurt a. M. 2013, S. 28 ff.

[18] Heinz Schilling, Das konfessionelle Europa, in: Europäische Religionsgeschichte: Ein mehrfacher Pluralismus, hrsg. von Hans G. Kippenberg, Jörg Rüpke, Kocku von Stuckrad, Göttingen 2009, S. 289–238, hier S. 311.

den starken Arm der Obrigkeit für die Sache des Evangeliums in Anspruch. Im Grunde war für Luther immer klar, wo die Wahrheit des Evangeliums zu finden ist. Wer von der offenbarten Wahrheit abwich, war im Irrtum und musste von der Wahrheit überzeugt werden. Nicht nur der Papst war der Antichrist, auch die Türken, also die Moslems, bezeichnete er in seinen späten Schriften als Antichrist. Zwar erhöhte sich mit der Reformation der Grad des religiösen Pluralismus auf geradezu dramatische Weise und die nicht intendierte, aber faktisch eingetretene Kirchenspaltung war vielleicht die bedeutsamste Folge der Reformation, denn mit ihr endete die Einheit des durch die römische Kirche kulturell zusammengehaltenen Mittelalters. Die Pluralisierung des religiösen Feldes bedeutete aber gerade nicht die Einrichtung einer Arena des fairen Wettbewerbs, sondern die Entstehung einer feindlichen Konkurrenz. Die Findung eines *modus vivendi*, wie er im Westfälischen Frieden erreicht wurde, wäre dann weniger ein unmittelbares Ergebnis der Reformation als eine moderierende Reaktion auf ihre zerstörerischen Folgen.

2 Der gesellschaftliche und geistige Umbruch im Aufklärungszeitalter

Wenn es nunmehr um den zweiten Individualisierungsschub in der zweiten Hälfte des 18. Jahrhunderts geht, so sei die außerordentliche Bedeutung, die diesem Schub zukommt, mit Hilfe der Analyse der gravierenden Veränderungen in der dominanten Semantik der protestantischen Theologie und der Philosophie dieser Zeit herausgearbeitet. Dabei soll in idealtypischer Weise das Welt-, Menschen- und Gottesbild in der protestantischen Theologie und Philosophie der zweiten Hälfte des 18. Jahrhunderts mit dem Welt-, Menschen- und Gottesbild der protestantischen Theologie im Konfessionellen Zeitalter, also im 16. und 17. Jahrhundert, verglichen werden. In diesem Zeitraum haben sich die dominanten Vorstellungen von Gott, Mensch und Welt derart fundamental gewandelt, dass sich die Individualisierungsimpulse des Reformationszeitalters demgegenüber als sekundär erweisen. Im Anschluss an die Arbeiten Heinz Dieter Kittsteiners[19] wollen wir uns in der Auseinandersetzung mit den Weltdeutungsmustern des Protestantismus im 16. und 17. Jahrhundert auf drei Vertreter der lutherischen Orthodoxie konzentrieren: auf Johann Gerhard (1582–1637), Samuel Schelwig (1643–1715) und Justus Georg Schottelius (1612–1676).

Was uns in den Schriften dieser drei lutherischen Theologen entgegentritt, ist ein relativ geschlossenes Weltbild. Gott wird von ihnen dargestellt als ein Gott des Zornes und der Gnade. Die rechtschaffenen Protestanten trifft das Zorngericht Gottes nicht, wohl aber die Sünder und erst recht die Juden, Türken und Heiden sowie natürlich auch die Katholiken.[20] Deshalb kommt es darauf an, seine Missetaten zu bereuen, Buße zu tun und zu Gott umzukehren. Denn helfen kann allein Gott. Durch die Erbsünde in seinem Wesen verdorben, kann der Mensch nur auf die Gnade Gottes hoffen. Diese gewährt Gott allerdings nicht jedem. In Gottes Zorngericht erfolgt vielmehr die Scheidung der Geister. Das zu erwartende Verhör wird streng sein, der Richtspruch Gottes fürchterlich, denn dem nicht reuigen Sünder droht der ewige Tod in der Hölle,[21] deren Schrecken bildlich ausgemalt werden.

Mit der auf diese Weise erzeugten Angst vor der Hölle verfolgten die lutherischen Theologen einen pädagogischen Zweck. Die Vorstellung vom Zorn Gottes sollte schlechtes Handeln unterbin-

---

[19] Heinz D. Kittsteiner, Die Entstehung des modernen Gewissens, Frankfurt a. M. 1995.

[20] Samuel Schelwig, Cynosura Conscientia, Oder Leit-Stern Des Gewissens, Frankfurt a. M., Leipzig 1692, S. 486: „Wir nehmen willig an, daß der Jüngste Tag ein Tag des Zornes sey, aber nicht für die gerechtfertigten, sondern für die halsstarrigen Sünder", zu denen Schelwig die unbelehrbaren Juden, Türken, Heiden, aber auch die Katholiken zählt. Vgl. Kittsteiner, Gewissen (wie Anm. 19), S. 124.

[21] Joannis Gerhardi, Loci Theologici: cum pro astruenda veritate, Leipzig 1875 [1657], Bd. 9, S. 125 f., 205. Vgl. Kittsteiner, Gewissen (wie Anm. 19), S. 121.

den, zum Guten anfeuern und die Sünde besiegen.[22] Eine solche Umkehr war umso mehr geboten, als das Ende der Welt – dieses irdischen Jammertales – kurz bevorstand und jederzeit eintreten konnte. Auf dieses Ende sollte der Mensch all seine Hoffnung richten, denn es bedeutete die Erlösung von allen irdischen Plagen. Ein dualistisches Gottesbild, eine pessimistische Anthropologie und Weltdeutung sowie ein exklusiver Konfessionalismus gingen in dieser theologischen Konstruktion der Lutheraner des 17. Jahrhunderts eine sich wechselseitig bestärkende Verbindung ein.

Politisch und sozial abgestützt war dieses semantische Differential durch die Interessenallianz von Kirche und sich herausbildendem frühneuzeitlichem Staat. Kirchlicher und staatlicher Apparat arbeiteten im 16. und 17. Jahrhundert gemeinsam an der Durchsetzung der kirchlichen Normen. Um der Sünde und um des ewigen Heils willen ist die Obrigkeit eingesetzt. Weil es um das Ganze geht, um das ewige Heil und die Rettung der Seelen, ist es auch gerechtfertigt, harte Mittel einzusetzen, die Ketzer zu verfolgen und die Abweichler zu töten. Gerhard Oestreich spricht von „Sozialdisziplinierung", um die Einfügung des Einzelnen und gesellschaftlicher Gruppen in den homogen gedachten religiösen Untertanenverband und das Abschleifen von Sonderinteressen zu bezeichnen.[23] Doch nicht nur durch den Aufbau von Steuerungs- und Kontrollkapazitäten, etwa die Kirchenzucht, arbeiteten Kirche und Staat zusammen an der Durchsetzung von christlichen Normen. Auch durch Predigt und Seelsorge, durch kirchliche Propaganda und Hausbesuche, Andachtsbreviere, Gesangbücher und Gebetsbücher, durch schulische Erziehung und Katechese trugen die Konfessionskirchen zur Einübung von Gehorsam und politischem Wohlverhalten bei. Mit ihren katechetischen und homiletischen Mitteln beförderte die Kirche darüber hinaus auch die Erfüllung der Berufspflichten sowie die Unterordnung unter den

---

[22] Vgl. ebd., S. 122, 132.

[23] Gerhard OESTREICH, Strukturprobleme des deutschen Absolutismus, in: Ders. (Hrsg.): Geist und Gestalt des frühmodernen Staates. Ausgewählte Aufsätze, Berlin 1969, S. 179–197, bes. S. 187–196.

Hausherren.[24] In gewisser Weise glich die Kirche damit die begrenzten Kapazitäten des administrativen staatlichen Apparats zur Sozialdisziplinierung aus.[25] Den normsetzenden Schichten ging es nicht nur um eine Beeinflussung des religiösen Verhaltens, sondern auch um eine Stabilisierung der gesellschaftlichen Ordnung, um eine normative Durchdringung des kommunalen Lebens, um eine sittliche Regulierung von Ehe und Familie, ja um eine normative Bindung der Seelen. Ein konfessionsmonopolistisches System, das die Kommunikationen seiner Mitglieder auf Binnenkontakte zu beschränken versuchte und den Hass auf die jeweils anderen planmäßig schürte, ein System mit einem universellen Geltungsanspruch, sowohl nach innen gegenüber den Angehörigen des eigenen Bekenntnisses als auch nach außen gegenüber den anderen Konfessionen, wurde installiert. In ihm stärkte die weltliche Herrschaft die Kirche, indem sie für die Religionsausübung der herrschenden Konfession Sorge trug, und die Kirche die weltliche Herrschaft, indem sie die Machthaber religiös legitimierte und ihnen gehorsame Untertanen lieferte.

Hundertfünfzig Jahre später hatte sich das Blatt gewendet. Aus dem Gott des Zornes und der unverdienten Gnade war ein liebender Gott geworden, ein Gott der Versöhnung, Weisheit und der Naturgesetze. Der zum ewigen Unheil verdammende Gott war unvorstellbar geworden. Gott liebe seine Geschöpfe, für zeitliche Sünden könne er nicht ewige Höllenstrafen vorsehen, so lautete der Tenor der Aufklärungstheologie. Mit dem Wandel des Gottesbegriffes änderte sich auch das Bild vom Menschen. Dass der Mensch nicht nur zwischen Gut und Böse unterscheiden, sondern

---

[24] Vgl. SCHILLING, Das konfessionelle Europa (wie Anm. 18), S. 318.

[25] Vgl. Wolfgang REINHARD, Zwang zur Konfessionalisierung? Prolegomena zu einer Theorie des konfessionellen Zeitalters, in: Zeitschrift für Historische Forschung 10 (1983), S. 257–277, hier S. 276. Kritisch vgl. Kaspar von GREYERZ u. a. (Hrsg.), Interkonfessionalität – Transkonfessionalität – binnenkonfessionelle Pluralität: Neuere Forschungen zur Konfessionalisierungsthese (Schriften des Vereins für Reformationsgeschichte, Bd. 201), Gütersloh 2003.

das Gute auch tun könne, traute die Aufklärungsphilosophie und -theologie dem Menschen zu. In seinem Streben nach Vervollkommnung schreite das Menschengeschlecht von Generation zu Generation voran. Der Fortschritt der Menschheit und das Reich Gottes schlössen einander nicht aus, sondern ein. Von diesem Fortschritt sei niemand exkludiert, auch nicht die Heiden, die in ihrem Herzen oft die besseren Christen seien. Die Welt ändere sich zum Besseren, wobei die weltliche Perfektionierung so gedacht wurde, dass sie bis in die Transzendenz hineinreicht.

Nehmen wir zwei Beispiele: Johann Joachim Spalding und Gotthold Ephraim Lessing. Der Berliner Propst Spalding, der mit seinen Predigten an der St. Nicolai-Kirche die Gebildeten der Zeit anzog und selbst Goethe zu seinen Hörern zählen durfte, – eine Institution im Königreich Friedrich des Großen und zweifellos das Haupt der neologischen Theologie – gab die Vorstellung vom Menschen als eines unabhängig von seinen aktuellen Taten ontologisch zur Sünde bestimmten Wesens auf.[26] Die Bestimmung des Menschen sah er nicht in der ewigen Höllenqual, sondern in seiner Unsterblichkeit.[27] Der Prediger habe nicht die Aufgabe, „unfruchtbare, speculativische Lehrmeinungen" zu entfalten, die „auf das Gemüth und Leben" des Einzelnen keinen Einfluss ausüben;[28] sein Bemühen ziele vielmehr auf die „Besserung und Gottseligkeit" der Menschen ab.[29] Die Lehre „von dem angebohrnen Verderben" des Menschen, wie Spalding die Erbsündenlehre nannte, besitze keinen „begreiflichen Nutzen" und müsse von den Kanzeln und aus den Katechismuslehren entfernt werden.[30] Indem Spalding

---

[26] Johann Joachim SPALDING, Ueber die Nutzbarkeit des Predigtamtes und deren Beförderung, in: Ders., Kritische Ausgabe I/3, hrsg. von Tobias Jersak, Tübingen 2002 [1772], S. 193 f.

[27] Johann Joachim SPALDING, Die Bestimmung des Menschen, in: Ders., Kritische Ausgabe I/1, hrsg. von Albrecht Beutel, Daniela Kirschkowski und Dennis Prause, Tübingen 2006 [1748].

[28] SPALDING, Nutzbarkeit (wie Anm. 26), S. 134.

[29] Ebd., S. 130.

[30] Ebd., S. 192 f., 197 f.

auf diese Weise die augustinische Erbsündenlehre preisgab, trug er zur „anthropologischen Wende" bei, die sich zur Mitte des 18. Jahrhunderts vollzog.[31] Das Menschenbild hellte sich auf und mit ihm auch das Bild Gottes. Der tiefgreifenden Umformung der christlichen Anthropologie durch die Aufklärungstheologie gab Spalding freilich insofern eine besondere Pointe, als er „den christologischen Erlösungsgedanken unmittelbar in das aufklärerische Perfektibilitätskonzept einzeichnete und die ‚Erlösung Christi' schlicht auf ‚ein beständiges Hinaufsteigen der Kräfte und Vollkommenheiten' und näherhin darauf abzwecken ließ, ‚die Seele aus der ersten bloß animalischen Sinnlichkeit zu dem höheren Zustande des Nachdenkens, der Moralität und der Religion zu erheben'"[32]. Damit machte Spalding das christliche Erlösungsgeschehen zu einem Bestandteil des menschlichen Vervollkommnungsstrebens. Tugend und Glaube wurden verschränkt. Das tugendhafte Handeln fasste er als eine Folge des Glaubens, und die Religion definierte er als eine „Tugend um Gottes Willen"[33]. Die schon von Luther vorgenommene Schwerpunktverlagerung von der Objektivität der theologischen Dogmatik und der kirchlichen Institution hin zum gläubigen Subjekt wurde von Spalding radikalisiert. War Luthers subjektivitätstheologischer Ansatz noch verschränkt mit seiner Ekklesiologie, insofern das religiöse Individuum auf das Hören des lebendigen Wortes Gottes in der Predigt angewiesen blieb, so traten bei Spalding die soziale Gestalt der Kirche und die individuelle Religionsausübung auseinander. Wie in der Theologie Johann Salomo Semlers überlagerte auch in der Theologie Spaldings die Orientierung am religiösen Subjekt das

---

[31] Auf ältere Wurzeln der anthropologischen Wende verweist Anselm Schubert, Das Ende der Sünde: Anthropologie und Erbsünde zwischen Reformation und Aufklärung, Göttingen 2002.

[32] Albrecht Beutel, Elastische Identität: Die aufklärerische Aktualisierung reformatorischer Basisimpulse bei Johann Joachim Spalding, in: Zeitschrift für Theologie und Kirche 111 (2014), S. 1–27, hier S. 18.

[33] Spalding, Nutzbarkeit (wie Anm. 26), S. 70.

Interesse an der kirchlichen Sozietätswahrung.[34] Das Bestehen auf der Autonomie der Privatreligion und das Drängen auf ihren Schutz vor kirchlicher Bevormundung und Kontrolle hinderten Spalding daran, die Angewiesenheit des subjektiven Glaubens auf die kirchliche Institution und ihre Vollzüge in den Blick zu nehmen.[35]

Strukturell ähnlich argumentiert Lessing. In seiner Schrift „Leibniz von den ewigen Strafen" (1773) verteidigt er öffentlich zwar noch die Vorstellung von den ewigen Höllenstrafen (die freilich vor allem der Besserung des Menschen dienen sollten).[36] In einem Brief an seinen Bruder Karl bestreitet er jedoch, dass es überhaupt eine Hölle gebe.[37] Jeder habe seine Hölle in sich. Zwar werde jeder Mensch seine Hölle auch noch im Himmel haben. Das Voranschreiten der Menschheit zur Vollkommenheit aber beginne bereits in diesem Leben. Jeder Einzelne müsse die Bahn, auf der das Menschengeschlecht zu seiner Vollkommenheit gelange, durchlaufen, der eine früher, der andere später, so heißt es in der „Erziehung des Menschengeschlechts".[38] Den Weg zur Vollkommenheit könne der Einzelne aber nicht in einem einzigen

---

[34] Beutel, Elastische Identität (wie Anm. 32), S. 26.

[35] Martin Laube, Institution und Individuum – aus theologischer Sicht, in: Religionsverfassungsrechtliche Spannungsfelder, hrsg. von Hans Michael Heinig und Christian Walter, Göttingen 2015, S. 79–94, hier S. 83 f. Trotz der Betonung des religiösen Gefühls als einer nicht auf Wissen und Moral zurückführbaren subjektiven Fakultät findet sich bei Schleiermacher ein stärkeres Bemühen um die Verknüpfung der Autonomie des religiösen Subjekts mit dem kirchlichen Handeln. Vgl. etwa die vierte seiner Reden über die Religion: Friedrich Schleiermacher, Über die Religion: Reden an die Gebildeten unter ihren Verächtern (1799), hrsg. von Günter Meckenstock, Berlin 1999.

[36] Gotthold Ephraim Lessing, Leibniz von den ewigen Strafen, in: Ders., Gesammelte Werke, hrsg. von Paul Rilla, Bd. 7, Berlin 1956, S. 454–488.

[37] Gotthold Ephraim Lessing, An Karl Lessing, in: Ders., Gesammelte Werke (wie Anm. 36), Bd. 9, Berlin 1957, S. 480–482.

[38] Gotthold Ephraim Lessing, Die Erziehung des Menschengeschlechts, in: Ders., Gesammelte Werke (wie Anm. 36), Bd. 8, Berlin 1956, S. 590–615, § 92 (614).

Leben bewältigen. Deshalb führt Lessing in der „Erziehung des Menschengeschlechts" den Gedanken der Seelenwanderung ein. In seiner wiederholten Rückkehr auf die Erde häufe der Mensch so viele Kenntnisse und Fertigkeiten an, als er zu erlangen geschickt sei.[39]

Die Vorstellung von der Seelenwanderung erlaubt es Lessing, den Lauf des individuellen Lebens ins Unendliche auszudehnen und dem individuellen Streben nach sittlicher Vervollkommnung ein ins Unendliche ausgreifendes Potential zuzusprechen. Damit ist das diesseitige Leben des Menschen und der Menschheit heilsgeschichtlich aufgewertet und bis ins Jenseits verlängert.

Ein sich dem Jenseitigen annäherndes Perfektionspotential besitzen aber nicht etwa nur die Christen, sondern die Juden und Muslime gleichermaßen. In ihrem Streben nach Seelenheil und Wahrheit sind alle Religionen einander gleich. Niemand könne sagen, welche der drei großen Religionen die wahre sei, so drückt es Lessing im „Nathan" aus. Ihre Wahrheit entscheide sich vielmehr am sittlichen Handeln ihrer Anhänger.

Aus dem durch die Erbsünde zum Bösen bestimmten Menschen ist der zur Verbesserung fähige Mensch geworden, aus dem irdischen Jammertal ein Ort der Vervollkommnung, der gleich mehrfach durchschritten wird, aus dem erwarteten Bruch der Menschheitsgeschichte ein ins Unendliche gehendes Fortschreiten des Menschengeschlechts. Göttliche Vorsehung und menschliches Bestreben werden bei Lessing als vereinbar gedacht.[40] Mit

---

[39] Ebd., § 98 (615).

[40] Im 17./18. Jahrhundert lassen sich zwei philosophische Traditionslinien beobachten. Diese Beobachtung verdanke ich Matthias Pohlig, Münster. Eine von Spinoza ausgehende, über Lessing bis Hegel reichende Denktradition ist auf eine Aussöhnung von Diesseits und Jenseits, Gott und Mensch bedacht. Der Anderen, die das Denken von Bayle bis Kant umspannt, geht es stärker um die Unterscheidung zwischen Immanenz und Transzendenz, zwischen der kognitiven Begrenztheit und moralischen Unvollkommenheit des menschlichen Handelns auf der einen und der Unzugänglichkeit und Souveränität Gottes auf der anderen Seite. Für Spinoza und seine Nachfolger bis hin zu Hegel ist die menschliche Vernunft, soweit

der Verzeitlichung des Perfektionsideals – ein Ausdruck Reinhart Kosellecks[41] – wird die apokalyptische Endzeiterwartung jedoch fallengelassen und das Diesseits freigegeben für einen weit ausgreifenden menschlichen Gestaltungsoptimismus.

Immanuel Kant[42] – die Jahrhundertgestalt, an der man bei einer Betrachtung der Veränderungen des Menschen- und Weltbildes im 18. Jahrhundert nicht vorbeikommt – geht auf diesem Weg noch einen Schritt weiter. Ihm kommt es auf die gedankliche Begründung der Autonomie des sittlich handelnden Individuums an. Der Mensch als freies Wesen bedürfe keiner „Idee eines anderen Wesens über (sich), um seine Pflicht zu erkennen".[43] Was gut und böse sei, könne er selbst beurteilen. Aber er bedürfe der Idee Gottes nicht nur nicht; vielmehr sei er als ein an Grenzen gebundenes Wesen auch gar nicht in der Lage, diesen Gott zu begreifen. „Denn wir sehen doch nichts vor uns, das uns von unserem Schicksal in einer zukünftigen Welt jetzt schon belehren könnte."[44] Es sei „gar nicht einzusehen, wie ein vernünftiger Mensch, der sich strafschuldig weiß, im Ernst glauben könne, er habe nur nöthig, die Botschaft einer für ihn geleisteten Genugthuung zu glauben, […] um seine Schuld als getilgt anzusehen."[45] Gebete und Sakramentsempfang wie überhaupt „alles, was außer dem guten Lebenswandel der Mensch noch thun zu können vermeint, um Gott wohlgefällig

---

sie sich auf ihren Ursprung besinnt, selbst göttlich. Kant unterscheidet die menschliche Vernunft nicht nur von Gott, sondern traut ihr auch die Fähigkeit zu, den Ansprüchen Gottes auf das Bewusstsein des Menschen die Grenzen zuzuweisen und es damit auf sich selbst zu stellen.

[41] Reinhart Koselleck, „Neuzeit". Zur Semantik moderner Bewegungsbegriffe, in: Ders. (Hrsg,), Vergangene Zukunft. Zur Semantik geschichtlicher Zeiten, Frankfurt a. M. 1989, S. 300–348, hier S. 320 f.

[42] Ich folge hier der Argumentation von Heinz D. Kittsteiner, Gewissen (wie Anm. 19), S. 267 ff.

[43] Immanuel Kant, Die Religion innerhalb der Grenzen der bloßen Vernunft, Akademieausgabe, Bd. VI, S. 3.

[44] Immanuel Kant, Das Ende aller Dinge, Akademieausgabe, Bd. VIII, S. 330.

[45] Kant, Religion (wie Anm. 43), S. 116.

zu werden, ist bloßer Religionswahn und Afterdienst Gottes."[46]
Die an die Priestervorschriften sich haltenden Religionspraktiken
verletzten das menschliche Gewissen ebenso wie der gehorsame
Glaube an das Wort, denn die einzige Maxime des Gewissens sei,
„nichts zu glauben als das, was von der eigenen Vernunft geprüft
werden kann"[47].

Auf dem Weg zum sittlichen Handeln weiß der Mensch sich
zusammengeschlossen mit allen anderen in einer „unsichtbaren
Kirche"[48]. Daher sei es die Pflicht des Einzelnen, „nach einer Maxime zu handeln, welche zugleich als ein allgemeines Gesetz gelten
könne"[49]. Der Gehalt des Kategorischen Imperativs bestehe in der
Identität von Einzelnem und Allgemeinem und beschreibe so die
ideale Gestalt einer zu errichtenden Gesellschaft.

Doch warum sollte der Mensch dem Sittengesetz folgen, wenn
er zu moralischem Handeln nicht mehr durch die Vorstellung
eines strafenden Gottes angetrieben wird? Es ist die Selbstachtung,
so Kant, die ihn zu moralischem Handeln bewegt.[50] Sie stellt sich
ein, wenn der Mensch seine sinnlichen Neigungen und seine Ei-
genliebe überwunden hat und das Gute, das er eingesehen hat,
auch tut. Der ideale Bürger der Aufklärung nähert sich Gott nicht
mehr als unveränderlicher Sünder, der passiv die rechtfertigende
Gnade empfängt. Eine solche Vorstellung behandelt den Menschen als ein heteronomes Wesen, das aus sich heraus nichts vermag. Für Kant aber stellt die Autonomie des Menschen die Grundlage seiner Würde dar. Anstelle des erlösenden Opfers Christi tritt
bei Kant das mit sich selbst versöhnende Opfer in eigener Person,
das es ihm erlaubt, über sich selbst und seine Sinnlichkeit zu tri-
umphieren. Erlösung ist zu einem Akt im Innern des Menschen

---

[46] Ebd., S. 170.

[47] KITTSTEINER, Gewissen (wie Anm. 19), S. 269 mit Bezug auf KANT,
Religion (wie Anm. 42), S. 188 f.

[48] Ebd., S. 270.

[49] Immanuel KANT, Metaphysik der Sitten, Akademieausgabe, Bd. VI,
S. 225.

[50] Wiederum folge ich KITTSTEINER, Gewissen (wie Anm. 19), S. 275 ff.

geworden. Die Tugend ist nicht das Resultat der Gnade, vielmehr schreitet die Tugend zur Begnadigung fort.[51] Mit dem Sieg, den das Ich über sich selbst errungen hat, ist die Voraussetzung für die Versöhnung von Einzelnem und Allgemeinem und damit für die Verwirklichung einer idealen Gesellschaft geschaffen.

Die Frage, warum der dominante Diskurs innerhalb von 150 Jahren von Pessimismus auf Optimismus, von Heteronomie auf Autonomie, von apokalyptischer Endzeiterwartung auf die Perfektibilität der Welt umgestellt werden konnte, lässt sich im hier gegebenen Rahmen natürlich nicht beantworten. Vier Hypothesen sollen jedoch zumindest andeuten, in welche Richtung die Überlegungen gehen könnten.

1. Im 17./18. Jahrhundert traten die kirchliche und weltliche Ordnung, die im Konfessionellen Zeitalter noch eng verklammert waren, zunehmend auseinander. Aufgrund der Mobilität der Bevölkerung, der Konversion von Fürsten und der Gewährung religionsrechtlicher Ausnahmebestimmungen hatte die konfessionelle Einheit der politischen Einheiten immer weniger Bestand. Die Staatszwecklehre änderte sich. Lag es früher im Aufgabenbereich der weltlichen Herrschaft, für die rechte Religionsausübung zu sorgen, so trat nunmehr an die Stelle der religiösen Zweckbestimmung des Staates die Ausrichtung des staatlichen Handelns auf das Wohl und den Nutzen politischer Herrschaft.[52] Dies zunächst in der Theorie, zunehmend aber auch in der Praxis. Der Staat existiere nicht um der Kirche willen, er habe – so wollten es die Naturrechtslehren von Pufendorf, Pfaff, Böhmer und anderen – sein Ziel vielmehr in der Sicherung der öffentlichen Ordnung. Zwar blieb die staatliche Religionsaufsicht erhalten. Trotz staatlicher Kirchenhoheit unterstützte der Staat die Kirche jedoch nicht mehr bei der Umsetzung kirchlich verhängter Strafen. Die Kirchenzucht war damit faktisch abgeschafft. Durch die partielle Auflösung der

---

[51] Ernst Troeltsch, Die Soziallehren der christlichen Kirchen und Gruppen, Tübingen 1912, S. 927.

[52] Emil Sehling, Geschichte der protestantischen Kirchenverfassung, Leipzig, Berlin ²1914, S. 35.

Koalition von neuzeitlichem Staat und Konfessionalismus kam es zu einer Art *Entriegelung*, sodass bislang gesamtgesellschaftlich sekundäre Kräfte und Modernisierungspotentiale zur Wirkung kommen konnten.[53] Zunächst traf dies auf schon ausdifferenzierte Bereiche wie das neuzeitliche Rechtsdenken, naturwissenschaftliche und medizinische Diskurse oder die politische Theorie zu. Aber auch Schule, Bildung und Universität, die bislang unter konfessioneller Kontrolle gestanden hatten, gewannen an Selbständigkeit,[54] ebenso auch wie Moral und Poesie.

2. Aufgrund der funktionalen Entriegelung und der damit verbundenen Lockerung des staatlichen Zugriffs auf den Einzelnen bildete sich, so Lucian Hölscher,[55] im 18. Jahrhundert aber auch eine neue urbane Kommunikations- und Freizeitkultur heraus. Die Entstehung dieser neuen Unterhaltungs- und Diskussionskultur mit wachsendem literarischem Markt, neuen Geselligkeitsformen wie Kaffeehäusern, Fahrten ins Grüne, literarischen Zirkeln, Tee-Gesellschaften und Tanzveranstaltungen bedeutete nicht nur eine Aufwertung von Genuss, Lebensfreude, Bildung und Geselligkeit; die neue Freizeit- und Kommunikationskultur trat auch in direkte Konkurrenz zum Gottesdienst, der bislang das geistige und soziale Zentrum der städtischen Gesellschaft gebildet hatte.

3. Eine gewichtige Rolle für die semantischen Veränderungen im 18. Jahrhundert dürfte auch die für diese Zeit nachgewiesene Beschleunigung des sozialen, wirtschaftlichen und technischen Wandels gespielt haben. Aufgrund verbesserter landwirtschaftlicher Anbaumethoden, der Erhöhung der landwirtschaftlichen Nutzfläche, der Einführung neuer Kulturpflanzen sowie der Ent-

---

[53] Vgl. auch SCHILLING, Das konfessionelle Europa (wie Anm. 18), S. 327.

[54] Vgl. Thomas NIPPERDEY, Deutsche Geschichte 1800–1866. Bürgerwelt und starker Staat, München 1983, S. 56 ff.

[55] Lucian HÖLSCHER, Die Religion des Bürgers. Bürgerliche Frömmigkeit und protestantische Kirche im 19. Jahrhundert, in: Historische Zeitschrift 250 (1967), S. 595–630, hier S. 603; DERS., Geschichte der protestantischen Frömmigkeit in Deutschland, München 2005, S. 95–100.

wicklung der öffentlichen und privaten Hygiene stieg die Lebenserwartung an.[56] Infolge des beschleunigten sozialen und technologischen Wandels sowie der höheren Lebenserwartung wurde das Tempo des sozialen und technologischen Wandels erstmals innerhalb einer Lebensspanne erfahrbar.[57] Zukunft trat dem Einzelnen dadurch als etwas Andersartiges entgegen und insofern auch als etwas Gestaltbares. Die aus der Veränderung der Erfahrungswelt des Einzelnen resultierende Dynamisierung der Zeitvorstellung könnte zu einer Öffnung des Zukunftshorizontes, zu einem Verblassen der Endzeiterwartungen und einer Umkehr der Blickrichtung vom Jenseits auf das Diesseits beigetragen haben. Mit der Erweiterung der technologischen und wirtschaftlichen Gestaltungskapazitäten stieg auch das Zutrauen des Menschen in seine eigenen Handlungsmöglichkeiten.

4. Durch die Entriegelung der konfessionell eingehegten Sozial- und Herrschaftsverhältnisse erhöhte sich aber auch die Wahrscheinlichkeit, dass bislang an den Rand gedrängte Denklinien, wie etwa die durchaus auch von Luther inspirierte mystisch-spiritualistische Traditionslinie von Sebastian Franck, Jakob Böhme, Gottfried Arnold, Johann Christian Edelmann bis hin zu Friedrich Christoph Oetinger, Johann Caspar Lavater und Johann Gottfried Herder, an Einfluss gewannen. Hinzu kommen die Wirkungen der Herzensfrömmigkeit des Pietismus sowie die individualisierenden Tendenzen innerhalb der lutherischen Orthodoxie mit ihrer Be-

---

[56] Vgl. Edward A. Wrigley, Bevölkerungsstruktur im Wandel. Methoden und Ergebnisse der Demographie, München 1969; Peter Marschalck, Die Bevölkerungsgeschichte Deutschlands im 19. und 20. Jahrhundert, Frankfurt a. M. 1984.

[57] Wie Jan Assmann und Reinhart Koselleck vermuten, vermag das kommunikative soziale Gedächtnis nicht mehr als 80 bis 100 Jahre zu umfassen. Die Wahrnehmung von Veränderung wäre dann, so schlussfolgert Hartmut Rosa, daran gebunden, dass sich signifikante Wandlungsprozesse innerhalb von drei bis vier Generationen vollziehen, vgl. Hartmut Rosa, Beschleunigung. Die Veränderung der Zeitstrukturen in der Moderne, Frankfurt a. M. 2005, S. 177 f.

tonung von Selbsterforschung, sittlich verantwortlicher Lebensführung und religiöser Innerlichkeit.[58]

Blicken wir von hier aus auf die ausgemachten drei Merkmale
der Moderne zurück, dann erkennen wir, dass in der Umbruchs-
zeit des 18. Jahrhunderts Prozesse der funktionalen Differenzierung, der Individualisierung und der weltanschaulich-religiösen
Pluralisierung eine enge Verbindung eingingen. Die Entriegelung
der Allianz von Kirche und Staat setzte Individualisierungsprozesse frei, so wie diese die Vielfalt unterschiedlicher Weltdeutungs-
angebote bereicherten. Mit der Auflösung des Absolutismus und
der ständischen Ordnung im 18. Jahrhundert kam es zum Durchbruch zur Moderne. Zugleich zeichnet sich ab, dass es zwar durchaus einige, hier allerdings nur angedeutete, Traditionslinien von
der Reformation bis zu den Umbrüchen des 18. Jahrhunderts gab,
dass aber, nicht zuletzt in der protestantischen Theologie selbst, die
Diskontinuitäten überwogen.

3 Expressiver Individualismus in der Hochmoderne

Ein dritter Individualisierungsschub nach den Veränderungen, die
die Reformation und die Aufklärung in der Stellung und im Selbstverständnis des Individuums gebracht hatten, fiel in die zweite
Hälfte des 20. Jahrhunderts. Nach dem Zweiten Weltkrieg erlebten
die westeuropäischen Staaten einen wirtschaftlichen Aufschwung,
der seinesgleichen sucht. In Deutschland stieg das Bruttoinlandsprodukt zum Beispiel pro Kopf in den vier Jahrzehnten zwischen
1950 und 1989 13 Mal so schnell an wie in den 50 Jahren zuvor und
um ein Mehrfaches stärker als in den vorangegangenen anderthalb
Jahrhunderten.[59] In absoluten Zahlen war allein der Anstieg in den

---

[58] Schilling, Das konfessionelle Europa (wie Anm. 18), S. 320.
[59] Rainer Geissler, Die Sozialstruktur Deutschlands: Zur gesellschaftlichen Entwicklung mit einer Bilanz zur Vereinigung, Wiesbaden
[5]2008, S. 69 f.

1950er-Jahren doppelt so hoch wie zwischen 1800 und 1950.[60] In Deutschland sowie in Österreich sprach man von einem „Wirtschaftswunder", um diese exzeptionellen wirtschaftlichen Zuwächse zu bezeichnen, in Frankreich von den „Trente Glorieuses", in Italien vom „Miracolo economico Italiana", in Spanien vom „Milagro Español".

Grafik 1: Bruttoinlandsprodukt pro Kopf, Deutschland 1850–2010 (in 1990 Int. GK$)

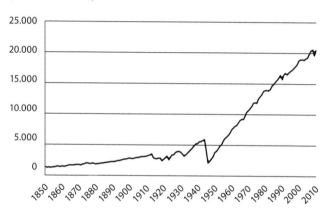

Quelle: Maddison Historical GDP Data, heruntergeladen von http://www. worldeconomics.com/Data/MadisonHistoricalGDP/Madison%20Histori cal%20GDP%20Data.efp (28.02.2014).

Die Erhöhung der ökonomischen Leistung hatte Auswirkungen auf alle Bereiche der Gesellschaft. Aufgrund der gewachsenen Wirtschaftskraft konnte das Bildungssystem ausgebaut werden, wodurch sich nicht nur das Bildungsniveau breiter Bevölkerungsschichten, sondern auch das Interesse an politischen Fragen und die Bereitschaft zur Beteiligung am öffentlichen und politischen

---

[60] Meinhard Miegel, Die verkannte Revolution, Einkommen und Vermögen der privaten Haushalte, Stuttgart 1983, S. 176 ff.

Leben erhöhten. Auch das Gesundheitswesen und das soziale Sicherungssystem konnten von der gestiegenen wirtschaftlichen Leistungsfähigkeit profitieren. Mit dem wirtschaftlichen Wachstum erhöhte sich das Volumen an verfügbarer Freizeit und verringerte sich der Anteil harter körperlicher Arbeit. Wie seit Ronald Ingleharts bahnbrechenden Arbeiten immer wieder nachgewiesen wurde, kam es mit der Erhöhung des Lebensstandards in den sechziger Jahren des 20. Jahrhunderts zu einem grundlegenden Wertewandel von materiellen zu postmaterialistischen Orientierungen, der sich im Konsumverhalten, in den Freizeitaktivitäten, den Lebensstilpräferenzen, in der Geschlechterordnung und vielem anderem niederschlug.[61] Die Jahrzehnte nach dem Zweiten Weltkrieg waren durch ein materielles Wohlstandsniveau charakterisiert, welches die Ausrichtung auf die Befriedigung elementarer ökonomischer Grundbedürfnisse zurücktreten ließ und stattdessen ein wachsendes Bedürfnis nach individueller Selbstbestimmung und Selbstverwirklichung weckte. Eine Kultur des *expressiven Individualismus* entstand, in der auf individuelle Autonomie, auf Lebensgenuss, auf Horizonterweiterung, auf Selbsterfahrung, Reisen, aber auch auf politische Mitbestimmung und soziale Einflussnahme Wert gelegt wurde.[62] Unter anderem drückte sich dieser Wertewandel auch in der Umorientierung der dominanten Erziehungsziele von Gehorsam, Ordnung, Disziplin und Fleiß auf Selbständigkeit und freien Willen aus (vgl. Grafik 2).

---

[61] Ronald INGLEHART, Culture Shift in Advanced Industrial Societies, Princeton 1990.

[62] Der Wertewandel lässt sich nicht nur als ein Wandel von materialistischen Werten wie Disziplin, Sparsamkeit, Fleiß, Ordnung, Gehorsam hin zu postmaterialistischen Werten wie Freiheit, Selbstbestimmung und Lebensgenuss beschreiben. Vielmehr nimmt auch die Bedeutung von Partizipations-, Vertrauens- und Solidaritätswerten zu, vgl. dazu Christian WELZEL, Freedom Rising: Human Empowerment and the Quest for Emancipation, Cambridge 2013, S. 203 ff.

Grafik 2: Wertewandel in Westdeutschland 1957–1996 (in %)

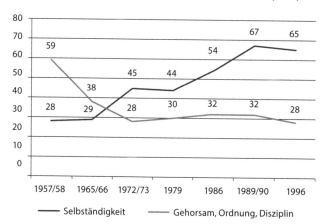

Frage: „Auf welche Eigenschaften sollte die Erziehung der Kinder vor allem hinzielen: Gehorsam und Unterordnung, Ordnungsliebe und Fleiß oder Selbständigkeit und freien Willen?"

Quellen: Emnid-Informationen, Meulemann 1996: 76; Gensicke 1996: 10; Allbus 1996.

Mit den Veränderungen im wirtschaftlichen Bereich, in der Freizeitkultur und in den Werthaltungen hängen auch Veränderungen in den familialen Strukturen zusammen. In den 1960er-Jahren sank die Erstverheiratungsrate, erhöhte sich die Scheidungsziffer, fiel die Geburtenrate und stieg die Rate der nicht ehelichen Kinder. Das kleinbürgerliche Familienmuster mit verheirateten Ehepartnern und Kindern verlor an Akzeptanz. Nicht mehr das Bedürfnis nach Ordnung und Sicherheit bestimmte das Lebensgefühl, sondern das Interesse am Aufbrechen institutioneller Hierarchien und eingefahrener Gewohnheiten. In der unmittelbaren Nachkriegszeit nach den Erfahrungen von Zerstörung, wirtschaftlicher Not und Knappheit sehnten sich die Menschen zunächst vor allem nach der Wiederherstellung von „Normalität", nach geordneten

politischen und sozialen Verhältnissen.[63] Ihre Situation war von
der Angst vor einem neuen Weltkrieg, vor Preissteigerungen und
ökonomischen Krisen bestimmt.[64] Im Laufe der Jahre aber trat die
Sorge um die Sicherung der materiellen Existenz mehr und mehr
zurück. Die Menschen begriffen ihre Zeit als eine Epoche des Fortschritts, als eine Epoche neuer Selbstverwirklichungs- und Gestal-
tungsmöglichkeiten, ja als eine „glückliche Zeit"[65]. Ordnung und
Sicherheit sowie das damit zusammenhängende kleinbürgerliche
Familienideal verloren an Bedeutung.

Ebenso hatten die ökonomischen, politischen und familialen
Wandlungsprozesse sowie die Veränderungen in der Werthaltung
und im Lebensgefühl der Menschen Auswirkungen auf das religiöse Feld. Die Beteiligung am Leben der Kirche ging deutlich zurück.
Die Kirchenaustrittsraten schnellten in die Höhe. Und auch der
Gottesglaube schwächte sich ab. Dabei wurden die Kirchenaus-
tritte überproportional häufig von Höhergebildeten, Männern,
Städtern und sozial Bessergestellten vollzogen,[66] also vor allem von
den Trägern der Individualisierung und der Modernisierung. Dies
verweist auf den engen Zusammenhang der religiös-kirchlichen
Abbruchstendenzen mit den sich in dieser Zeit vollziehenden Pro-
zessen der Urbanisierung, der Bildungsexpansion, der Individua-

---

[63] Dagmar HERZOG, Desperately Seeking Normality. Sex and Marriage
in the Wake of the War, in: Life after Death. Approaches to a Cultural and
Social History of Europe During the 1940s and 1950s, hrsg. von Richard
Bessel und Dirk Schumann, Cambridge 2003, S. 161–192; Axel SCHILDT,
Detlef SIEGFRIED (Hrsg.), Deutsche Kulturgeschichte. Die Bundesrepublik
von 1945 bis zur Gegenwart, München 2009, S. 95 ff.

[64] Elisabeth NOELLE, Erich Peter NEUMANN (Hrsg.), Jahrbuch der öffentlichen Meinung 1947–1955, Allensbach 1956, S. 117; DIES., Jahrbuch
der öffentlichen Meinung 1958–1964, Allensbach 1965, S. 193.

[65] Elisabeth NOELLE, Erich Peter NEUMAN (Hrsg.), Jahrbuch der öffentlichen Meinung 1968–1973, Allensbach 1974, S. 125; Elisabeth NOELLE-
NEUMANN, Edgar PIEL (Hrsg.), Allensbacher Jahrbuch der Demoskopie
1978–1983, München 1983, S. 25.

[66] Armin KUPHAL, Abschied von der Kirche. Traditionsabbruch in der
Volkskirche, Gelnhausen 1979, S. 56–107.

lisierung und der Wohlstandsanhebung.[67] Diese Veränderungen spielten sich damals nicht nur in Westdeutschland ab, sondern in allen westeuropäischen Gesellschaften.

Parallel zur Abschwächung der religiös-kirchlichen Bindungen vollzog sich die Ausbreitung nichtchristlicher, alternativer Religionsformen wie New Age, Zen-Meditation, Esoterik oder Yoga. Das religiöse Feld pluralisierte sich, und die Religionsformen nahmen einen stärker individuell bestimmten Charakter an, nicht nur außerhalb der Kirchen, sondern auch innerhalb von ihnen. Religiöse Angebote wurden nicht mehr aufgrund der Autorität der sie vermittelnden Institution oder ihrer Verankerung in der Tradition akzeptiert. Vielmehr machte sich das Individuum mehr und mehr selbst zum Subjekt seiner Religiosität. Damit wurde Religiosität nicht nur flüssiger und diffuser, sondern auch bunter. An die Stelle institutionalisierter Religion trat in wachsenden Gruppen eine Patchwork-Religiosität, in der der Einzelne zunehmend selbst darüber bestimmte, welchen religiösen Traditionen er folgen wollte und welchen nicht.[68]

Zur Abschwächung kirchlicher Bindungen und zur gleichzeitigen Individualisierung des Religiösen trugen nicht nur die Erhöhung der Wirtschaftskraft und die damit zusammenhängenden kulturellen Öffnungsprozesse bei, sondern auch die Tendenzen der funktionalen Differenzierung, wie sie sich seit den 1960er-Jahren abzeichneten. Waren die Kirchen in der Nachkriegszeit noch unmittelbar in den antitotalitären, demokratischen Grundkonsens der westlichen Gesellschaften eingelassen und bestimmten sie in

---

[67] Wie statistische Analysen zeigen, stehen städtische Wohnlage, höhere Bildung, Bejahung von Individualisierungs- und Postmaterialismuswerten sowie höheres Netto-Einkommen in einem negativen Zusammenhang mit Kirchenmitgliedschaft, Kirchgang, Wichtigkeit des Gottesglaubens und subjektiver Religiosität. Vgl. Detlef Pollack, Gergely Rosta, Religion in der Moderne. Ein internationaler Vergleich, Frankfurt a. M., New York 2015, S. 162.

[68] Thomas Grossbölting, Der verlorene Himmel. Glaube in Deutschland seit 1945, Göttingen 2013.

dieser Zeit noch, gestützt auf eine breite öffentliche Wertschätzung, maßgeblich die politischen Debatten und nahmen damit erheblichen Einfluss auf die Gestaltung des Erziehungswesens und des Sozialsystems sowie auf die Ausbildung gesellschaftlich prägender Ordnungsvorstellungen, so traten in den 1960er-Jahren die einzelnen gesellschaftlichen Sphären mehr und mehr auseinander. Die Kirchen konnten weder das Schulwesen noch die Wertvorstellungen der Bevölkerung durchdringen und verloren auch an Einfluss auf die programmatische Ausrichtung der Parteien. Die politische Öffentlichkeit gewann eine Eigendynamik, die sich nicht selten sogar gegen die Kirche richtete. Ebenso nahmen Kunst, Literatur und Theater einen rein säkularen bzw. antiklerikalen Charakter an. Aufgrund der ablaufenden Prozesse der funktionalen Differenzierung konnten Religion und Kirche immer weniger als das einigende Band der Gesellschaft und als gesamtgesellschaftliche Integrationsinstitutionen verstanden werden.[69]

Funktionale Differenzierung, weltanschauliche Pluralisierung, Individualisierung und Entinstitutionalisierung wirkten zusammen und trugen dazu bei, Religion zu einem Gegenstand subjektiven Entscheidens zu machen und ihr die traditionell verbürgte und institutionell abgestützte Autorität zu nehmen. Die religiösen Institutionen wurden den Menschen vielfach fremd und erschienen ihnen teilweise sogar als unglaubwürdig. Der mit dem Schub der Individualisierung verbundene Entkirchlichungsprozess veränderte die religiöse Landschaft nachhaltig. Selbst die katholische Kirche bekannte sich im Zweiten Vatikanischen Konzil zur Religionsfreiheit und damit zu einem Prinzip der Moderne, das sie noch wenige Jahre zuvor verurteilt hatte. Sowohl die evangelische als auch katholische Kirche vollzogen eine anthropologische Wende. Der Mensch bezog seine Würde nicht mehr aus der Befolgung der Gebote Gottes; das Recht auf religiöse Freiheit wurde vielmehr auf die Würde der menschlichen Person selbst gegründet (Dignitatis humanae). Die Bejahung des modernen Prinzips der

---

[69] Pollack, Rosta, Religion (wie Anm. 67), S. 227 ff.

Religionsfreiheit bedeutete insofern sowohl eine Anerkennung der Vielfalt religiöser Orientierungen als auch eine Anerkennung des unableitbaren Selbstbestimmungsrechts des Individuums. Der Druck, der von dem Erfolg des westlichen Gesellschaftsmodells auf die Kirchen ausging, führte nicht nur zu einer kirchlichen Bejahung moderner Prinzipien wie Freiheit, individuelle Selbstbestimmung, Demokratie und Liberalismus. Diese Prinzipien hielten vielmehr in das Innere der Kirchen selber Einzug und bestimmten mehr und mehr die Verkündigungs- und Seelsorgeformen der Kirchen sowie das theologische Denken. Trutz Rendtorff sah in der historisch, soziologisch und psychologisch unableitbaren religiösen Subjektivität den ermöglichenden Grund der neuzeitlichen Gesellschaft[70] und machte das religiöse Subjekt so zum unverzichtbaren Platzhalter des Unbedingten, zum „Platzhalter Gottes" in der Moderne.[71] Johann Baptist Metz erkannte in der Empfindsamkeit für das Leid des andern das „Weltprogramm des Christentums".[72] Und die Ökumene ging von dem Grundsatz aus, dass die Welt der Kirche die Themen vorgebe. Jedes Mal richten nicht Kirche und Theologie Kriterien auf, an denen die Welt und das Handeln des Menschen gemessen und auf ihre Gottgefälligkeit geprüft werden. Umgekehrt. Der Maßstab des kirchlichen Handelns ist seine Lebensdienlichkeit und Menschenfreundlichkeit. Natürlich legitimierten die Kirchen ihre anthropologische Wende als Konsequenz theologischer Impulse. Tatsächlich sind die Tendenzen der Anpassung an eine als übermächtig erlebte Gesellschaft unübersehbar. Der evangelischen Kirche fiel die Anpassung

---

[70] Trutz Rendtorff, Die Religion in der Moderne – die Moderne in der Religion. Zur religiösen Dimension der Neuzeit, in: Theologische Literaturzeitung 110 (1985), S. 561–574, hier S. 571 f.

[71] Trutz Rendtorff, Gesellschaft ohne Religion? Theologische Aspekte einer sozialtheoretischen Kontroverse (Luhmann/Habermas), München 1975, S. 48, 75.

[72] Johann Baptist Metz, Die Autorität der Leidenden. Compassion – Vorschlag zu einem Weltprogramm des Christentums, in: Süddeutsche Zeitung 24./25./26. Dezember 1997, Nr. 296, S. 57.

an die kulturellen Wandlungsprozesse der 1960er-Jahre leichter als der katholischen Kirche. Dafür erreichte sie in ihr auch ein höheres Maß. Zugleich ging die Integrationsfähigkeit der evangelischen Kirche noch stärker zurück als die der katholischen.

Es dürfte keinen Zweifel daran geben, dass für die Abschwächung der kirchlich-religiösen Bindungen die als Merkmale der Moderne gefassten Prozesse der funktionalen Differenzierung, der Individualisierung und der Pluralisierung eine maßgebliche Rolle spielten. Mit der Ausdifferenzierung religiös unabhängiger gesellschaftlicher Sphären und ihrer eigendynamischen Komplexitätssteigerung wurden die Menschen mehr und mehr von der Konzentration auf religiöse Fragen und Praktiken, sei es das Gebet, der Gottesdienstbesuch oder die fromme Einkehr, abgezogen. Mit der Individualisierung des Weltverhältnisses wandten sich die Menschen zunehmend von den als autoritär empfundenen kirchlichen Institutionen ab. Mit der religiösen Pluralisierung verlor der Einzelne immer mehr das Vertrauen, in eine selbstverständlich gültige religiöse Weltinterpretation eingebettet zu sein.

Auch wenn die Reformation nicht unerheblich zur Autonomisierung des Individuums beigetragen hat, blieben ihre Impulse aufgrund des heteronomen Charakters der von ihr initiierten Individualisierung begrenzt. Der Durchbruch zur Moderne vollzog sich im 18. und 19. Jahrhundert im Gefolge von Aufklärung, Industrialisierung und Liberalisierung. In dieser Zeit fand die entscheidende Wende zum autonomen Individuum statt, damals noch durchaus in kritischer Auseinandersetzung mit der religiösen Weltsicht und in affirmativer und abgrenzender Bezugnahme auf sie. In der Moderne sind die religiösen und kirchlichen Bindungen der Wirkung der Individualisierungsprozesse weitgehend reaktiv ausgesetzt. Es spricht für den eingeschränkten Geltungsanspruch von Religion und Kirche in der Gegenwart, dass religiöse Relevanz inzwischen vielfach nur noch für den sozial unberührbaren Innenbereich individueller Erfahrungen reklamiert wird.

Die Moderne
im Lichte des reformatorischen Erbes[1]

Eilert Herms

Die Behandlung des komplexen Themas erfolgt wegen der Enge des vorgegebenen Zeitrahmens in der zusammengedrängten Form von vier Thesen mit folgender Erläuterung.[2]

These 1: Das Erbe der reformatorischen Theologie ist ihre Beschreibung des christlichen Glaubens als Leben in der Ergriffenheit vom Lebenszeugnis Jesu und in der Hingegebenheit an die dadurch erschlossene Wahrheit über die universalen Bedingungen des Menschseins, des menschlichen Zusammenlebens und der menschlichen Geschichte. Im Lichte dieser kategorialen Einsich-

---

[1] Zur Pointe der Themaformulierung siehe unten Anm. 17 und 18.

[2] Der Vortrag vom 28. November 2015 wird hier nur wenig erweitert, im Wesentlichen aber unverändert wiedergegeben. Die anschließende Diskussion erwies, dass die entscheidenden Pointen des Textes *ohne* Anmerkungen gut verstanden werden konnten und wurden. Der Versuch, alle impliziten und expliziten Behauptungen in Anmerkungen zu belegen, würde ins Uferlose führen. Ebenso der Versuch, alle theologisch-philosophischen Einsichten offenzulegen, die hinter der Begrifflichkeit des Vortrags stehen. Für diese Einsichten verweise ich summarisch auf: Eilert HERMS, Systematische Theologie. Das Wesen des Christentums: in Wahrheit und aus Gnade leben, Tübingen 2017. Die Anmerkungen beschränken sich darauf, hier und dort eine Pointe zu verdeutlichen, verweisen gelegentlich auf frühere eigene Veröffentlichungen, in denen das in vorliegendem Vortrag kurz Angesprochene schon detaillierter behandelt ist, und benennen hin und wieder einzelne Werke, denen ich besonders nachhaltige Anregungen verdanke.

ten versteht der evangelische Christ auch die Epoche der europäischen Moderne.

Das Erbe der Wittenberger Reformation ist nicht ihre Polemik gegen Rom und die Schwärmer – beides wurde ihr aufgedrängt –, das Erbe der Reformation ist ihr positives Anliegen: ihr neuer Anlauf zur Lösung der alten Aufgabe aller christlichen Theologie, den Heilssinn des Christusgeschehens zu entfalten: Mit der Inkarnation des Schöpferlogos wird der Sinn des Weltgeschehens, der diesem *an sich* schon durch seinen Ursprung im Gemeinschafts- und Versöhnungswillen des Schöpfers uranfänglich zu eigen ist, *innerhalb* des Weltgeschehens *explizit* gegenwärtig. Der inkarnierte Logos erschließt durch die Gabe seines „Geistes der Wahrheit"[3] die Wahrheit über Ursprung, Verfassung und Ziel der Schöpfung, also der Welt des Menschen im Ganzen und damit auch die universalen (*perennen*) Bedingungen des Menschseins im Werden, des menschlichen Zusammenlebens und der menschlichen Geschichte.[4] Diese Wahrheit ist befreiend. Sie macht es möglich, mit den universalen Bedingungen des Menschseins und der Geschichte heilsam umzugehen. Das wird bei der genaueren Betrachtung ihres Inhalts klar.

---

[3] Des „Geistes der Wahrheit": Joh 16,13.

[4] Die soteriologische Pointe reformatorischer Theologie, die darin zum Ausdruck kommt, dass die reformatorische Theologie der Rechtfertigungslehre Summenfunktion zukommen lässt, wird zur Engführung, sobald der fundamentalanthropologische, kosmologische und ontotheologische Hintergrund der reformatorischen Rechtfertigungslehre übersehen wird. Darauf habe ich schon – zusammen mit Wilfried HÄRLE – hingewiesen in: Ebd./Eilert HERMS, Rechtfertigung – das Wirklichkeitsverständnis des Glaubens, Göttingen 1979. Dazu vgl. jetzt noch einmal: Eilert HERMS, Das Wirklichkeitsverständnis des Glaubens: Rechtfertigung, in: Niemand ist eine Insel. Menschsein im Schnittpunkt von Anthropologie, Theologie und Ethik, hrsg. von Christian Polke u. a., Berlin 2011, S. 139–180; sowie: DERS., Opus Dei gratiae: Cooperatio Dei et hominum. Luthers Rechtfertigungslehre in De servo arbitrio, in: LuJ 78 (2011), S. 61–135.

1. *Zum kategorialen Gehalt der reformatorischen Fassung des christlichen Wirklichkeitsverständnisses (Verständnisses von Mensch, Welt [Geschichte] und Gott).* – Das Christusgeschehen[5] rückt die universale Verfassung des menschlichen Lebens als *geschaffenes, leibhaft-innerweltliches Personleben* in den Blick.[6]

Die *formale* Grundverfassung dieses Lebens ist seine *Personalität.*[7] Das heißt, dieses Leben ist ihm selber in Herz und Gewissen unmittelbar gegenwärtig, ihm also jeweils mit Selbstgewissheit *vorgegeben* und im Lichte solcher Selbstgewissheit zur Selbstbestimmung *aufgegeben.* Diese Aufgabe ist unabweisbar, wird also auch faktisch von jedem Menschen in Angriff genommen – mit dem Effekt, dass sich durch die Erfahrung, die der Mensch mit seiner eigenen Selbstbestimmungsaktivität macht, auch seine handlungsleitende Selbstgewissheit, die sein eigenes Wollen und Wirken immer schon leitet, schrittweise konkretisiert, also an formaler Deutlichkeit und inhaltlicher Bestimmtheit zunimmt. Ihre innergeschichtlich unüberholbare Konkretgestalt erreicht sie

---

[5] Das ist das österliche Offenbarwerden (Lk 24,34) der Wahrheit des Vollmachtsanspruchs und des am Kreuz vollendeten Lebenszeugnisses Jesu von Nazareth und damit zugleich das Offenbarwerden seines Persongeheimnisses. Dieses Geschehen wird hier in der revelatorischen Weite in den Blick gefasst, die 1 Kor 8,6 umreißt: „Wir haben nur einen Gott, den Vater, *von* welchem alle Dinge sind und wir *zu* ihm; und einen Herrn, Jesus Christus, *durch* welchen alle Dinge sind und wir *durch* ihn".

[6] Wegweisend: Wilfried Joest, Ontologie der Person bei Luther, Göttingen 1967. Vgl. auch Gerhard Ebeling, Disputatio De Homine. Lutherstudien, Bd. II (3 Teile), Tübingen 1989, S. 1977 ff.; Eilert Herms, Mensch, in: Luther Handbuch, hrsg. von Albrecht Beutel, Tübingen [2]2016, S. 439–451; Ders., Opus Dei gratiae (wie Anm. 4), S. 61–135.

[7] Zur systematisch-theologischen Entfaltung des reformatorischen Personverständnisses vgl. Eilert Herms, Art.: Person, in: RGG[4], Bd. VI, S. 1123–1129; Ders., Das christliche Verständnis vom Menschen in den Herausforderungen der Gegenwart (1996), in: Ders., Zusammenleben im Widerstreit der Weltanschauungen, Tübingen 2007, S. 1–24; Ders., Der Mensch – geschaffene, leibhafte, zu versöhnter und vollendeter Gemeinschaft mit ihrem Schöpfer bestimmte Person, ebd., S. 25–46; Ders., Zur Systematik des Personbegriffs in reformatorischer Tradition, in: ZSThRPh 50 (2007), S. 377–413.

in den Augen Luthers, wenn sich für Menschen die Wahrheit des Lebenszeugnisses Jesu für die Welt als Kommen des Reiches Gottes erschließt, also als das schon in-Realisierung-begriffen-Sein des unirritierbaren Gemeinschafts- und Versöhnungswillens des Schöpfers.[8] Das Zustandekommen dieser heilsamen Gewissheit über Ursprung und Ziel von Welt und Leben setzt aber – wie Luther klar sieht – diejenige „natürliche" explizite Gewissheit über das eigene leibhafte Personsein schon voraus, zu der alle Menschen bei ungestörtem Verlauf ihrer Bildungsgeschichte gelangen.[9] Die Christusoffenbarung präsentiert sich als die unverfügbare Antwort auf die letzte und alles entscheidende Frage, auf die die gebildete Gewissheit *jedes* Menschen über sein eigenes leibhaftes Personsein hinausläuft, nämlich die Frage nicht nach der *Existenz*, sondern nach dem *Wesen* Gottes, der schöpferischen Macht über den Ursprung von Welt und Leben der Menschen.[10] Diese Gewissheit eignet nur und erst dem Glauben. Sie setzt aber voraus und schließt selber ein: eben jene allgemeine, schon bei allen Menschen mehr oder weniger entwickelte lebendige Selbst-, Welt- und Gottesgewissheit (Weltursprungs- und -zielgewissheit).

---

[8] Vgl. Ders., Luthers Auslegung des Dritten Artikels, Tübingen 1987; Ders., Gewißheit in Luthers De servo arbitrio, in: Ders., Phänomene des Glaubens, Tübingen 2006, S. 56–80; Ders., Das fundamentum fidei. Luthers Sicht, ebd., S. 81–95.

[9] Eindrucksvoller Ausdruck von Luthers Einsicht in die „natürliche" Gotteserkenntnis aller Menschen: die Erklärung des ersten Gebots im Großen Katechismus, vgl. BSLK, S. 561, 7 ff., S. 563, 35–565, 16. Oder seine Anerkennung der Selbst-, Welt- und Gotteserkenntnis schon der Heiden in De servo arbitrio, vgl. WA 18, S. 617, 23–618, 18.

[10] Vgl. dazu die Zusammenfassung von Luthers Credoauslegung im Großen Katechismus: Im Credo hat man „das ganze göttliche Wesen, Willen und Werk mit ganz kurzen und doch reichen Worten [...] Denn alle Welt, wiewohl sie mit allem Fleiß darnach getrachtet hat, was doch Gott wäre und was er im Sinn hätte und täte, so hat sie doch der keines je erlangen mögen. Hie aber hast Du alles aufs allerreichste." Das Credo spricht nämlich von nichts anderem als von dem Geschehen der Selbstoffenbarung des „tiefsten Abgrunds" des „väterlichen Herzens" des Schöpfers in seinem Sohn durch den heiligen Geist (BSLK, S. 660, 18–47).

In der christlich-gebildeten Selbst-, Welt- und Gottesgewissheit (die die mehr oder weniger klare Selbst-, Welt- und Gottesgewissheit aller Menschen festhält, aber konkretisiert, sie in den einen weiteren Horizont der *Wesens*erkenntnis Gottes stellt) ist dem Menschen sein leibhaftes Personsein explizit präsent als das unauflösliche Gefüge von vier gleichursprünglichen Existenzrelationen:[11]

a) Die erste ist das *Selbstverhältnis* der Person, und zwar ihr Selbstverhältnis als *leibhafte* Person, schließt also als solches auch stets ihr individuelles *Umweltverhältnis* ein.

b) Diese zweite wesentliche Existenzrelation ist in sich selbst gedoppelt: Als Umweltverhältnis einer *leibhaften* Person ist es deren Verhältnis zu ihrer *physischen* Umwelt, als Umweltverhältnis einer leibhaften *Person* ist es jedoch zugleich das Verhältnis zu ihrer *sozialen* Umwelt. Leibhaftes Personsein gibt es nur in Gemeinschaft.

Diese Gemeinschaft ist das Zusammenleben von *leibhaften* Personen. Daher muss sie die beiden Grundleistungen erbringen, die auch das Zusammenleben von Tieren in einer Herde erbringen muss: Sicherheit nach außen und nach innen sowie Aufrechterhaltung des Stoffwechsels. Weil diese Leistungen aber im Zusammenleben von *Personen* nicht instinktgesteuert, sondern

---

[11] Hinter dem Folgenden steht die Einsicht, dass Luthers Beschreibung der Verfassung des Menschen als geschaffener, innerweltlich leibhafter Person, wie sie etwa in prägnanter Kürze in der Auslegung des Ersten Glaubensartikels in den Katechismen (BSLK, S. 647–650), in der Disputation De homine (WA 39/I, S. 175–177; dazu vgl. Ebeling, Disputatio De Homine, wie Anm. 6) und dann in der Auslegung der drei ersten Kapitel der Genesis in der letzten großen Vorlesung vorliegt (WA 42, S. 1–176, bes. S. 1–105), von großen evangelischen Aufklärungstheologen wie Herder (vgl. dazu Eilert Herms, Art.: Herder, in: TRE 15 (1986), S. 70–95) und Schleiermacher (vgl. dazu Eilert Herms, Leibhafter Geist – Beseelte Organisation. Schleiermachers Psychologie als Anthropologie. Ihre Stellung in seinem theologisch-philosophischen System und ihre Gegenwartsbedeutung, in: Der Mensch und seine Seele. Akten des Internationalen Kongresses der Schleiermachergesellschaft 2015 in Münster, hrsg. von Jörg Dierken und Arnulf von Scheliha, München 2016), S. 217–243. festgehalten und zutreffend weiterentwickelt worden ist.

durch Befolgung von Regeln *aufgrund wechselseitigen Verstehens und Verständigtseins* erbracht werden, kommt im Falle des menschlichen Zusammenlebens stets ein dritter Aufgabenbereich hinzu: der Bereich der symbolischen Interaktion, die durch wechselseitiges Verstehen denjenigen Bestand an *gemeinsamen* praktischen Gewissheiten gewinnt und unterhält, der für die Gewährung von Sicherheit durch politische Interaktion und für die Sicherung des Lebensunterhalts durch wirtschaftliche Interaktion erforderlich ist.

c) *Erforderlich* ist solche interindividuelle Verständigung, wie gesagt, weil in menschlicher Gemeinschaft *Personen* zusammenleben. Eben deshalb ist Verständigung aber auch *möglich*. Denn Personen ist ihr individuelles Umweltverhältnis immer nur erschlossen und zu verstehen gegeben *als* Exemplar aus der Klasse *aller möglichen* Verhältnisse gleicher Art, also nicht nur aller möglichen *eigenen* Umweltverhältnisse, sondern auch aller möglichen Umweltverhältnisse von *ihresgleichen*, also nur im Horizont ihrer mit allen anderen ihresgleichen geteilten gemeinsamen *Welt*. Das ist die dritte Existenzrelation leibhaften Personseins: sein *Weltverhältnis*.

d) Dies Weltverhältnis leibhafter Personen ist nun aber nur zugleich mit ihrem Ursprungsverhältnis (ihrem Verhältnis zum Weltursprung) real. Denn ebenso wie leibhaften Personen ihr jeweils bestimmtes individuelles Umweltverhältnis *als solches* nur präsent ist, indem es ihnen *als* Exemplar im Horizont der Klasse von *allem Möglichen gleicher Art* präsent ist, ist auch ihre *bestimmte* Welt ihnen *als solche* nur im Horizont aller möglichen derartigen Welten gleicher Art (also aller möglichen Welten leibhaften Personseins) präsent; und das heißt: *als* die durch eine realisierende Auswahl aus diesem Inbegriff möglicher gleichartiger Welten de facto *realisierte* Welt – und zwar selektiv realisiert unmöglich von irgendeiner *innerweltlichen*, sondern jedenfalls *von* einer *weltübergreifenden* Instanz.[12]

---

[12] Deutlicher als bei Schleiermacher tritt der in der Kontingenz dieser Welt manifeste selektive Charakter ihrer Konstitution bei Herder hervor,

Zugleich mit dem Verhältnis zu dieser unserer Welt ist also das Verhältnis zu ihrem Ursprung gegeben. Beides liegt ineinander: Indem wir uns *innerhalb* dieser unserer Welt zu innerweltlichen Situationen verhalten, verhalten wir uns zugleich *zu* dieser Welt und deren Ursprung und Ziel. Und *zu* dieser gemeinsamen Welt, ihrem Ursprung und Ziel, können wir uns nur verhalten, indem wir uns *in* dieser gemeinsamen Welt zu innerweltlichen Lagen verhalten. Das aber heißt: Angemessene, nicht zur Frustration, sondern zur Erfüllung führende praktische Gewissheit ist nicht nur hinsichtlich des *innerweltlichen* Prozesses erforderlich, sondern ebenso auch hinsichtlich des Prozesses *von* Welt im Ganzen, denn erst solche Gewissheit ermöglicht uns die angemessene Wahl des Letztziels unseres Lebens.[13]

Soweit die christliche Sicht auf die universale Verfassung des menschlichen Lebens als leibhaftes innerweltliches Personleben in der Einheit von Selbst-, Umwelt-, Welt- und Ursprungsverhältnis.

---

und dies unübersehbar unter dem Einfluss Leibnizscher Einsichten, vgl. Eilert HERMS, „Gott". Herders Philosophie des Geistes, in: Religionsphilosophie und spekulative Theologie. Der Streit um die göttlichen Dinge (1799–1812), hrsg. von Walter Jaeschke, Hamburg 1994, S. 56–73. Der nicht welt*immanente*, sondern welt*übergreifende* Charakter des Ursprungs von Welt steht im Blick ganz unabhängig davon, wie dieser Ursprung des näheren gesichtet wird: Also auch dann, wenn – wie etwa bei Spinoza – diese Welt selbst als das Absolute und ihr eigener Ursprung gesehen wird.

[13] *Angemessen* ist nämlich unsere Wahl des Letztziels unseres Lebens nur dann, wenn sie dem Letztziel unseres Lebens entspricht, das uns durch den Ursprung unserer Welt und unseres Lebens *vor*gesteckt ist. Dieses uns-Vorgegebensein des Letztziels unseres Lebens erübrigt nicht etwa unsere eigene willentliche Wahl dieses Letztziels, sondern ermöglicht und verlangt sie. Denn vorgegeben ist dieses Letztziel uns als *Personen*, denen als solchen unabweisbar zugemutet ist, sich zu ihrem eigenen Sein und seiner ursprünglichen (ihnen durch den Ursprung ihrer Welt und ihres Lebens vorgegebenen) Bestimmung in eigenverantwortlichem Sichselbstverstehen zu verhalten. Die Möglichkeitsbedingung dafür, dass dieses unumgängliche Sichselbstverstehen angemessen ist, ist: dass ihnen diese, in und mit ihrem Sein durch dessen Ursprung vorgegebene, Bestimmung offenbar und gewiss geworden ist.

Offenkundig hat diese Sicht ipso facto die menschliche *Sozial*natur im Blick und damit auch die universalen Bedingungen des menschlichen *Zusammenlebens*: Das Gefüge der vier gleichursprünglichen *Existenzrelationen* begründet die Gleichursprünglichkeit von vier *Grundaufgabenbereichen*, die in jedem menschlichen Zusammenleben zu erfüllen sind,[14] nämlich Herrschaft, Wirtschaft und Kommunikation praktischer Gewissheit in der irreduziblen Duplizität der Kommunikation von praktischer Gewissheit über die innerweltliche Prozessualität und von praktischer Gewissheit über die ursprüngliche Prozessualität von Welt im Ganzen.[15] Eben diese letztgenannte Gewissheit ist es, die erst durch die Christusoffenbarung ihre abschließende Bestimmtheit erlangt.[16]

Diese gesellschaftstheoretischen Implikationen der christlichen Fundamentalanthropologie fand die Wittenberger Theologie in dem überlieferten Schema der drei in der geschaffenen Natur des Menschen begründeten Ordnungen der Interaktion – der Ordnung der *politeia*, der *oekonomia* und der *ecclesia* – fixiert und hielt sie fest. Und zwar so, dass sie im zuletzt genannten Bereich, dem der ecclesia, der eben genannten Duplizität von Kommunikation praktischer Gewissheit über das Geschehen *in* der Welt und praktischer Gewissheit über das Geschehen *von* Welt im Ganzen Rechnung trug.[17]

---

[14] Auch für klassische Positionen der modernen Soziologie – etwa Durkheim, Weber, Parsons – gilt, dass sie die universalen Bedingungen des menschlichen Zusammenlebens, also von Gesellschaft, jeweils in einer Sicht der universalen Bedingungen des Menschseins, in einer Fundamentalanthropologie, verankert finden. Das hat noch klarer gesehen Thomas LUCKMANN, The invisible Religion. The Problem of Religion in Modern Society, New York 1967, dort S. 41–49.

[15] Vgl. unten Anm. 17.

[16] Vgl. oben Anm. 10.

[17] Dass die Wittenberger Theologie das überkommene Schema der drei schon im Geschaffensein des innerweltlich-leibhaften menschlichen Personsein gesetzten Ordnungen (zur Traditionsgeschichte vgl. Wilhelm MAURER, Luthers Lehre von den drei Hierarchien und ihr mittelalterlicher

Nun ist aber die Sicht auf die *universalen Bedingungen des menschlichen Zusammenlebens* de facto zugleich auch eine Sicht

---

Hintergrund, in: SBAW phil.-hist. Klasse 1970/4; Reinhard Schwarz, Luthers Lehre von den drei Ständen und die drei Dimensionen der Ethik, in: LuJ 45 [1978] S. 15–34) als in der geschaffenen *leibhaften*, und das heißt *sozialen* Natur gestellte perenne *Aufgaben* der Interaktion verstand, geht aus der Tatsache hervor, dass dieses Schema für sie den systematischen Leitfaden für die Interpretation des im Dekalog vorgefundenen natürlichen Sittengesetzes abgab: Im vierten Gebot (nach lutherischer Zählung) fand sie die perennen Aufgaben der verschiedenen Gestalten von Elternschaft, nämlich „des Geblüts, im Hause und im Lande" (BSLK 601,24–26) behandelt. Dabei ist de facto der Bereich der Ökonomie, das Haus, zugleich der Ort der Kommunikation mittelwahlleitender (technischer) Gewissheit (das hat dann Johann Gottfried Herder in den „Ideen zur Philosophie der Geschichte der Menschheit" [1784–1791] explizit gemacht, indem er im 20. Buch, dem letzten des vierten Teils, die Handwerks„häuser" der Städte als die genuinen Träger allen technologischen Fortschritts dargestellt hat). Auf den Charakter der für die geschaffene Sozialnatur des Menschen wesentlichen *ordines* als perenner *Aufgaben* des Zusammenlebens hat zu Recht Dietrich Bonhoeffer gegen die diesen Charakter verkennende Ordnungstheologie der 20er- und 30er-Jahre des 20. Jahrhunderts hingewiesen, vgl. dazu Eilert Herms, Die Lehre von der Schöpfungsordnung, in: Ders., Offenbarung und Glaube. Zur Bildung des christlichen Lebens, Tübingen 1992, S. 431–456. Jedenfalls besaß die Wittenberger Theologie vermöge ihrer Rezeption der Dreiständelehre den Keim einer universalen Gesellschaftstheorie, die ihr auch zur Orientierung in den besonderen gesellschaftspolitischen Herausforderungen ihrer eigenen Gegenwart diente, vgl. dazu Eilert Herms, Melanchthons Gesellschaftsverständnis mit besonderer Berücksichtigung des Verhältnisses Politik/Religion, in: Staat, Religion, Bildung. Beiträge zum 2. Thüringer Melanchthon-Tag am 19. und 20. Februar 2010 im Thüringer Landtag, hrsg. von Günter Frank, Volker Leppin, Thomas Seidel, Weimar u.a. 2011, S. 63–85. – Ebenfalls als ursprüngliche Implikate der geschaffenen menschlichen Sozialnatur hat dann Schleiermacher in der Güterlehre seiner philosophischen Ethik die Grundaufgabenbereiche menschlicher Interaktion (individuelles und identisches Organisieren und Symbolisieren) bestimmt. Diese Beschreibung ruht ebenso wie die reformatorische auf einem fundamentalanthropologischen Fundament. Daher überrascht die inhaltliche Konvergenz nicht. – Einen an diese klassische Tradition anknüpfenden eigenen Vorschlag für die Bestimmung der in der Sozialnatur des Menschen gründenden Grundaufgabenbereiche menschlicher Interaktion habe ich vorgelegt in: Eilert Herms,

auf die *universalen Bedingungen von Geschichte*.[18] Denn Geschichte kann nichts anderes sein und ist nichts anderes als die von

---

Grundzüge eines theologischen Begriffs sozialer Ordnung, in: Ders., Gesellschaft gestalten. Beiträge zur evangelischen Sozialethik, Tübingen 1991,
S. 56–94; vgl. dazu auch DERS., Grundaufgaben des Zusammenlebens. Ein
Rückblick, in: Ders., Kirche in der Gesellschaft, Tübingen 2011, S. 404–410.

[18] Dies ist bekanntlich besonders klar von Schleiermacher gesehen und
ausgesprochen worden. Dessen Hallenser Ethik (1805/06) spricht die philosophische Ethik selbst als die „Wissenschaft von der Geschichte" an, vgl.
Friedrich Daniel Ernst SCHLEIERMACHER, Werke. Auswahl in 4 Bänden,
Bd. 2, hrsg. von Otto Braun, Aalen 1913, S. 75–239; dort S. 80,4; 87,27–32.
Die späten Entwürfe zur philosophischen Ethik nennen diese unmissverständlicher das „*Formelbuch* der Geschichte", vgl. ebd. S. 549. Monographien und Aufsätze der allgemeinen Geschichtsschreibung ebenso
wie der Kirchengeschichtsschreibung verzichten, soweit ich sehe, in der
Regel darauf, ihre materialerschließenden Leitkategorien, das sie leitende
Wirklichkeitsverständnis, offenzulegen. Eine (nicht besonders dichte)
geschichtstheoretische Debatte vollzieht sich abseits der materialen Geschichtsschreibung, und das anregende lexikalische Großunternehmen
„Geschichtliche Grundbegriffe" (hrsg. von Otto BRUNNER, Werner CON
ZE, Reinhart KOSELLECK, 8 Bde., Stuttgart 1972 ff.) verfolgt programmatisch den Typ eines „historischen Wörterbuchs" (Untertitel: Historisches
Lexikon zur politisch-sozialen Sprache). Diese Abstinenz ändert freilich
nichts daran, dass es kein Verstehen von Monumenten des Gewesenen
geben kann und gibt, das nicht de facto von einer solchen Kategorialität
(Vorverständnis des erkennbar Realen) geleitet wäre, die niemals selbstverständlich ist. Angesichts des Schweigens der Autoren hat sich der besonnene Leser selbst um die Erschließung der jeweils de facto die Sicht
bestimmenden ontologischen und epistemologischen (methodologischen)
Leitperspektive zu bemühen. Dabei ist mir unter den Hervorbringungen
der letzten Jahrzehnte kein Fall mehr begegnet – auch nicht bei Produkten
von innerhalb theologischer Fakultäten arbeitenden Kirchengeschichtlern –, in dem mit der Möglichkeit gerechnet und Ernst gemacht wäre, dass
das Wirklichkeitsverständnis des christlichen Glaubens selbst eine kategoriale Sicht auf die universalen Bedingungen des Menschseins-im-Werden,
seine Welt und deren Ursprung und Ziel enthält, die nicht weniger als
irgendeine andere geeignet ist, als materialerschließende Leitperspektive
der Geschichtserkenntnis zu fungieren. Meinem Beitrag liegt die – schon
in der Überschrift angedeutete – Einsicht zugrunde, *dass* es keine von perspektivischen Leitkategorien unabhängige Geschichtserkenntnis gibt *und*
dass als solche das christliche Wirklichkeitsverständnis in der Pointierung,

äußeren und inneren Ursachen vorangetriebene Variation der jeweiligen Ordnung innerhalb der Grundaufgabenbereiche des menschlichen Zusammenlebens sowie der Ordnung für das Zusammenspiel zwischen ihnen. Im Kontinuum dieses Variierens werden relativ stabile, also begrenzt und unterschiedlich lang dauernde, Gesamtkonstellationen der Ordnung *innerhalb* der Grundfunktionsbereiche und *zwischen* ihnen erreicht, also geschichtliche „Epochen",[19] die aus der mehr oder weniger rapiden Auflösung zuvor herrschender Gesamtkonstellationen von Ordnung hervorgegangen und dazu bestimmt sind, durch mehr oder weniger rapide Veränderungen der Ordnung aller Ordnungen in eine neue Gesamtkonstellation überzugehen.[20]

Soweit die Sicht auf die perennen Bedingungen des Menschseins im Werden, des menschlichen Zusammenlebens und der Geschichte, wie sie durch die Christusoffenbarung erschlossen ist und für die reformatorische Theologie im Blick steht.

---

die es durch die Reformation erfahren hat, also „das reformatorische Erbe" selber in Betracht kommt.

[19] „Epoche" meint im Folgenden nicht nur (wie es – nach Beiseitesetzung der theologisch-dogmatischen Zeitalterlehren – seit der Wende vom 18. zum 19. Jahrhundert zur Vorherrschaft gelangt war) überhaupt einen durch dauernde Eigentümlichkeiten geprägten Zustand, also eine „Periode", des menschlichen Zusammenlebens oder einzelner seiner Aspekte (Kunst, Religion, Politik, Technik etc.), sondern näherhin – in sozialgeschichtlicher Konkretisierung dieses Konzepts – einen gewordenen und im Werden verbleibenden, aber dennoch relativ dauerhaften Zustand der institutionellen *Gesamtverfassung* des menschlichen Zusammenlebens in Gemeinwesen oder Verbünden von Gemeinwesen, also einen gewordenen, aber dennoch relativ stabilen Zustand der Ordnung der Ordnungen des Gemeinwesens (hierzu vgl. Eilert HERMS, Kirche in der Zeit, in: Ders., Kirche für die Welt, Tübingen 1995, S. 231–318). Zu Geschichte und Vielgestaltigkeit der Rede von geschichtlichen Epochen vgl. Manfred RIEDEL, Art.: Epoche, Epochenbewußtsein, in: HWP 2, S. 596–599; Gerrit WALTHER u. a., Art.: Epoche, in: EdN 3, S. 378–388.

[20] Zu der Aufeinanderfolge solcher Gesamtkonstellationen (Epochen), wie sie sich in der nachrömischen Geschichte Europas vollzogen hat, vgl. Eilert HERMS, Kirche in der Zeit (wie oben Anm. 19).

Dieser fundamentalanthropologische, gesellschaftstheoretische und geschichtstheoretische Gehalt reformatorischer Theologie verschafft ihr ihren Platz in derjenigen Richtungsänderung der Reflexion auf das Ganze des Realen, die als „anthropologische Wende", als Zuspitzung der Reflexion auf die Realität des Menschseins, in Europa mit der Renaissance einsetzt und sich bis in die Gegenwart durchhält.[21] Dieses fundamentalanthropologische, gesellschafts- und geschichtstheoretische Erbe der Reformation blüht bei Großautoren evangelischer Theologie wie Johann Gottfried Herder oder Friedrich Schleiermacher auf, regt philosophische Klassiker von Lessing über Kant, Schelling bis Hegel an und

[21] Dazu schon Wilhelm DILTHEY, Weltanschauung und Analyse des Menschen seit Renaissance und Reformation, Gesammelte Schriften II (1914), Göttingen 1991. Diese Wende kulminiert im 18. Jahrhundert im Projekt einer Gesamtwissenschaft vom ganzen Menschen (exemplarisch dafür etwa das Wissenschaftsverständnis D. Humes [vgl. Axel WENGENROTH, Science of Man. Religionsphilosophie und Religionskritik bei David Hume und seinen Vorgängern, Frankfurt a. M. u. a. 1997]). – Zu diesem Projekt und seiner gespaltenen (nämlich in Natur- und Geisteswissenschaften gespaltenen) Realisierung vgl. Odo MARQUARD, Zur Geschichte des philosophischen Begriffs „Anthropologie" seit dem Ende des 18. Jahrhunderts, in: Schwierigkeiten mit der Geschichtsphilosophie, hrsg. von dems., Frankfurt a. M. 1973, S. 122–144; DERS., Apologie des Zufälligen. Philosophische Überlegungen zum Menschen (1984), in: Apologie des Zufälligen. Philosophische Studien, hrsg. von dems., Stuttgart u. a. 1986, S. 117–139; DERS., Über die Unvermeidlichkeit der Geisteswissenschaften (1985), in: ebd., S. 97–116 (bes. S. 110 ff.). – Ein Ausdruck dieser „anthropologischen Wende" ist auch die weitreichende Ergänzung des theologisch-dogmatischen Epochenkonzepts (Weltalterkonzepts) durch das anthropologisch-sozialgeschichtliche, die zwar von den Reformatoren des 16. Jahrhunderts noch nicht konsequent vollzogen wurde wohl aber dann auf der Linie des reformatorischen Ansatzes von den führenden Theologen der christlichen Aufklärung. – Dieses anthropologisch-sozialgeschichtliche Epochenkonzept konnte freilich auch als *exklusive Alternative* zum theologisch-dogmatischen erlebt und verstanden werden. Zu den problematischen Wirkungen dieser Sicht vgl. Helmuth PLESSNER, Die verspätete Nation, Stuttgart 1959, dort das Kapitel: Die Verfallsstufen des christlichen Zeitbewusstseins. Metamorphose und Auflösung des geschichtlichen Weltbildes (S. 92–105).

lebt in der lebens- und existenzphilosophisch inspirierten herme-
neutischen Theologie bis in die Gegenwart fort.

2. *Zur Orientierungskraft der kategorialen Einsichten reformatorischer Theologie.* – Wahrheit ist befreiend, indem sie lähmende
Unklarheit oder irreführende Unwahrheit beseitigt. Eben dies
leistet die reformatorische Anthropologie, Gesellschafts- und Ge-
schichtstheorie in fünf Hinsichten:

a) Sie verleiht der Rede von „Religion" eine klare Referenz:[22]
Religion meint das Ursprungsverhältnis des menschlichen Per-

---

[22] Solche Klarheit fehlt im blühenden Diskurs über „Religion" in der
Psychologie, der Soziologie und sogar der Religionswissenschaften: Das
„Handbuch religionswissenschaftlicher Grundbegriffe" (hrsg. von Hubert
CANCIK u. a., 5 Bde., 1988–2000) erteilt in den methodologischen Artikeln
seines ersten Bandes jeder von theologischer Seite stammenden Klärung
der Referenz von „Religion" eine Absage und verweigert gleichzeitig seinerseits programmatisch eine solche Klarstellung der Referenz der Rede von
„Religion". – Soweit überhaupt Bemühungen um Klärungen des Begriffs
von Religion begegnen, bewegen sie sich methodisch nicht auf der semantischen Ebene einer Klärung des phänomenalen Gegenstandsbezugs der
Rede von „Religion", sondern auf der rein syntaktischen Ebene einer „Definition", also des aus der Mathematik bekannten Verfahrens zur Sicherstellung eines logisch kohärenten Sprachgebrauchs (dazu vgl. Detlef POLLACK,
Was ist Religion? Probleme der Definition, in: Zeitschrift für Religions-
wissenschaft 3 [1995], S. 162–190). Die heute von Google angebotene „Definition" lautet: „Religion: der Glaube an einen Gott oder an mehrere Götter
und die damit verbundene Praxis in Kult und Lebensformen." Das ist offenbar semantisch unergiebig, weil die beiden Definitionsausdrücke „Glaube"
und „Gott/Götter" ihrerseits einer Klärung ihrer Referenz bedürftig sind.
Ganze Schwaden solchen semantischen Nebels begegnen in der Einleitung
des Wikipedia-Artikels „Religion" (Fassung vom 3. Mai 2016): Religion ist
„der Sammelbegriff für eine Vielzahl unterschiedlicher → Weltanschauungen, deren Grundlage der jeweilige → Glaube an bestimmte trans-
zendente (überirdische, übernatürliche, übersinnliche) Kräfte und damit
verbundene heilige Objekte ist, die nicht im Sinne der Wissenschaftstheorie
(sic!) bewiesen werden können, sondern nur im Wege von individueller
intuitiver Erfahrung." Ebendort weiter: „Im Gegensatz zu den philosophischen Weltanschauungen, die ebenfalls auf Glaubenssätzen basieren,
bezeichnet Religion soziale und kulturelle Phänomene, die menschliches

sonseins (das ein wesentliches Element im Gefüge seiner Existenz-relationen ist, gleichursprünglich mit dem Selbst-, Umwelt- und Weltverhältnis des Menschen) und die jeweilige praxisleitende Gewissheit über dieses Verhältnis (deren formale Klarheit und materiale Bestimmtheit geschichtlich [genau: bildungsgeschicht-lich] variiert).

b) Die reformatorische Sicht wahrt die einzigartige Funktion, die dem Ursprungsverhältnis und der praktischen Gewissheit über es[23] (also über die zielstrebige Prozessualität von Welt im Ganzen,

---

Verhalten, Handeln, Denken und Fühlen prägen und kulturelle Wertvor-stellungen normativ beeinflussen. In diesem Zusammenhang kann Religi-on eine Reihe von ökonomischen, politischen und psychologischen Funk-tionen erfüllen. Diese weitreichenden gesellschaftlichen Verflechtungen bergen zwangsläufig ein großes Risiko der Bildung religiöser Ideologien".

[23] „Gewissheit" meint das Innesein der Wahrheit von eigenen Verste-hensleistungen (Wahrheit des Verstehens und des Verstandenen). Diese Wahrheit eigener Verstehensleistungen besteht darin, dass diese Verste-hensleistungen der in sich bestimmten, zuverlässigen Eigenart des uns und unseresgleichen zu-verstehen vorgegebenen Realen (der Wahrheit der Sachen) angemessen sind, das heißt: Sie erfassen das uns in seiner bestimmten Eigenart zu-verstehen vorgegebene im-Werden-Seiende und die in diesem als solchem (eben als dauernd im-Werden-Seiendem) eig-nende objektive Zukunftsanzeige (dafür kann man auch sagen: die in ihm selbst steckende „objektive Verheißung") in einer durch Verstehen konstituierten subjektiven Erwartung so zutreffend, dass die von dieser Erwartung geleitete Verhaltenswahl nicht enttäuscht wird. Ohne Gewiss-heit als so beschaffenes Wahrheitsbewusstsein (Innesein von Wahrheit) ist überhaupt keine menschliche Praxis möglich, die als solche immer von orientierenden und motivierenden Gründen geleitet ist, die sämtlich den Charakter von Gewissheiten der eben beschriebenen Art haben. Einge-schlossen ist in dieser Eigenart von praxisleitenden Gewissheiten, dass an ihnen für die Orientierung und Motivierung eigener Verhaltenswahlen aktuell kein stichhaltiger Grund zu Zweifeln besteht, das heißt, dass sie ausreichen zur Abstützung und zum Durchhalten einer nicht permanent scheiternden erwartungsgeleiteten Praxis (Verhaltenswahl), dass sie jedoch keineswegs absolut, sondern dauernd für eine Weiterbildung und Kon-kretisierung durch fortschreitende Praxiserfahrung offen sind. Vgl. zu all diesem Eilert HERMS, Art.: Wahrheit, systematisch-theologisch, in: TRE 35 (2003), S. 363–378; sowie DERS., Art.: Gewißheit, fundamentaltheologisch,

in jeder ihrer möglichen realen, gewordenen und im Werden verbleibenden Bestimmtheiten) im Zusammenspiel der Gründe für die verantwortliche Lebensführung von Menschen zukommt.[24] Sie sieht und hält fest, dass diese Gewissheit grundlegend ist für das, was Menschen als ihr wahres *summum bonum* anzieht und damit für alle ihre begründeten (also auch verantwortlich vollzogenen) eigenen Zielwahlen.[25]

---

dogmatisch, ethisch, in: RGG[4], Bd. III, S. 909–914. – In dem in der vorigen Anmerkung angesprochenen Diskurs über „Religion" ist eigentlich nur eines klar: Religion ist kein Innesein von Wahrheit, ein Wahrheitsanspruch kann für Religion nicht erhoben werden. Im Unterschied hierzu fasst reformatorische Theologie unter dem Titel „Religion" nichts anderes als gerade und genau eine bestimmte Dimension des praxisleitenden Wahrheitsbewusstseins von Menschen in den Blick – eben ihr Wahrheitsbewusstsein bezüglich einer der vier wesentlichen Existenzrelationen des menschlichen Personseins, eben des Ursprungsverhältnisses (vgl. auch die nächste Anmerkung).

[24] Für die Verhaltenswahl von Menschen als innerweltlich-leibhafter Personen ist wesentlich, dass sie verantwortlich erfolgt. Das heißt: Sie hat stets ihre „Gründe" (im Unterschied zu „Ursachen", die sie auch hat), von denen jeder in einem praktischen Gewisssein besteht, sodass im Bedarfsfall stets eine Rückbesinnung auf sie und eine Auskunft über sie möglich ist. Diese Gewissheiten erstrecken sich auf alle oben schon angesprochenen wesentlichen Existenzrelationen des menschlichen, innerweltlich-leibhaften Personseins (auf das Selbstverhältnis, das Umweltverhältnis, das Weltverhältnis und auf das Verhältnis zum Ursprung [und zum darin schon gesetzten Ziel] von Welt) und spielen stets alle in der realen Orientierung und Motivierung des Handelns von Menschen (ihrer verantwortlichen Verhaltenswahl) zusammen, indem sie unterschiedliche Funktionen erfüllen: die jeweils erreichte praktische Gewissheit im Ursprungsverhältnis fungiert als Orientierung und Motivierung der in jeder Verhaltenswahl steckenden Zielwahl, die jeweils zugleich erreichte praktische Gewissheit im Umwelt- und Weltverhältnis fungiert als Orientierung und Motivierung der mit jeder Zielwahl verbundenen Wegewahl.

[25] Als *summum bonum* ist Menschen jeweils das präsent, was sie – aufgrund dessen, was sie durch ihr eigenes gegenwärtiges in-der-Welt-Sein ihnen selbst jeweils objektiv verheißen finden – mit praktischer Gewissheit erwarten als die *unüberbietbare* Zufriedenheit gewährende Ganzerfüllung ihres Lebens und was sie als Inhalt dieser Erwartung unwiderstehlich anzieht, ihren Affekt und ihr Streben bestimmt. Jede derart anziehende

In seiner referentiellen Klarheit erfasst dieses fundamental-anthropologische Religionsverständnis reformatorischer Theologie[26] eine Bestimmtheit des Ursprungsverhältnisses menschlicher Personen, die fünf Merkmale aufweist:

Erstens: Die als „Religion" angesprochene Bestimmtheit des Ursprungsverhältnisses ist die jeweilige Bestimmtheit einer der *wesentlichen* Existenzrelationen des menschlichen Personseins, für die es wiederum *wesentlich* ist, jeweils eine so oder so geartete (bildungsgeschichtlich bedingte, also variable) formale und materiale Bestimmtheit aufzuweisen. Als diese jeweilige Bestimmtheit dieser wesentlichen Existenzrelation (eben: des Ursprungsverhältnisses)

Gewissheit des *summum bonum* legt somit den Korridor aller auf es relativen relativ-anziehenden Güter und relativ abschreckenden Übel fest. – Was Menschen jeweils in dieser Weise als absolut anziehendes *summum bonum* gegenwärtig ist und sie anzieht, variiert offenkundig geschichtlich (genau: bildungsgeschichtlich). In jedem Fall ist der Unüberbietbarkeitseindruck, der für das jeweilige *summum bonum* wesentlich ist, verbunden mit der jeweiligen *Welt*gewissheit der Person, genau: mit der jeweils von ihr erwarteten – also noch ausstehenden, aber erhofften – unüberbietbaren Vollkommenheit von Welt, also verbunden mit der jeweiligen praktisch gewissen subjektiven Erwartung von Weltvollendung, die ihrerseits stets auf einer jeweils praktisch gewiss gewordenen objektiven Verheißung von Weltvollendung fußt. Die geschichtliche (genau: bildungsgeschichtliche) Variabilität des *summum bonum* hat also offenkundig ihren Grund in der geschichtlichen (genau: bildungsgeschichtlichen) Variabilität dieser praktischen Gewissheit über Welt und Weltvollendung, die ihrerseits immer eine (entsprechend variable und variierende) praktische Gewissheit über den (selbst schon zielbestimmenden) Ursprung von Welt impliziert. Insofern ist zu sagen, dass stets die in der variierenden praktischen Weltgewissheit implizierte variierende Welturspungsgewissheit die variierende praktische Weltvollendungsgewissheit und damit zugleich auch die variierende praktische Gewissheit des *summum bonum* bedingt, die dann ihrerseits die jeweilige praktische Gewissheit hinsichtlich des Korridors des relativ Guten festlegt, die allen Zielwahlen zugrunde liegt, sie orientiert und motiviert.

[26] Unter diesem Titel ist nicht nur das Religionsverständnis der Autoren des 16. Jahrhunderts, sondern auch dasjenige Schleiermachers zu verstehen. Auch es erfasst eine Bestimmtheit des Ursprungsverhältnisses des menschlichen Personseins, und zwar eine solche Bestimmtheit, die ebenfalls die im Folgenden genannten vier Leistungen einschließt.

ist also das, worauf die Rede von „Religion" referiert, *wesentlich* für das menschliche Personsein. Kein menschliches Personleben ist ohne Religion (ohne ein irgendwie formal und material *bestimmtes* Ursprungsverhältnis) in diesem Sinne.[27]

Zweitens: „Religion" referiert auf eine Bestimmtheit des Ursprungsverhältnisses von innerweltlich-leibhaftem *Personsein*, die der jeweiligen Person aufgrund ihrer ihr Personsein konstituierenden Selbsterschlossenheit auch immer irgendwie zu-verstehen gegeben ist, aufgrund dessen aber auch schon immer irgendwie verstanden und damit *praktisch gewiss* ist. „Religion" referiert stets auf eine (gewordene und im Werden bleibende) Bildungsgestalt des *Wahrheitsbewusstseins* von Personen, das ihre Bezogenheit auf den Ursprung ihrer Welt und ihres Lebens betrifft.[28]

Drittens: Somit referiert „Religion" auch stets auf das jeweils bildungsgeschichtlich erreichte Wahrheitsbewusstsein (die praktische Gewissheit) von Personen über den *Grund der Identität* ihrer Welt und ihres Lebens: eben über den Ursprung des Realseins ihrer Welt und ihres Lebens, der diesen ihre unverwechselbare Bestimmtheit (eben Identität) *verleiht* und *erhält*.

Viertens: Indem „Religion" auf die praktische Gewissheit (auf das Wahrheitsbewusstsein) von Personen über den Grund der

---

[27] „Religion" so verstanden referiert also auf etwas völlig anderes als auf irgendeine irgendwie verursachte akzidentelle Bestimmtheit des menschlichen Personseins, wie sie offenkundig der Referenzpunkt der Rede von „Religion" etwa bei D. Hume, A. Comte, K. Marx, M. Weber, S. Freud ist. Soweit die fundamentalanthropologische Referenz von „Religion" im reformatorischen Sinne beachtet und zugrunde gelegt wird, kann also auch nicht mit der Möglichkeit und Realität von „religionslosem" menschlichem Leben und Zusammenleben gerechnet werden, wie es exemplarisch Dietrich Bonhoeffer tat (richtig gesehen von: Christiane Tietz, Rez. von Eilert Herms, Kirche in der Gesellschaft, in: ThLZ 140 (2015), S. 272 f.), sondern (mit dem Großen Katechismus Luthers: BSLK, S. 563, 35–565, 16) lediglich mit unterschiedlichen Bildungsgestalten von Religion, die in grundsätzlich angemessene (Welt in Gott sehende) und grundsätzlich unangemessene (Gott in Welt sehende) zerfallen.

[28] Im Unterschied zu denjenigen Weisen des Redens von „Religion", die auf irgendeine akzidentelle Befindlichkeit des Menschseins referieren.

Identität ihrer Welt und ihres Lebens referiert, referiert sie ipso facto auch auf die praktische Gewissheit (auf das Wahrheitsbewusstsein) von Personen über dasjenige Geschehen, welches die Identität ihrer Welt und ihres Lebens *übergreift* und als solches der *Grund für das Telos* von Welt und Leben und *für das Erreicht-werden dieses Telos*, also für das Ganzwerden[29] von Welt und Leben, für ihr „Heil", ist.

Fünftens: Somit aber referiert die reformatorische Rede von „Religion" auch auf ein Wesensmoment personaler Existenz, bei dem, eben deshalb, weil es den beschriebenen Charakter einer jeweils bildungsgeschichtlich erreichten *praktischen Gewissheit* über den Ursprung und das ursprüngliche Ziel von Welt und Leben hat, auch *Funktion* und *inhaltliche Bestimmtheit zusammenfallen*. Den Referenzpunkt von „Religion" – eben eine jeweils bildungsgeschichtlich erreichte Gewissheit über die Bestimmtheit des Ursprungsverhältnisses von Welt und Leben – gibt es nicht, ohne dass diese Gewissheit eine spezifische (eben zielwahlleitende) *Funktion* für das leibhaft-soziale Leben ausübt; und eben dies genau nach Maßgabe der *inhaltlichen Bestimmtheit* dieser Gewissheit.[30]

c) In der reformatorischen Rede von „Religion" ist aber nicht nur diese *Verfasstheit* ihres Gegenstandes, nämlich dessen Verfasstheit als praktische Gewissheit über Ursprung und Ziel von Welt und Leben leibhafter Personen, klar erfasst, sondern klar erfasst sind auch die besonderen Bedingungen für die *Erlangung* dieser praktischen Gewissheit über die Prozessualität von Welt *im*

---

[29] Vgl. hierzu Eilert Herms, Ganzheit als Geschick. Dogmatik als Begriff menschlicher Ganzheitserfahrung und Anleitung zu ihrer Wahrnehmung, in: Ders., Phänomene des Glaubens, Tübingen 2006, S. 171–204.

[30] Die in zahlreichen Zweigen der sogenannten Humanwissenschaften begegnende Verwendung des Ausdrucks „Religion" zur Bezeichnung einer bestimmten psychischen oder sozialen Funktion (oder Dysfunktion), für die Bewusstseinsinhalte nicht relevant sind, referiert also offenkundig auch auf ein anderes Reale als die Rede von „Religion" in reformatorischer Tradition. Der Referenzpunkt der Rede von „Religion" in dieser Tradition schließt den Unterschied zwischen inhaltsunabhängiger Funktion und inhaltlicher Bestimmtheit aus.

Ganzen, also über ihren Ursprung und ihr Ziel: Solche Gewissheit ist nicht zu erlangen durch Auswertung der Erfahrungen, die wir handelnd und experimentierend mit der *innerweltlichen* Prozessualität machen, sondern nur im Achten darauf, dass und wie im absoluten Wunder der Faktizität des zielstrebigen Dauerns unserer Welt ihr Ursprung für uns manifest ist. Jesus hat dieses Wirken des Schöpfers, das im Wirken des Schöpfers manifest ist, als die Realisierung des absoluten, weltschaffenden Gemeinschafts- und Versöhnungswillens des Schöpfers bezeugt. Dieses jesuanische Zeugnis von Gott, Welt und Leben der Menschen findet Glauben bei denen, die es hören, dadurch den Blick auf ihr eigenes Leben schärfen lassen und dann – wenn ihnen diese Schärfung widerfahren ist – ehrlicherweise keinen Grund mehr zum Zweifel finden an der Angemessenheit dieser Sicht auf das dauernde zielstrebige, und zwar heilszielstrebige, im-Werden-Sein ihrer Welt und ihres Lebens, die ihnen im Evangelium Jesu Christi begegnet.[31]

d) Klärend und befreiend ist weiterhin die reformatorische Einsicht, dass dieses Geschehen des Zustandekommens der Glaubensgewissheit – des Zusammenspiels von äußerem Wort und unverfügbarer, eben geistlicher Erschließung seines Sinnes und seiner Wahrheit – *exemplarischen* Charakter hat: *Keine* Gewissheit über Welt, ihren Ursprung und ihr Ziel, kommt anders zustande als durch die soeben skizzierte unverfügbare Erschließung der Wahrheit von kommuniziertem Welt- und Lebenssinn. Und somit ist auch *keine* Sicht auf die universalen Bedingungen von Mensch, Gesellschaft und Geschichte möglich jenseits einer jeweils traditions-, kommunikations- und damit auch gemeinschaftsspezifischen Erschlossenheitslage. Das befreit von der Illusion eines von dem Boden und der Perspektive einer solchen traditions-, kommunikations- und gemeinschaftsabhängigen Erschlossenheitslage

---

[31] Im Einzelnen dargestellt in: Herms, Luthers Auslegung des Dritten Artikels (wie Anm. 8); Ders., Äußere und innere Klarheit des Wortes Gottes bei Paulus, Luther und Schleiermacher, in: Ders., Phänomene des Glaubens, Tübingen 2006, S. 1–55; Ders., Das fundamentum fidei. Luthers Sicht, in: ebd., S. 81–95.

unabhängigen, vermeintlich neutralen Zugangs zu den universalen Bedingungen unseres Daseins (etwa durch eine vermeintlich perspektiven und gemeinschaftsunabhängige „Vernunft").

e) Klärend und befreiend ist schließlich die reformatorische Unterscheidung und Zuordnung von innerweltlicher Prozessualität und Prozessualität von Welt im Ganzen.[32] Sie hat nämlich befreiende Konsequenzen für die Wahl und Verfolgung innerweltlicher Ziele: Das Ganzwerden und die Ganzerfüllung des persönlichen und des gemeinschaftlichen Lebens ist kein Ziel, das wir und unseresgleichen von uns aus in der Geschichte realisieren könnten. Aber wir können und sollen innergeschichtliche Ziele, nämlich Ordnungen des Zusammenlebens, anstreben und realisieren, die dem gewissen Ziel der Geschichte, der *consummatio mundi*, entsprechen, das heißt auf es hingeordnet sind, indem sie ihre eigene Vorläufigkeit bekennen und sie erträglich machen durch das Vertrauen auf das Erreichtwerden des ursprünglichen Ziels aller Geschichte.[33] Das Wollen und Wirken von solchen immer nur vorläufigen Zielen *in* der Geschichte ehrt und „lobt Gott" als den alleinigen Vollender *der* Geschichte und ist genau deshalb – weil es nicht selbst Geschichte zu „machen" und zu vollenden sucht – „dem Nächsten zu Nutz."[34]

Diese befreiende Kraft der reformatorischen Sicht des im-Werden-Seins von Mensch, Gesellschaft und Geschichte ermöglicht

---

[32] Besonders deutlich in Luthers Sicht des Kooperationsverhältnisses zwischen Gottes weltschaffendem, welterhaltendem und weltvollendendem *operari* und dem innerweltlichen *operari* des Menschen: vgl. HERMS, Opus Dei gratiae (wie Anm. 4), S. 61–135.

[33] Vgl. Eilert HERMS, Leben in der Welt, in: Luther Handbuch, hrsg. von Albrecht Beutel, Tübingen ³2017, S. 471–484.

[34] Als Leitformel des christlichen Ethos gilt für Luther: „Gott zum Lobe und dem Nächsten zu Nutz"; vgl. Eilert HERMS, Das Evangelium für das Volk. Praxis und Theorie der Predigt bei Luther, in: Ders., Offenbarung und Glaube. Zur Bildung des christlichen Lebens, Tübingen 1992, S. 20–55; auch DERS., „Der Glaube ist ein schäftig, tätig Ding". Luthers „Ethik": sein Bild vom christlichen Leben, in: Luther heute. Ausstrahlungen der Wittenberger Reformation, hrsg. von Ulrich Heckel u. a., Tübingen 2017.

nun auch und verpflichtet dazu, in ihrem Lichte die gegenwartsbestimmende Epoche der europäischen Moderne zu verstehen.

These 2: Die „europäische *Moderne*" ist der exemplarische Fall einer geschichtlichen Epoche überhaupt, also die spezifisch variierte Gestalt dessen, was für geschichtliche Epochen und ihre Konstitution überhaupt wesentlich ist. Sie beerbt und radikalisiert das Profil der „europäischen *Neuzeit*" in sechs Hinsichten: a) durch den Übergang von der Dominanz des Funktionssystems Wirtschaft zur lückenlosen Konkurrenzordnung der Marktgesellschaft, b) durch den Übergang vom globalen Ausgriff der europäischen auf alle außereuropäischen Gesellschaften zum Affiziert- und Bedrängtwerden der europäischen Gesellschaften durch die Rückwirkungen dieses Ausgriffs, c) durch die in der Wachstumsorientierung dieser Konkurrenz begründete Erzeugung des „Trilemmas der Nachhaltigkeit", d) durch den Aufstieg des technologischen Fortschritts zum entscheidenden Austragungsmedium der inner- und intergesellschaftlichen Konkurrenz, e) durch die bisher nie erreichte, ebenfalls technologisch bedingte Prägung der Öffentlichkeit durch Medien sowie f) durch die Einhegung des weltanschaulich-ethischen Pluralismus mittels verfassungsmäßiger Verpflichtung der staatlichen Rechtsordnung auf die Achtung der unantastbaren Würde des Menschseins. Das Ganze dieses Epochenprofils kann *nicht* als Effekt von Vorgängen der „Säkularisierung" begriffen werden.

Zu erläutern sind: der Epochencharakter der europäischen Moderne (1), die angedeuteten Grundzüge ihres Epochenprofils (2) und die Bedeutung von „Säkularisierung" für dieses Epochenprofil (3).

1. Eine *Epoche* ist die europäische „Moderne", weil sie alle schon genannten formalen Bedingungen von geschichtlichen Epochen überhaupt erfüllt: Wie bei allen geschichtlichen Epochen handelt es sich auch bei ihr um eine gewordene und kontinuierlich im Werden verbleibende, unbeschadet dessen aber von relativ dauer-

haften Grundtendenzen geprägte Ordnungsgestalt des Zusammenlebens im – ipso facto räumlich begrenzten – Gemeinwesen bzw. einem Verbund räumlich benachbarter Gemeinwesen; und zwar um eine Ordnungsgestalt, die alle wesentlichen Grundaufgabenbereiche des Zusammenlebens umfasst und spezifische Regelungsmuster aufweist sowohl für die Interaktion *innerhalb* jedes Funktionsbereichs als auch für das Zusammenspiel *zwischen* allen diesen Bereichen. Wie alle geschichtlichen Epochen ist auch die europäische Moderne eine geschichtlich gewordene und im Werden verbleibende, dennoch aber *relativ* dauerhafte Gesamtkonstellation der Ordnung aller Ordnungen des Zusammenlebens. Herausgebildet hat sich diese Gesamtkonstellation durch Veränderungsprozesse, die die vorangegangene Gesamtkonstellation, diejenige der europäischen „Neuzeit", auflösend überformen und auf diese Weise in die neue Gesamtkonstellation überführen. Der historiographische Konsens, der sich in der von 2005 bis 2012 erschienenen „Enzyklopädie der Neuzeit" artikuliert, setzt den Beginn der europäischen Neuzeit auf das Ende des 15. Jahrhunderts an, er sieht die Anfänge des sie in die Moderne überführenden Transformationsprozesses im zweiten Drittel des 18. Jahrhunderts und dessen Abgeschlossensein – und damit den Beginn der Epoche der Moderne – in der Mitte des 19. Jahrhunderts.[35] Seitdem leben wir unter den Bedingungen der vollentwickelten Moderne. Wie jede geschichtliche Epoche resultiert auch die europäische Moderne aus der Transformation des Erbes ihrer Vorgängerepoche. Und wie jede geschichtliche Epoche ist sie dazu bestimmt, durch auflösende Überformung ihrer Struktur in eine neue Gesamtkonstellation überzugehen.[36]

---

[35] Enzyklopädie der Neuzeit (EdN), Bd. 1, VIII–XI. – Vgl. auch meine Rezension der Enzyklopädie: Eilert Herms, Enzyklopädie der Neuzeit. Bestandsaufnahme des Fachs „Neuere Geschichte (Europas)" im deutschen Sprachraum, in: ThLZ 138 (2013), Sp. 124–144.

[36] Im Horizont des hier leitenden Verständnisses von Epochen als gewordenen und im Werden verbleibenden Gesamtordnungszuständen des menschlichen Zusammenlebens sind Erklärungen des Zustandekom-

2. Diese *Moderne* beerbt und radikalisiert in allen europäischen Gemeinwesen das Profil der europäischen *Neuzeit*, und dies in den genannten sechs Hinsichten.

a) Die Neuzeit war die Epoche des kontinuierlich zunehmenden gesamtgesellschaftlichen Dominanzgewinns des sich immer weit-räumiger organisierenden Funktionssystems Wirtschaft. Darüber kann die sich gleichzeitig vollziehende Entwicklung des Funktionssystems Herrschaft durch Etablierung des sich allzuständig fühlenden und gebärdenden fürstlichen Absolutismus – begleitet von dem Kontinuum der vom Ende des 15. bis ins 18. Jahrhundert aufeinanderfolgenden Souveränitätskriege[37] – nicht hinweg-

---

mens und Wesens von Epochen aus Wandlungen in *einem* der Grundfunktionsbereiche des Zusammenlebens nicht angemessen. Also auch nicht die lange vorherrschenden Erklärungen der Entstehung und des Wechsels der Zeitalter aus Entwicklungen in den Funktionsbereichen der Gewissheitskommunikation, sei es der zielwahl- (Hegel), sei es der mittelwahlorientierenden Gewissheiten (Comte, Marx) oder sei es auch des Verhältnisses zwischen beiden (etwa: Webers These von der Entzauberung der Welt durch die Erfolge der Naturwissenschaften). Die Beschreibung der europäischen Moderne als eine von der Konkurrenz in der wachstumsorientierten Marktwirtschaft dominierte Gesamtkonstellation darf also nicht verwechselt werden mit einer *Erklärung* dieser Gesamtkonstellation *aus* dieser Dominanz des Funktionssystems Wirtschaft. Vielmehr ist eben das Zustandekommen dieser Dominanz selbst nur ermöglicht aus einem bestimmten Zusammenspiel mit allen anderen Grundfunktionsbereichen.

[37] Das Kontinuum dieser Kriege hatte keineswegs ein genuin religiöses, sondern das politische Motiv des Kampfes um Souveränität *innerhalb* der europäischen *regna* (gegen die Macht der Stände) und die Behauptung solcher Souveränität *gegeneinander*, wobei allerdings die religiösen Institutionen des Christentums als eine Säule sozialer Kohärenz in diesen Kampf um Souveränität unvermeidlich mit einbezogen wurden: So etwa die *sedes Romana*, die sich unter den Renaissancepäpsten selbst als Souverän (des Kirchenstaates) unter Staaten zu behaupten suchte (dazu vgl. die prägnante Darstellung der europäischen Gesamtsituation bei: Heinz SCHILLING, Das Papsttum und das Ringen um die machtpolitische Neugestaltung Italiens und Europas, in: zur debatte, Sonderheft zur Ausgabe 1/2014, S. 15–17); oder: die de facto landeskirchliche Vereinnahmung der kirchlichen Institutionen sei es durch ein der Staatssouveränität freundliches Konkordat (wie etwa das 1516 zwischen Rom und Frankreich abgeschlossene), sei es

täuschen. Denn die fürstlichen Regierungen erkannten (wie alle anderen Regierungen) selber ihre Abhängigkeit von der Leistungskraft der Wirtschaft ihres Landes an, indem sie durch ihre Wirtschaftspolitik Handel und Gewerbe im Inland förderten und durch ihre Kolonialpolitik ein weltweites Unternehmertum, das seinen Erfolg an immer weiträumiger organisierten Märkten suchte.[38]

Diese Entwicklung radikalisiert die Moderne dadurch, dass sie das Zusammenleben in den Gemeinwesen unter Außerkraftsetzung aller überkommenen ständischen Austauschbehinderungen als Ganzes in einen Markt verwandelt. Karl Polanyi hat diese

durch Kirchenraub (in England durch die Selbsteinsetzung Heinrichs VIII. zum Haupt der Kirche von England), sei es durch Förderung romunabhängiger Kirchen in den eigenen Herrschaftsgebieten (so in den reformationsfreundlichen Territorien Deutschlands sowie in Schottland, Dänemark und Schweden). Gegen den in einem einflussreichen antiklerikalen, antikirchlichen, christentums- und überhaupt religionskritischen Strang der Aufklärung des 18. Jahrhunderts gepflegten und bis heute in der vorherrschenden Meinung festsitzenden Irrtum ist zu erkennen und festzuhalten, dass die blutigen Auseinandersetzungen des 16. und 17. Jahrhunderts (insbesondere der Dreißigjährige Krieg) nicht religiös, sondern souveränitätspolitisch motiviert, also *nicht Religions-, sondern Souveränitätskriege* waren. Dazu vgl. bereits: Eilert HERMS, Die ökumenische Bewegung und das Friedensproblem der Neuzeit, in: Ders., Von der Glaubenseinheit zur Kirchengemeinschaft (I) (1989), Marburg ²2003, S. 216–243.

[38] Dies gilt unbeschadet der Tatsache, dass die obrigkeitliche Wirtschaftsförderung in den europäischen Ländern entsprechend der schon im 17. Jahrhundert einsetzenden Diversifizierung der Regierungsformen (etwa zwischen: England [nach dem frühen Ende der absolutistischen Bestrebungen im Jahre 1649 konstitutionelle Monarchie seit 1666], Niederlande [republikanische Verfassung], Frankreich [unrestringierter Absolutismus] und den deutschen Ländern [aufgeklärter Absolutismus]) in Einzelnen unterschiedliche Maßnahmen und Strategien aufweist. Diese Unterschiede hebt hervor: Thomas SOKOL, Art.: Merkantilismus, in: EdN 8, S. 380–387. Vgl. ferner: Markus DENZEL, Ulrich PFISTER, Art.: Handelsgesellschaft, in: EdN 5, S. 97–101; Markus DENZEL, Art.: Fernhandel, in: EdN 3, S. 897–903; Stefan GORISSEN, Art.: Unternehmen, in: EdN 13, S. 1077–1083; Karl POLANYI, Trade and Market in the Early Empires, Glencoe/Illinois 1957.

Entwicklung als diejenige „Great Transformation" beschrieben,[39] durch die die Ordnung des Zusammenlebens im Ganzen zu einer durchgehenden Konkurrenzordnung wird, in der *jede* gesellschaftliche Position in jedem Funktionsbereich nur noch durch das Bestehen von – bestenfalls fair geregelter – Konkurrenz errungen und behauptet werden kann und behauptet wird. Diese neue Situation eröffnet jedem Glied des Gemeinwesens weite Chancen, verlangt ihm aber auch einen alle Kräfte fordernden Dauereinsatz ab. Sie zeichnet sich seit dem zweiten Drittel des 19. Jahrhunderts ab und beherrscht heute alle europäischen Gemeinwesen lückenlos. Dabei bleibt ein Erbe schon aller früheren Epochen in Kraft: nämlich die Abhängigkeit der Stabilität auch dieser Marktförmigkeit der Gesamtgesellschaft von einer politischen und rechtlichen Ordnung, die dem „Marktversagen", also dem Dysfunktionalwerden der Marktmechanismen durch zunehmende Ungleichheit erzeugende Umverteilungseffekte, in ausreichendem Maße wirksam Einhalt zu gebieten vermag.[40]

---

[39] Karl POLANYI, The Great Transformation. Politische und ökonomische Ursprünge von Gesellschaften und Wirtschaftssystemen (1944), dt. 1977 Frankfurt a. M. (Tb-Ed. 1978).

[40] Dazu vgl. neuerdings: Daron ACEMOGLU, James ROBINSON, Warum Nationen scheitern. Die Ursprünge von Macht, Wohlstand und Armut (2012), dt. Frankfurt a. M. 2013. – Der Sachverhalt ist schon seit längerem aus dem ökonomischen Studium der Globalisierung und der signifikant unterschiedlichen Entwicklungsdynamik der Länder bekannt. Diese Studien lassen auch erkennen, dass die politisch-rechtlichen Bedingungen, welche für die Stabilität von Marktmechanismen erforderlich sind, ihrerseits von kulturellen, insbesondere moralischen Bedingungen abhängen. Vgl. dazu: Hermann SAUTTER, Ordnung, Moral und wirtschaftliche Entwicklung. Das Beispiel Taiwan, München u. a. 1990; DERS., Weltwirtschaftsordnung. Die Institutionen der globalen Ökonomie, München 2004, bes. S. 5–84; 257–360. – Allerdings ist zu beachten, dass alle politischen Maßnahmen zur Sicherstellung der Marktmechanismen nicht etwa das Ziel der Einschränkung der gesamtgesellschaftlichen Dominanz des Wirtschaftssystems verfolgten und verfolgen, sondern im Gegenteil die Erhaltung der Leistungsfähigkeit dieses Systems gegen Tendenzen seiner Selbstschädigung.

b) Die Neuzeit ist das Zeitalter des kolonialen Ausgriffs europäischer Gesellschaften auf die Gesellschaften und Kulturen anderer Kontinente.[41] Eine erste, schon in der Neuzeit wirksame,[42] Rückwirkung dieses Ausgriffs auf die europäischen Mächte besteht darin, dass sie der alten Konkurrenz zwischen diesen Mächten eine neue Dimension verleiht, die dann in der Moderne ihre volle Dynamik entwickelt und deren Beitrag zur Verursachung der kriegerischen Auseinandersetzungen des Ersten[43] und Zweiten Weltkriegs[44] gar nicht überschätzt werden kann. Mit dem Ende dieser Auseinandersetzungen, auf die schnell auch die Erosion und Auflösung der europäischen Kolonialreiche folgt, setzt die zweite, nachhaltigere Rückwirkung ein: Die zur Selbständigkeit gelangten außereuropäischen Gemeinwesen konfrontieren Europa mit der Aufgabe, weltweit Beiträge zur Sicherheit, zur wirtschaftlichen und sozialen Gerechtigkeit sowie zur (globalen, aber auch innergesellschaftlichen) friedlichen Konvivenz verschiedener weltanschaulich-ethischer Kulturen zu leisten, also mit einer Herausforderung, die die europäischen Gemeinwesen in erhebliche Bedrängnisse bringt.[45] In ihrer Moderne finden sich die europäischen Gemein-

---

[41] Vgl. Helmut BLEY, Art.: Europäische Expansion im Kontext der Weltgeschichte, in: EdN 3, S. 689–702.

[42] Bekanntlich ist der für den Aufstieg Preußens und damit für die weitere gesamtdeutsche und gesamteuropäische Geschichte mitbestimmende Verlauf des Schlesischen und dann des Siebenjährigen Krieges nur vor dem Hintergrund der überseeischen Konkurrenz Frankreichs und Englands verständlich.

[43] Vgl. hierzu die klassische Arbeit von Fritz FISCHER, Griff nach der Weltmacht, Düsseldorf 1961, sowie das die imperialistische Konkurrenz als *gesamteuropäisches* Phänomen in den Blick fassende Werk von Christopher CLARK, Die Schlafwandler. Wie Europa in den Ersten Weltkrieg zog (2012), dt. München 2013.

[44] Zu den zentralen imperialistischen Motiven der nationalsozialistischen Kriegspolitik vgl. exemplarisch: Eberhard JÄCKEL, Hitlers Weltanschauung. Entwurf einer Herrschaft, erweiterte und überarbeitete Neuauflage Stuttgart 1981.

[45] Manifest seit 1978 (iranische Revolution) in den antiwestlichen Tendenzen in Teilen des Islam und heute in der Migrationsproblematik. Diese

wesen mit ihrer internen Konkurrenzordnung wieder inmitten einer weltweiten Konkurrenzordnung aller Mächte. Die Härte dieser Konkurrenz wird nicht dadurch gemildert, dass sich ihr nicht nur die europäischen, sondern auch andere „westliche" Länder (etwa die USA, Japan, Australien und andere) stellen müssen.

c) Austragungsfeld dieser Konkurrenz ist der Funktionsbereich Wirtschaft als Generator von breit verteiltem Wohlstand, der seinerseits eine notwendige Bedingung von politischer Stabilität und Frieden (in und zwischen den Gemeinwesen) ist. Sachlich geht die Konkurrenz um die Steigerung bzw. den Erhalt ausreichend hoher wirtschaftlicher Wachstumsraten. Das vom Kolonialismus der europäischen Gesellschaften in Radikalisierung neuzeitlicher Anfänge seit dem 19. Jahrhundert ausgelöste Programm eines ressourcenintensiven Wirtschaftswachstums ist seit der zweiten Hälfte des 20. Jahrhunderts zum de facto-Programm der *globalen* Moderne geworden.[46] Inzwischen ist jedoch faktisch ebenso evident, dass dieses Programm zur Realisierung von Frieden durch allseitiges *Wachstum* von Wohlstand und dessen *angemessene Verteilung* in Konflikt mit der Tragfähigkeit des globalen Ökosystems führt und somit in das Trilemma der Nachhaltigkeit mündet: entweder die Grenzen der Tragfähigkeit des Ökosystems zu missachten, oder unter Beachtung dieser Grenzen entweder an bestimmten Stellen (nämlich in den schon wohlhabenden westlichen Gesellschaften) auf weiteres Wachstum des Wohlstands zu verzichten oder auf seine gerechte Verteilung zwischen den Gemeinwesen.[47]

Konflikte haben ihre Ursachen samt und sonders in den Folgen des europäischen Kolonialismus in Afrika, dem Vorderen und dem Mittleren Osten.

[46] Vgl. Gerhard Schulze, Die beste aller Welten. Wohin bewegt sich die Gesellschaft im 21. Jahrhundert?, Frankfurt a. M. 2003. Das Werk erfasst zutreffend, dass heute die Interaktion in und zwischen den Gemeinwesen weltweit der Charakter eines alle Kräfte bindenden „Steigerungsspiels" aufweist, das von der alle Betroffenen *faktisch* beherrschenden Entschlossenheit zur grundsätzlichen Nichtrespektierung, sondern Beseitigung von Grenzen angetrieben wird.

[47] Hierzu vgl.: Wissenschaftlicher Beirat der Bundesregierung Globale Umweltveränderungen (WBGU), Hauptgutachten 2011 (online unter:

d) Diejenige Auflösung dieses Trilemmas, die nicht die interge-
sellschaftliche Ungleichverteilung von Wohlstand anstrebt, sondern einen relativen Wachstumsverzicht der europäischen (und
westlichen) Gemeinwesen, würde einen Mentalitätswechsel, eine
Veränderung der mehrheitlich dominierenden Präferenzstruktur
verlangen, also eine Veränderung der dominierenden Lebenssinngewissheit, deren notwendige Voraussetzung geeignete Bildungs-
prozesse wären – nämlich solche, die Lebenssinnkommunikation
nachdrücklich fördern.[48] Jedoch: Aufgrund des ökonomischen
Charakters der Konkurrenz ist *ein*, wenn nicht *das* entscheidende
Medium für die Austragung dieser Konkurrenz *in* den europäischen Gesellschaften sowie *zwischen* ihnen und *weltweit* der *tech-
nologische* Fortschritt. Aufmerksamkeit, Kraft und Einsatz der
Menschen sind nicht nur *überhaupt* auf das Bestehen der sozialen
Konkurrenz gerichtet, sondern innerhalb dieses Korridors aufgrund seines wirtschaftlichen Profils wiederum auf das Fitwerden
in der Beherrschung der *jüngst erreichten Technologien* und – im
Segment der Funktionseliten – auf die Entwicklung von *neuen
Technologien* als Voraussetzung für die Erringung und Erhaltung
von Einfluss und Unabhängigkeit in der regionalen und weltweiten
ökonomisch-politischen Konkurrenz. Daher wird die Ausrichtung
auch der Sozialisation der nachwachsenden Generation auf diesen
technologischen Fokus unabweisbar und unwiderstehlich.[49]

---

http://tinyurl.com/WBGU2011). Eine prägnante Beschreibung des durch
das „Steigerungsspiel" der Moderne begründeten Nachhaltigkeitsdilem-
mas und der Probleme des Umgangs mit ihm bietet: Hermann SAUTTER,
Eine Steuerung der Menschheitsgeschichte als Antwort auf das Trilemma
der Nachhaltigkeit?, in: Leibhaftes Personsein. Theologische und inter-
disziplinäre Perspektiven, hrsg. von Elisabeth Gräb-Schmidt u. a., Leipzig
2015, S. 325–336.
[48] So auch SAUTTER, Eine Steuerung (wie Anm. 47), S. 334–336.
[49] Repräsentativ für diesen internationalen Sachverhalt sind in Deutschland die Empfehlungen in den seit 2008 kontinuierlich erscheinenden
Jahresgutachten der beim Bundesministerium für Wissenschaft und Forschung angesiedelten „Expertenkommission Forschung und Innovation"

e) Hob sich schon die Neuzeit vom Mittelalter durch die Veränderung, und zwar Ausweitung, der Öffentlichkeit durch die neue Medientechnologie des Buchdrucks ab, so steht die europäische Moderne unter dem Vorzeichen eines abermaligen radikalen „Strukturwandels der Öffentlichkeit"[50], der wiederum durch einen technologischen Fortschritt verursacht ist: nämlich erstens durch die Ergänzung der Druckmedien durch elektronische Medien, die seit dem letzten Drittel des 19. Jahrhunderts weltweite Kommunikation erleichterten, zweitens durch die nach der Mitte des 20. Jahrhunderts einsetzende Weiterentwicklung dieser elektronischen Medien zu Rundfunk und Fernsehen, durch die die Kommunikationswege innergesellschaftlicher und internationaler Öffentlichkeit neu strukturiert wurden, und zwar durch die Etablierung einer radikalen Asymmetrie von Sender und Empfänger, und jüngstens drittens durch die sozialen Kommunikationsmedien zur Nutzung des World Wide Web, die einerseits allen Teilnehmern Senderstatus gewähren, den Einfluss dieses Status aber ipso facto schwächen, und andererseits die neue radikale Asymmetrie zwischen Organisatoren des Netzes und seinen Nutzern etablieren.[51]

f) Die mit der Renaissance einsetzende Fokussierung des Wirklichkeitsverständnisses auf den Menschen und seine Welt führt schon in der Neuzeit aufgrund der konfessionellen Differenzierung des Christentums und des Einflussgewinns philosophischer Traditionen[52] und Neuansätze zu einer Situation des faktischen

---

(EFI) mit ihrem strikten Fokus auf die MINT-Fächer. Der Einfluss dieses verengenden Fokus auf die gesamte Bildungspolitik ist bekannt.

[50] Den früheren, zur „bürgerlichen Öffentlichkeit", beschrieb bekanntlich Jürgen HABERMAS, Strukturwandel der Öffentlichkeit, Frankfurt a. M. 1962.

[51] Diese Situation ist allen Lesern alltagspraktisch bekannt, bedarf also keines weiteren Belegs.

[52] Ein besonders wirksames Beispiel hierfür: Die Karriere des Neustoizismus (dazu vgl. DILTHEY, Weltanschauung und Analyse [wie. Anm. 21]) als in der politischen Elite des 16. bis 18. Jahrhunderts vorherrschender

Pluralismus der ethosfundierenden Leitverständnisse von Mensch und Welt.

In der europäischen Moderne nimmt dieser schon von der europäischen Neuzeit geerbte religiös (weltanschaulich)/ethische Pluralismus[53] gesteigerte, programmatische und rechtlich geordnete Gestalt an. Drei Züge kennzeichnen die Situation:

Erstens die seit der Mitte des 19. Jahrhunderts einsetzende und sich bis heute fortsetzende Steigerung der Pluralität ins Unübersehbare: In ein und demselben Gemeinwesen existiert eine Vielzahl ethosfundierender Leitverständnisse nebeneinander, neben den verschiedenen christlichen Traditionen auch Traditionen des Judentums, seit längerem auch des Islams und anderer Religionen außereuropäischer Herkunft; dazu kommen revitalisierte Traditionen des europäischen Heidentums sowie seit langem Traditionen der Philosophie und Traditionen der ins Weltanschauliche gewendeten Naturwissenschaft, vor allem der Biologie.[54]

Zweitens: Dieser gesteigerte weltanschaulich-ethische Pluralismus nimmt schließlich programmatische Gestalt an. Er existiert nicht nur faktisch, sondern wird – in Umsetzung des erstmals in der „Bill of Rights" von Virginia 1776 noch vor der amerikanischen Unabhängigkeitserklärung proklamierten Menschenrechts auf

---

Orientierungshorizont (dazu: Gerhard OESTREICH, Geist und Gestalt des frühmodernen Staates, Berlin 1969).

[53] Zu den unterschiedlichen Bedeutungen dieses Terminus und dem sozial- und kulturgeschichtlichen Phänomen vgl. Peter GERLITZ, Art.: Pluralismus, religionsgeschichtlich, in: TRE 27 (1996), S. 717–723; Christoph SCHWÖBEL, Art.: Pluralismus, in: TRE 27 (1996), S. 724–739; Eilert HERMS, Art.: Pluralismus, in: Evangelisches Soziallexikon, Stuttgart [3]2016.

[54] Diese Wendung wurde bereits durch Charles Darwin selbst begründet, nämlich durch den in den Kap. IV und V des Werkes „The Descent of Men" unternommenen Versuch, Moral und ihre weltanchaulichen Fundamente selbst im Rahmen der – schon zuvor in dem Werk „Origin of Species" grundgelegten – Evolutionstheorie als Produkt eben dieser Evolution und ihrer Mechanismen zu erklären. Vgl. dazu Eve-Marie ENGELS, Charles Darwin, München 2007, bes. S. 164–206.

Religionsfreiheit[55] – als Ordnungsprinzip des Gemeinwesens anerkannt: Alle individuell und in Gemeinschaften gelebten weltanschaulich/religiösen Überzeugungen werden unter den Schutz des Rechts gestellt.[56] Dies unter der einzigen Bedingung, dass sie die *Würde* des Menschseins achten.[57] Dabei gilt: Die *Würde* des Menschseins ist etwas anderes als der *Wert* des Menschseins. Letzterer kommt, wie der Wert von irgendeinem Realen durch eine Bewertungsaktivität von Menschen zustande. Demgegenüber fällt die Würde des Menschseins mit der Faktizität des Menschseins zusammen, sie ist als die Eigenart des Menschseins, nämlich als das *Person*sein des Menschen, allen eigenverantwortlichen Aktivitäten von Menschen vorgegeben und erheischt von ihnen allen, *geachtet* zu werden, und zwar *als derart vorgegebene*. *Geachtet* wird sie durch jeden Umgang von Menschen mit dem eigenen Personsein und mit dem Personsein aller anderen, welcher respektiert, dass die schon im Sein des Menschen als Person steckende *Zumutung*, selber sich selbst auf dem Boden und im Lichte seiner ihm gewährten Selbsterschlossenheit zu verstehen, eine solche ist, die jedem Resultat solchen Sichselbstverstehens voraus und über es hinaus ist, also auch in kein erreichtes Selbstverständnis eingeholt und somit nicht definitiv abgeschlossen werden kann. *Missachtet* wird dementsprechend diese Würde des menschlichen Personseins, wo nicht verstanden und respektiert wird, dass es ihm selbst entzogen bleibt, dass Menschen im Vollzug des ihnen unabweisbar zugemuteten Sich-selbst-Verstehens weder sich selbst noch andere jemals „in die Hand bekommen".

---

[55] Zu Vorstufen und der allmählichen weiteren Durchsetzung: René Pahud de Mortanges, Art.: Religionsfreiheit, in: TRE 28 (1997), S. 565–574.

[56] Diese faktisch in variierter, aber grundsätzlich ähnlicher Weise in allen europäischen Ländern herrschende Lage besitzt in Deutschland ihren Ordnungsrahmen im Grundgesetz von 1949: Art. 4.

[57] Hierzu: Eilert Herms, Menschenwürde, in: Ders., Politik und Recht im Pluralismus, Tübingen 2008, S. 61–124.

Dieser verfassungsrechtliche Rahmen eröffnet – drittens – unterschiedliche Möglichkeiten des Umgangs mit dem religiös (weltanschaulich)/ethischen Pluralismus. Sie alle bewegen sich im Rahmen einer programmatischen und strategischen Alternative: Die eine Strategie sieht die Offenlegung der unterschiedlichen Positionen vor und die Unterhaltung (also unvermeidbar auch: die stabile *Institutionalisierung*) eines auf die Entdeckung und Pflege von Konvivenzordnungen gerichteten öffentlichen Dialogs. Dieser Weg ist aufwendig und anstrengend: Er verlangt Reflexions- und Dialogleistungen, die von den Einzelnen unter den Bedingungen ihres modernen, ökonomisch dominierten, Alltags nicht leicht erbracht werden können, und ein Engagement für die institutionelle Pflege der Gemeinschaften der Lebenssinnkommunikation und -tradition, die ebenfalls von den Einzelnen unter den Bedingungen ihres modern-ökonomiedominierten Alltags nicht leicht zu erbringen sind. Andererseits ist die verantwortliche Pflege (Kommunikation, Tradition und Weiterentwicklung) von *gemeinschaftlicher* ethosbegründender Lebenssinngewissheit, die ihrerseits eine notwendige Voraussetzung für eine verantwortliche, kritische und effektive Partizipation an der Mitgestaltung der Ordnung des Gemeinwesens ist, ohne das Durchhalten von besonderen Institutionen expliziter Lebenssinnkommunikation nicht zu haben; und ebenso wenig ein effektiver Dialog der verschiedenen Traditionen untereinander sowie zwischen ihnen und den Institutionen der Wirtschaft und der Politik. Nur auf diesem Weg stabiler Institutionalisierung kann ethosbegründende Lebenssinngewissheit in ihrer faktisch bestehenden Relevanz für die Unterhaltung und Weiterentwicklung der Ordnung des Gemeinwesens überhaupt Gegenstand einer verantwortlichen Pflege sein.[58]

---

[58] Die hinter dieser Feststellung stehenden Einsichten sind: a) Gebildete Individualität menschlicher Personen *kann* es aufgrund der Leibhaftigkeit und damit auch der Sozialität des menschlichen Personseins nur innerhalb von Gemeinschaft geben und *gibt* es somit auch nur in Gemeinschaft (so hat bereits Luther die Leibhaftigkeit des Menschen als den Grund seiner unentrinnbaren Angewiesenheit auf die Kommunikation von ge-

Dem steht eine andere Sicht auf den religiös (weltanschaulich)/ ethischen Pluralismus der Moderne gegenüber samt entsprechendem Programm für den strategischen Umgang mit diesem Pluralismus. Für diese Sicht sind unter den Bedingungen der Moderne *besondere* Institutionen für die Entstehung und Entwicklung von religiös (weltanschaulich)/ethischen Überzeugungen nicht mehr konstitutiv. Vielmehr wird angenommen, dass in der „modernen

---

meinschaftlicher Lebenssinngewissheit, also auf das *„äußere"* Wort" als *„leibhaftes"* Wort", als notwendige Bedingung für die Gewinnung persönlicher Lebensgewissheit durchschaut und betont, etwa: WA 36, 500,30). b) Für das Entstehen und das Wirksamwerden von Lebenssinngewissheit im Leben von *Einzelnen* ist also die notwendige Voraussetzung eine Lebenssinngewissheitsgemeinschaft (also eine Religions- bzw. Weltanschauungs*gemeinschaft*) in Gestalt von institutionalisierter (als solcher also auch ipso facto *in* ihrer Umwelt und *für* ihre Umwelt erlebbarer und ihr damit zu verstehen gegebener) Kommunikation, damit auch Tradition und damit auch Weiterentwicklung von bestimmter (und das heißt eben: *inhaltlich* bestimmter) Lebenssinngewissheit. Also keine individuelle Lebenssinngewissheit außerhalb der leibhaften (also auch „sichtbaren") Kommunikations- und Traditionsinstitutionen einer Lebenssinngemeinschaft. Durch ihre Aufgabe – eben Lebenssinngewissheitskommunikation – sind diese Institutionen von den Institutionen zur gemeinsamen Lösung politischer und wirtschaftlicher Aufgaben sowie Aufgaben der Technologiekommunikation irreduzibel unterschieden. c) Die Ausgestaltung dieser Institutionen (etwa ihr Organisations*grad* und ihre Organisations*gestalt*) ist geschichtlich variabel, und zwar nach Maßgabe des unterschiedlichen Inhalts der kommunizierten (gemeinschaftlichen) Lebenssinngewissheit (etwa: Kirche [Organisationsform institutionalisierter Kommunikation *christlicher* Lebenssinngewissheit]/akademische Schule [Organisationsform institutionalisierter Kommunikation einer philosophischen Lebenssinngewissheit]), nach Maßgabe der Herausforderungen der jeweils die Ordnung des Gemeinwesens prägenden epochenspezifischen Gesamtkonstellation (vgl. etwa den Gestaltwandel von Kirche im Laufe der Christentumsgeschichte) und innerhalb der jeweiligen Gesamtkonstellation auch hinsichtlich ihres Verhältnisses zu den Organisationen anderer Grundfunktionsbereiche (Alternative: selbständige Organisation der Lebenssinngewissheitskommunikation gegenüber den Organisationen von Politik, Wirtschaft und Technologiekommunikation [science] oder Vereinnahmung auch der Aufgabe der Lebenssinngewissheitskommunikation von den Organisationen der Politik, Wirtschaft und Technologiekommunikation).

Gesellschaft" der in aller sozialen Interaktion *immer schon irgendwie laufende* Prozess der individuellen „Bewusstseins"- und „Gewissens"bildung der Einzelnen der *normale* und auch der einzige
dem Wesen der „modernen Gesellschaft" *angemessene* Modus des
Zustandekommens und der Entwicklung von ethosbegründender religiös/weltanschaulicher Überzeugung ist. Aus dieser Sicht
sind die überkommenen *besonderen* Institutionen der Lebenssinnkommunikation in der modernen Gesellschaft bereits rand-
ständig *geworden* und zu zunehmender und schließlich völliger
Bedeutungslosigkeit *bestimmt*; solange sie noch bestehen, lenkt
die ihnen gewidmete Aufmerksamkeit nur ab von unbefangener
Wahrnehmung der in der modernen Gesellschaft außerhalb und
ohne besondere Institutionen verlaufenden religiös-ethischen Be-
wusstseins- und Gewissensbildung, die für die wissenschaftliche,
nämlich soziologische, Theoriebildung nur Gegenstand wertfrei
empirischer, also rückblickender, Beschreibungen sein können.[59]
Dieses Programm empfiehlt also eine Strategie, die von den angedeuteten Anstrengungen des alternativen Programms entlastet,
indem sie den religiös (weltanschaulich)/ethischen Pluralismus
unterläuft: Aus ihrer Sicht *ist* für die Qualität der Gesamtordnung
des Gemeinwesens irrelevant und daher auch als irrelevant *zu behandeln* jede besondere inhaltliche Bestimmtheit von Lebenssinngewissheit über diejenigen Bewusstseins- und Gewissensinhalte
hinaus und im Unterschied zu ihnen, welche sich am Ort jedes
Einzelnen über seine Stellung im politischen und wirtschaftlichen
Leben durch seine alltägliche Partizipation an beidem immer
schon ergeben und deren soziale Funktion es ist, ihn in dieses

---

[59] So die seit Beginn der 1960er-Jahre vertretene und bis heute denk-
bar einflussreiche, anthropologischen Grundannahmen Durkheims und
Meads verpflichtete, „wissenssoziologische" Bestimmung der Referenz der
Rede von „Religion" bei Peter BERGER und Thomas LUCKMANN, Die gesellschaftliche Konstruktion der Wirklichkeit. Eine Theorie der Wissenssozio-
logie, Frankfurt a. M. 1966; Thomas LUCKMANN, The Invisible Religion.
The Problem of Religion in Modern Society, New York 1967.

wirtschaftliche und politische Zusammenleben zu integrieren.[60] Dieser Strategie liegt a) die Überzeugung zugrunde, dass alle von diesen allgemeinen „kosmisierenden und gesellschaftsintegrierenden" Gewissheitsinhalten unterschiedenen und über sie hinausgehenden besonderen weltanschaulichen Vorstellungen für die Qualität des wirtschaftlichen und politischen Lebens bedeutungslos sind, und b) die Erwartung, dass sich diese wirtschaftliche und politische Bedeutungslosigkeit der besonderen Inhalte von Religion und Weltanschauung für alle wirtschaftlich und politisch integrierten Glieder des modernen Gemeinwesens auch erweisen und das Problem des Pluralismus daher seine Lösung durch allseitigen religiös/weltanschaulichen Indifferentismus finden wird (was nicht ausschließt, dass besondere religiös/weltanschauliche Vorstellungen für einzelne Menschen, die entsprechend veranlagt[61] oder erzogen sind, eine Hilfe bei der Aufrechterhaltung psychischer Balance sein können[62]).

Drittens: Soweit das Epochenprofil der Moderne. Als ganzes kann es offenkundig nicht als Effekt von Vorgängen der „Säkularisierung" begriffen werden – jedenfalls dann nicht, wenn man sich an den einzigen klaren Sinn der Rede von „Säkularisierung" hält, demzufolge sie – vor allen ihren späteren „ideenpolitischen" Ver

---

[60] Franz Xaver KAUFMANN, Religion und Modernität, Tübingen 1989, S. 4, weist richtig darauf hin, dass die – Durkheim folgende – wissenssoziologische Entscheidung, diese allgemeinen „kosmisierenden und gesellschaftsintegrierenden" Gewissheitsinhalte zur Referenz des Ausdrucks „Religion" zu machen, eine Rede von „Religion" einführt, deren Referenz völlig verschieden ist von der Referenz der oben nachgezeichneten christlichen Rede von „Religion". Diese ältere und jene neuere soziologische Rede von „Religion" sind klar äquivok. Das wird von Theologen, wenn sie auf die letztere Bezug nehmen, nicht immer beachtet.

[61] Eben, wie Max Weber sagte, „religiös musikalisch" sind.

[62] So gesehen eröffnet sich dann die Perspektive auf einen Dialog zwischen den Anhängern verschiedener religiös/weltanschaulicher Traditionen, dessen eigentlicher Gegenstand der Austausch über die psychischen („spirituellen") Wirkungen der überlieferten Vorstellungen der einen und der anderen Seite ist.

wendungsweisen[63] – einfach die Übertragung von Kirchenbesitz
in den Besitz anderer gesellschaftlicher Eigentümer bezeichnet.[64]
Zu derartigen Vorgängen kam es schon im Zuge der Reformation,
im großen Stile dann während der Aufklärung in katholischen
Territorien, etwa Österreich und Bayern. Der klassische Fall ist
die Säkularisierung der geistlichen Territorien am Ende des Alten
Reiches. Diese klare Rede von „Säkularisierung" könnte dann in
einem übertragenen Sinne auch zur Bezeichnung von Vorgän-
gen verwendet werden, durch die genuine Zuständigkeiten der
Kirchen diesen weggenommen und anderen gesellschaftlichen
Institutionen übertragen werden. Ob es solche Vorgänge einer
„Säkularisierung" im übertragenen Sinne real gegeben hat, scheint
mir keineswegs sicher zu sein. Sicherlich *nicht* dazu gehören Maßnahmen, die dem Unterschied zwischen ziviler Gemeinschaft und
Glaubensgemeinschaft Rechnung tragen[65] (etwa: Einführung der
Zivilehe, Beseitigung der geistlichen Schulaufsicht und anderes);
auch nicht die Verdrängung der Kirche aus der Öffentlichkeit
durch die republikanische Ideologie der Laizität; ebenso wenig
Veränderungen, und zwar Verflüssigungen und Individualisierun-
gen, des Partizipationsstils der Glieder der Glaubensgemeinschaft.

Vor allem aber: Das Heraufziehen einer Epoche ergibt sich
grundsätzlich nicht aus solchen partikularen Vorgängen des
Besitzentzugs bestimmter Organisationen in einem einzelnen
Grundfunktionsbereich des Gemeinwesens. Vielmehr beginnen
und enden geschichtliche Epochen stets durch eine Vielzahl unterschiedlicher Ursachen, Motive, Tendenzen und Entscheidungen

---

[63] Dazu unüberholt: Hermann Lübbe, Säkularisierung. Geschichte eines
ideenpolitischen Begriffs, Freiburg i. Br. 1965.

[64] Ich übersehe nicht, dass die Rede von „Säkularisierung" bzw. „säkular" heute darüber hinaus viele andere Bedeutungen gewonnen hat.
Nur sehe ich nicht, dass dieser weitere Sprachgebrauch in irgendeiner mir
bekannten Form die referentielle Klarheit der ursprünglichen Bedeutung
erreicht hätte.

[65] Die sind vielmehr im reformatorischen Verständnis der Grundbedingungen menschlichen Zusammenlebens selbst schon enthalten.

naturgeschichtlicher, technologischer, wirtschaftlicher, politischer und rechtlicher Art, die eben die Ordnung des Zusammenlebens in allen Grundaufgabenbereichen sowie die Ordnung von deren Zusammenspiel betreffen. Diese Gesamtverschiebungen können und müssen sich dann in epochenspezifischen Positionierungen der Grundfunktionsbereiche in ihrem Zusammenspiel niederschlagen und infolgedessen auch im Schicksal einzelner Organisationen aus den verschiedenen Funktionsbereichen.[66] Aber die Neukonstellierung des Zusammenspiels aller Grundfunktionsbereiche bringt mit Sicherheit keinen der Grundfunktionsbereiche zum Verschwinden und auch nicht die universale Binnenstruktur der Funktionsbereiche in Gestalt des Zusammenspiels von bereichsspezifischen Institutionen (von denen immer ein mehr oder weniger großer Teil auch Organisationsform annimmt).

Dies alles gilt auch für den Grundfunktionsbereich der Lebenssinnkommunikation und innerhalb seiner der Kirchen: Der Übergang von der Neuzeit zur Moderne *kann* aus der Natur der Sache heraus – wenn diese angemessen gesichtet und begriffen ist – nicht zum Verschwinden des Grundfunktionsbereichs der Kommunikation von Gewissheit über den Ursprung und das Ziel der Welt und des Lebens der Menschen, der Gewissheit über ihren Sinn, führen und er *hat* auch nicht dazu geführt – wie die Lebendigkeit dieser Kommunikation von weltanschaulicher/religiöser (und damit auch ethischer) Gewissheit in allen europäischen Gesellschaften und ihre Auswirkung auf das Zusammenspiel aller Grundfunktionsbereiche just in unseren Tagen zeigt.[67] Was stattgefunden hat, ist eine – in der Tat tiefgreifende – Veränderung der Bedingungen, unter denen sich diese Kommunikation in der Moderne vollzieht. Ebenso wenig sind die kirchlichen Institutionen (und andere be-

---

[66] Handgreiflich am epochenspezifischen Schicksal von wirtschaftlichen oder staatlichen Organisationen, etwa Behörden oder Militär.

[67] Das wird auch im Horizont der Luckmann-These nicht bestritten. Eine ihrer Pointen ist ja gerade, dass in *jeder* Gesellschaft, auch der modernen, Religion (freilich verstanden als nicht an besondere Institutionen gebundene) individuelle Bewusstseins- und Gewissensbildung vorhanden ist.

sondere Institutionen der Religions-, Weltanschauungs- und Lebenssinntradition und -kommunikation) aus der Binnenstruktur des Funktionsbereichs der Kommunikation weltanschaulich/religiöser Lebenssinngewissheit verschwunden. Vielmehr ist auch ihr Wirken nur unter neue gesamtgesellschaftliche Bedingungen getreten, die auch den von ihnen ausgehenden Einfluss auf das Gemeinwesen im Ganzen unter neue epochenspezifische Bedingungen stellen, aber nicht zum Verschwinden bringen.[68] Und die Bedeutung dieser Organisationen für die Unterhaltung und Weiterentwicklung der Gesamtordnung des Gemeinwesens ist keinesfalls einfach an der Entwicklung ihrer Mitgliederzahlen abzulesen.

Wenn aber der Übergang von der Gesamtkonstellation „europäische Neuzeit" zur Gesamtkonstellation der „Moderne" umfassend nicht als Prozess der „Säkularisierung" zu begreifen ist, wie ist er dann zu begreifen? Wie ist dann der Einfluss der Wittenberger Reformation auf die Heraufkunft von Neuzeit und Moderne zu beurteilen und wie die Moderne im Licht der reformatorischen Sicht von den universalen Bedingungen des Menschseins, seiner Welt und seiner Geschichte? Dazu die beiden letzten Thesen.

These 3: Der Wittenberger Impuls zur materialen und formalen Reform der Institutionen christlicher Lebenssinnkommunikation ist hinsichtlich seiner Entstehung, seines Überlebens und seiner Wirkungsgeschichte durch die *multifaktoriell* begründete Epochenwende vom Mittelalter zur Neuzeit bedingt. Er bedingt dann seinerseits den Übergang zur Moderne durch die Ermöglichung von aufklärungsbejahenden Institutionen christlicher Lebenssinnkommunikation.

1. Noch immer ist eine Sicht lebendig, derzufolge der heroische Aufstand Luthers gegen Rom das alte Europa in Bewegung versetzt und zwar zunächst in blutige Religionskriege gestürzt, dadurch aber ein für alle Mal den Europäern die Gefährlichkeit von

---

[68] Vgl. das oben in Anm. 17 und 58 Gesagte.

Religion vor Augen geführt und somit als Langzeiteffekt einer breiten Bereitschaft zur Befreiung von religiösen Vorurteilen, ja von religiöser Lebensorientierung überhaupt und der wohltuend gelassenen Gleichgültigkeit gegenüber allen Fragen der Weltanschauung und Religion im aufgeklärten Europa den Weg gebahnt und seit Ende des Zweiten Weltkriegs zum endgültigen Durchbruch verholfen habe.

Diese Sicht ist in keiner ihrer Spielarten zu halten. Das alte Europa war längst, nämlich seit dem endenden 15. Jahrhundert, kulturell, wirtschaftlich und politisch in Bewegung. In der Bewegtheit dieser Umbruchzeit liegen alle Bedingungen, aus denen heraus allein die *Entstehung*, das Überleben und die *Wirkungsgeschichte* der Wittenberger Initiative verstanden werden können. Ihre Entstehung ist nicht zu begreifen ohne die scholastikkritischen Impulse des Humanismus und nicht ohne den ausdifferenzierten Reichtum und die internen Spannungen, die das Frömmigkeitsleben der Umbruchzeit zwischen Mittelalter und Neuzeit prägen und die ihrerseits ganz wesentlich durch den Übergang von der Vorherrschaft der agrarischen zur aufkommenden bürgerlich-städtischen Kultur und Lebenswelt ausgelöst wurden.[69] Interessen des städtischen Bürgertums und der seit langem in einem wechselseitigen Ringen um Souveränität begriffenen nationalen europäischen Mächte waren es denn auch, die die von Wittenberg angeregte Reformbewegung in ihren Dienst nahmen und dieser dadurch ihr Überleben sicherten.[70] Diese Schutzherrschaft von städtischen und territorialen Obrigkeiten über die der Wittenberger Theologie folgenden Kirchen war es dann auch, die die Wirkungsgeschichte der Reformation prägte und die evangelischen Landeskirchen zu

---

[69] Ein Vorgang, der sich seit dem 13. Jahrhundert abzeichnet und beginnend mit Mittel- und Norditalien dann schrittweise alle europäischen Länder ergreift. Der Übergang findet bekanntlich in Luthers eigener Familiengeschichte einen exemplarischen Ausdruck.

[70] Das zeigt die Geschichte der Causa Lutheri zwischen 1521 und 1555 unwidersprechlich.

Institutionen der Zivilreligion der protestantischen Gemeinwesen im Norden Deutschlands und Europas machte.

2. Das freilich schließt nicht aus, dass auch die genuinen Anliegen und Einsichten der Wittenberger Theologie ihrerseits einen bedingenden, mitgestaltenden Einfluss im Kräftespiel des Übergangs zur Moderne ausgeübt haben. Sie haben in den die Reformation integrierenden Gemeinwesen die Entstehung von aufklärungsfreundlichen Institutionen christlicher Lebenssinnkommunikation ermöglicht.[71] Und dies vermöge von vier eng miteinander verflochtenen theologischen Grundanliegen der Reformation.

Erstes Grundanliegen: Die Kommunikation des Evangeliums (der im Lebenszeugnis Jesu enthaltenen Sicht auf das Ganze von Welt und Leben der Menschen) ist nur dann und insoweit heilsam, wie sie diese Sicht zum Inhalt der Selbst- und Lebensgewissheit der Menschen und zum Fundament ihres Grundvertrauens in die absolute Güte und Versöhnungsbereitschaft der Ursprungsmacht und damit auch in die Güte des durch sie gewährten Lebens in der Welt macht: „Nihil incertitudine miserior."[72]

Zweites Grundanliegen: Das Zustandekommen dieser Gewissheit ist durch ihre institutionalisierte Kommunikation zwar notwendig, aber nicht hinreichend bedingt. Die hinreichenden Bedingungen sind stets unverfügbare geistgewirkte Erschließungsereignisse, durch die den Adressaten des Evangeliums dessen Sinn und Wahrheit erschlossen wird.[73] Diese Unverfügbarkeit von welt-

---

[71] In den die Reformation zurückweisenden Gemeinwesen Frankreichs, Spaniens, Portugals und Italiens war das anders. In ihnen allen haben sich Tendenzen der Aufklärung *gegen* staatlich sanktionierte kirchliche Repression durchsetzen müssen, was den antikirchlichen, antichristlichen und antireligiösen Charakter zunächst des französischen und dann später auch des spanischen, portugiesischen und italienischen Antiklerikalismus bzw. Laizismus des 19. Jahrhunderts zur Folge hatte.

[72] WA 18, S. 604, 33. – Zum Gewicht der Gewissheitsthematik bei Luther: Eilert HERMS, Gewißheit in Luthers „De servo arbitrio", in: Ders., Phänomene des Glaubens, Tübingen 2006, S. 56–80.

[73] Vgl. HERMS, Luthers Auslegung des Dritten Artikels (wie Anm. 8). –

anschaulich/religiöser ethosfundierender Lebenssinngewissheit
ist in der Natur des Menschseins als Personsein begründet, die
ausschließt, dass Menschen anderen Menschen zielsicher in die
Seele greifen können.[74] So unverfügbar wie der Erfolg der christlichen Lebenssinnkommunikation ist aber der Erfolg *jeder* Kommunikation von Lebenssinn, auch dessen, der in nichtchristlichen
Traditionen artikuliert ist. Daher verlangt die Wittenberger Reformation die grundsätzliche Preisgabe des bisherigen Ketzerrechts,
also den Verzicht auf jeden Versuch des Gesinnungszwangs, sei
es durch Autoritäten der zivilen Gemeinschaft, sei es durch Autoritäten einer Glaubensgemeinschaft.

Drittes Grundanliegen: Die Anerkennung des Faktums, dass
die Realisierung des ursprünglichen Heilsziels der Welt und der
Menschen ausschließlich Sache des Schöpfers ist. Somit kann das
eigene Wollen und Wirken der Menschen nicht auf die Erreichung
dieses Zieles gerichtet werden. Dem Glauben ist gewiss, dass nicht
er sich das Heil erwirken kann, sondern dass er es vom Schöpfer
empfangen wird. Der Gott geschuldete Dienst des eigenen Wollens
und Wirkens kann kein anderer sein als der Dienst an der von
Gott geschaffenen und gewollten Welt: „Gott zum Lobe und dem
Nächsten zum Nutz."[75]

Diese Einsicht ist knapp und genau fixiert in Art. V der CA: „Solchen
Glauben zu erlangen, hat Gott das Predigtamt eingesetzt, Evangelium und
Sakrament (ge)geben, dadurch er als durch Mittel den heiligen Geist gibt,
welcher den Glauben, wo und wenn er will, in denen, so das Evangelium
hören, wirket."

[74] So Luther in „Von weltlicher Obrigkeit. Wieweit man ihr Gehorsam
schuldig sei": WA 11, S. 263, 7–25; S. 268, 19–269, 31.

[75] Vgl. dazu: Eilert Herms, Das Evangelium für das Volk. Praxis und
Theorie der Predigt bei Luther, in: Ders., Offenbarung und Glaube, Tübingen 1992, S. 20–55; Ders., „Der Glaube ist ein schäftig, tätig Ding" (wie
Anm. 34). Auch das lutherische Ethos des Berufs als Gottesdienst im Alltag
ist also eine Spielart der „innerweltlichen Askese", die Weber als Grundzug
des durch die Reformation inspirierten („protestantischen") Ethos hervor-
gehoben hat (Max Weber, Die protestantische Ethik und der Geist des
Kapitalismus [1904/05], in: Max Weber, Gesammelte Aufsätze zur Religi-
onssoziologie, Bd. I, Tübingen 1920, S. 17–205). Für sie sind aber zwei –

Viertes Grundanliegen: Jedem *einzelnen* Menschen ist dieses verantwortlich werktätige Leben in der Welt, im Vertrauen darauf, dass es selbst nichts anderes ist als der kontinuierliche Übergang aus diesem ins ewige Leben („ex hoc mundo ad patrem"), als seine *ureigenste* Aufgabe gestellt.[76] Zwar kann der Glaubende diese Aufgabe nur als Glied der Glaubensgemeinschaft lösen.[77] Aber derart auf die Gemeinschaft angewiesen ist er nicht, weil er sich

---

heilsame – Einschränkungen wesentlich: 1. Ziel des Handelns ist zwar die friedens- und wohlfahrtsdienliche Ordnung des Gemeinwesens, aber ein innerweltlicher Vollendungszustand des menschlichen Lebens kann in keiner Form mehr Ziel des Handelns sein und ist es in keiner Form. 2. Für das Gott lobende und dem Nächsten nützende Handeln des Glaubens ist zwar rationales Erfolgsstreben wesentlich, aber der Erfolg des Handelns kommt aus lutherischer Sicht weder als Beitrag zur Realisierung des ewigen Heils noch (im Unterschied zu bestimmten calvinistischen Spielarten des protestantischen Ethos) als Indikator der Gnadenwahl in Betracht.

[76] Noch der progressive römisch-katholische Theologe (Dogmatiker und Apologet) Herman SCHELL (1850–1906) hat in seiner Schrift „Der Katholicismus als Princip des Fortschritts" (Würzburg 1897) die Betonung und Pflege des Prinzips der individuellen Selbststätigkeit als einen, ja *den* Wesenszug des reformatorischen Christentums angesehen – ihn freilich gleichzeitig zu einem grundkatholischen Anliegen erklärt, das nur zeitweilig im Katholizismus zurückgetreten und vom reformatorischen Christentum sich zugeeignet worden, inzwischen aber im Katholizismus wiederentdeckt sei und nun gerade in ihm vollumfänglich, befreit von allen protestantischen Einseitigkeiten, befolgt und ausgelebt werde.

[77] Das ist gegen das immer noch verbreitete Vorurteil festzuhalten, dass schon die Reformation Indifferenz gegenüber der Kirche als Institution propagiert und gar einer unsachgemäßen „Verkirchlichung des Christentums" entgegengearbeitet habe. Das nachhaltige Interesse an der Profilierung kirchlicher Institutionen und ihrer Befreiung aus der Vormundschaft des Staates, das zu Beginn des 19. Jahrhunderts mit dem Aufbruch des Interesses an der „Reform" insbesondere der Herrschaftsordnung einhergeht (klassischer Repräsentant: Schleiermacher), liegt *auf der Linie* der reformatorischen Einsicht in die konstitutive Bedeutung der kirchlichen Glaubenskommunikation für den persönlichen Glauben des Einzelnen und ist nicht Verrat an der Reformation, wie es Emanuel HIRSCH behauptet (Geschichte der neuern evangelischen Theologie, Bd. 5, Gütersloh[3]1964, S. 145) und wie es ihm neuerdings wieder begeistert nachgesprochen wird (etwa: Christian GRETHLEIN, Nachwuchs für den Pfarrerberuf, in: DtPfBl 116 [2016], S. 195).

von der eigenen Erfüllung der Lebensaufgabe an diese entlasten könnte, sondern ausschließlich deshalb, weil diese Gemeinschaft eben ihre einzelnen Glieder dazu befähigt und ermutigt und dabei unterstützt, die undelegierbare Aufgabe des eigenen Lebens und Sterbens in unverwechselbarer Individualität zu übernehmen und zu erfüllen.[78]

Das Festhalten an diesen vier Grundanliegen reformatorischer Theologie ist für das Leben und die Ordnung der evangelischen Kirchen auch in der Moderne Programm, was sich daran zeigt, dass diese Kirchen als Fundament ihrer Grundordnungen die Bekenntnisse der Reformation anerkennen.[79]

---

[78] Diese Aufgabe *umfassender Bildung*, nämlich auch und gerade des Herzens, der Innerlichkeit, ist der Glaubensgemeinschaft gestellt und wird durch sie – nur durch sie, nämlich als Instrument des Heiligen Geistes, der durch die kirchliche Predigt und Sakramentsfeier wirkt (BSLK, S. 654, 46– 655, 33) – gelöst. Dieser Bildungsauftrag der Kirche schließt ihr Eintreten für die Pflege des öffentlichen Bildungswesens und insbesondere des Schul- und des Hochschulwesens ein – durchaus auch zugunsten einer Förderung von Wirtschaft, Handel und Gewerbe, sowie der Regierung und Verwaltung der Gemeinwesen. Zum Engagement Luthers und insbesondere Melanch- thons um das öffentliche, obrigkeitlich einzurichtende und zu unterhaltende Bildungswesen und zum Beginn staatlicher Schulpflicht im 17. Jahrhundert gerade in lutherischen Staaten Mitteldeutschlands (Anhalt-Bernburg 1607; Weimar 1619; Gotha 1642) vgl. Horst Rupp, Art.: Schule/Schulwesen, in: TRE 30 (1999), S. 591–627. Zum Ganzen auch: Reiner Preul, Die Kirche als Kommunikationssystem und Bildungsinstitution in der Öffentlichkeit, in: Ders., Die soziale Gestalt des Glaubens. Aufsätze zur Kirchentheorie, Leipzig 2008, S. 65–202. Spitze und Fundament des Bildungsstrebens der Reformation ist die geistliche Bildung des Personkerns. Das Interesse an Bildung in diesem Sinne, nämlich an geistlicher Bildung von Gewissheit, die Menschen zu verantwortlichem Handeln befähigt, setzt sich über den kirchlichen Rahmen hinaus in den Institutionen der literarischen Bildung fort und manifestiert sich klassisch in der bis in die Moderne reichenden Tradition des „Bildungsromans": vgl. Eilert Herms, Die Wirklichkeit des Glaubens. Beobachtungen und Erwägungen zur Lehre vom ordo salutis, in: Ders., Offenbarung und Glaube, Tübingen 1992, S. 138–167.

[79] An diesem Faktum ändert das andere nichts, dass die Umsetzung dieses theologischen Programms im Leben der evangelischen Kirchen viel- gestaltig und heute oft unklar ist.

Die genannten vier Grundanliegen sind Implikate der reformatorischen Sicht auf die Grundbedingungen des Menschseins, des Zusammenlebens und der Geschichte, in deren Licht reformatorische Theologie auch die Stellung der Kirchen in der Moderne und ihren Umgang mit dieser Gesamtkonstellation versteht. Dazu die letzte These:

These 4: Im Lichte des reformatorischen Erbes ist kein „Ende der Neuzeit"[80] zu erkennen und kein „Ende der europäischen Moderne" zu erwarten.[81] Das reformatorische Erbe sensibilisiert für die Ambivalenz der Moderne. Es verlangt, gegen deren Entfremdungstendenz ihr humanisierendes Potential zu verteidigen und zu stärken. Dieses Potential sieht reformatorische Theologie vor allem in der Fundamentalnorm der Rechtsordnung moderner Gemeinwesen: im Grundgebot der Achtung der vorgegebenen, unantastbaren Würde des Menschseins als Personsein. Von sich aus gibt diese Rechtsordnung der modernen Gesellschaft keinen Lebenssinn vor; sie wartet darauf, dass das Zusammenleben durch die Lebenssinnkommunikation aller im Gemeinwesen wirksamen pluralismusfähigen weltanschaulich-ethischen Traditionen inspiriert wird. Das Erbe der Reformation ermutigt und verpflichtet die Kirchen dazu, dieser Erwartung zu entsprechen und die ethosbegründende evangelische Welt- und Lebensgewissheit unter den pluralistischen Bedingungen der Moderne öffentlich zu kommunizieren, sodass sie auch in diesem epochalen Kontext wirksam werden kann und – Deo volente – wirksam wird.

---

[80] Gegen die These Romano Guardinis in seiner gleichnamigen Schrift von 1950. Guardini begreift die Neuzeit überhaupt nicht als „Epoche", als Gesamtkonstellation der Ordnung des Gemeinwesens, sondern schwerpunktmäßig geistesgeschichtlich.

[81] Die sogenannte „Postmoderne" ist faktisch die voll entfaltete Moderne. So mit Wolfgang WELSCH, Unsere postmoderne Moderne, Berlin ⁷2002. Auch Welsch hat freilich den Epochencharakter der Moderne nicht umfassend im Blick.

Vier Bemerkungen zu dieser letzten These:

1. Die reformatorische Sicht erfasst die Unumkehrbarkeit der Aufeinanderfolge von geschichtlichen Epochen. Und jede Epoche *endet* mit der folgenden nur in der Weise, dass sie in dieser irgendwie verändert *fortlebt.* Die europäische Moderne hat die europäische Neuzeit nicht einfach „hinter sich" gelassen, sondern deren Interessen und Tendenz leben in der europäischen Moderne fort; und die *globale Moderne,* auf die die europäische zugeht, wird diese nicht beenden, sondern beerben. Die unumkehrbare Zielstrebigkeit der Geschichte schließt aus, dass die Stellung der Institutionen christlicher Lebenssinnkommunikation in einer früheren Epoche in einer künftigen wiederkehren wird. Sie schließt aber nicht ein, dass der Funktionsbereich der religiös-ethischen Lebenssinnkommunikation je verschwinden wird, und deshalb auch nicht, dass innerhalb dieses Funktionsbereichs die Institutionen der *christlichen* Lebenssinnkommunikation funktionslos oder gar verschwinden werden. Der Blick auf die Moderne aus der Sicht des reformatorischen Verständnisses des Menschen und seiner Welt als der Welt-des-geschaffenen-innerweltlich-leibhaften-(-also: sozialen)-Personlebens sensibilisiert für die Ambivalenzen der Epoche und zeichnet den Kirchen ihre epochenspezifische Aufgabe vor, die humanisierenden Tendenzen der Epoche gegen ihre entfremdenden zu stärken und zu verteidigen. Er sensibilisiert aber auch die Kirchen für die epochenspezifischen Bedingungen für das Wirken von Institutionen der Lebenssinnkommunikation überhaupt und der christlichen im Besonderen.

2. Die Ambivalenz der europäische Moderne zeigt sich daran, dass einerseits ihre oben skizzierten sozialen, politischen, technischen, wirtschaftlichen und kulturell/medialen Grundzüge Chancen für die Erkenntnis und Verwirklichung der christlich verstandenen Bestimmung des Menschen[82] bieten, die zuvor noch nie gegeben

---

[82] Die Christusoffenbarung schafft die christliche Gewissheit: a) Die

waren,[83] dass aber andererseits *dieselben* epochenspezifischen Züge systematische Erschwerungen für die Wahrnehmung dieser Chancen einschließen.[84]

2.1. Den harten Kern des Chancenreichtums der Moderne erblickt reformatorische Theologie in der Grundnorm der Rechtsordnung: das Gebot der Achtung der vorgegebenen Würde des Menschen als Person. Diesem positiven Urteil liegt die Einsicht in die Übereinstimmung dieser Grundnorm mit der kategorialen Einsicht der Reformation in das Verhältnis des Staates zum Ethos seiner Untertanen und zu dem Fundament dieses Ethos in der religiös/weltanschaulichen Lebenssinngewissheit der Menschen zugrunde. Es verbindet sich mit der Entschlossenheit zur Vertei-

---

Bestimmung des Menschseins als geschaffenes, innerweltlich-leibhaftes, auf sein Enden und damit Ganzwerden hin dauerndes Personsein im Werden *gründet* im Gemeinschafts- und Versöhnungswillen des schaffenden (nämlich Welt als das Medium seiner Gemeinschaft mit dem geschaffenen Personsein schaffenden und erhaltenden) ewigen Personseins Gottes. b) Die in diesem Willen Gottes gründende Bestimmung des Menschseins *ist*: ganzzuwerden und als ganzgewordenes in Gottes ewigem Leben die vollendete, versöhnte Gemeinschaft mit Gott zu genießen. c) Der Mensch *erreicht* diese seine Bestimmung, indem sie ihm als sein höchstes Gut gewiss wird und er sich in dieser Gewissheit mit seinem eigenen Wollen und Wirken in restlosem Vertrauen ganz dem Wollen und Wirken des Schöpfers hingibt, dessen absolute Zuverlässigkeit ihn samt den Effekten seines eigenen menschlichen Wollens und Wirkens (samt seinen Werken: Offb 14,13) in dieses Ziel hinein mitnimmt.

[83] In der Moderne ist für die Menschen ein Leben *möglich*, das insofern *besser* ist als das Leben in früheren Epochen, als es ein Leben in größerer Sicherheit, in größerer Freiheit von erschöpfender körperlicher Anstrengung, vor allem aber auch in größerer Freiheit von sozialen Fesseln, in besserer Gesundheit und von längerer Dauer ist. Ob und wie diese Möglichkeit realisiert wird, ist eine andere Frage.

[84] Die Moderne mutet dem Menschen Leistungen der einsichtig-freiwilllentlichen Selbstbestimmung einschließlich von Leistungen der Anerkennung seiner Sterblichkeit und von Leistungen des damit verbundenen Verzichtens zu, während sie gleichzeitig den bildungsgeschichtlichen Erwerb der Fähigkeit zum Erbringen all dieser Leistungen, nämlich die von angstvoller Sorge befreiende Glaubensgewissheit des immer schon Versorgtseins in und durch Gott, durch die Verfasstheit ihrer Alltagswelt erschwert.

digung dieses Verständnisses der Grundnorm der Rechtsordnung gegenüber einem abweichenden, die religiös/weltanschauliche Lebenssinngewissheit der Menschen als Fundament ihres Ethos verleugnenden – und damit de facto antipluralistischen – Verständnis (2.1.1.). Kern des Chancenreichtums der Moderne ist die recht verstandene Grundnorm der Rechtsordnung, weil sie die Achtung der unantastbaren Würde des Menschseins zur Aufgabe *allen staatlichen* Handelns macht (2.1.2.).

2.1.1. Es ist ein Faktum, dass die Wittenberger Reformation zu der kategorialen, die universalen Bedingungen des menschlichen Zusammenlebens betreffenden, Doppeleinsicht vorgestoßen ist, dass a) dem Funktionsbereich Herrschaft auch eine spezifische Verantwortung für die Ordnung des Funktionsbereichs Lebensgewissheitskommunikation eignet,[85] und dass b) diese Verantwortung *ausschließt*, von Seiten der Obrigkeit irgendeine inhaltliche Bestimmtheit der Lebenssinngewissheit vorzuschreiben und zu verlangen, sondern das Zustandekommen der inhaltlichen Bestimmtheit von Lebenssinngewissheit gänzlich der Kommunikation und Tradition solcher Gewissheit in den Institutionen, also Gemeinschaften, solcher Kommunikation zu überlassen.[86] Dieses Faktum wird nicht dadurch aus der Welt gebracht, dass die Umsetzung dieser Einsicht in den religionspolitischen Ratschlägen der Reformatoren und in der religionspolitischen Praxis der von ihnen angesprochenen staatlichen Obrigkeiten keineswegs schon die aus heutiger Sicht zu fordernde unbeschränkte Konsequenz aufweist.[87]

---

[85] Von Luther nicht weniger stark betont (als von Melanchthon: s. oben Anm. 17; sowie Eilert HERMS, Art.: Obrigkeit, in: TRE 24 (1994), S. 723–759, dort S. 727 f., 729).

[86] Luthers einschlägige Aussagen in der Obrigkeitsschrift sind völlig eindeutig: s. oben Anm. 74.

[87] Insbesondere ist damals weder gesehen noch praktisch ernst genommen worden, dass das Verbot der rechtlichen Erzwingung von Überzeugungsinhalten aus der Natur der Sache heraus (nämlich aus dem schon mit der Schöpfung gestellten Herrschaftsauftrag, der sich als solcher auf *alle* Menschen erstreckt) den prinzipiellen politischen und rechtlichen Verzicht auf Homogenität der religiös/weltanschaulichen Überzeugung der Rechts-

Somit kann diese inkonsequente Umsetzung der reformatorischen Grundeinsicht auch nicht Anlass sein, sie als solche zu bestreiten, sich von ihr zu distanzieren und sie nicht als Maßstab zur Beurteilung des staatlichen Umgangs mit den Gemeinschaften und Institutionen der Kommunikation und Tradition ethosbegründender Lebenssinngewissheit in späterer Zeit und heute festzuhalten.

Anhand dieses Maßstabs wäre dann im Blick auf die Toleranzpolitik von *fürstlichen Regierungen* des 18. Jahrhunderts zu prüfen, ob sie von der skizzierten Grundeinsicht der Wittenberger Reformation in die Pflicht der Obrigkeit zur *cura religionis* und in die klaren Grenzen dieser Pflicht geleitet wird[88] oder eher Ausdruck einer Indifferenz gegenüber religiösen Überzeugungstraditionen,

---

untertanen einschließt. Der Ausfall dieses Verzichts manifestiert sich in der Forderung und Praxis der *Ausweisung* Andersüberzeugter (wie sie von Luther 1544 etwa im Blick auf die Juden empfohlen wurde [dazu vgl. jetzt: Die Reformation und die Juden. Eine Orientierung. Erstellt im Auftrag des wissenschaftlichen Beirats für das Reformationsjubiläum 2017, 2015]). Zur angemessenen Beurteilung dieser Inkonsequenz ist im Blick zu behalten: a) Das Programm und die Praxis der Ausweisung Andersüberzeugter ist keineswegs das Alleinstellungsmerkmal einer von Wittenberger Theologie inspirierten politischen Theorie und Praxis, sondern prägt noch im 17. und 18. Jahrhundert, also zur Zeit der Frühaufklärung, auch die Politik katholischer Obrigkeiten (etwa im Zuge der österreichischen Gegenreformation) und geistlicher Reichsfürsten (etwa im Erzbistum Salzburg). Insbesondere wurde dieses Programm zur Praxis – und zwar unter Zurücknahme von Maßnahmen einer älteren, noch von reformatorischen Einsichten inspirierten Idee und Praxis von Herrschaft (nämlich unter Zurücknahme des von dem Herkunftsprotestanten Heinrich IV. erlassenen Ediktes von Nantes) – in der vom gallikanischen Staatskatholizismus inspirierten Politik Ludwigs XIV. von Frankreich, die mit harter Konsequenz den Grundsatz umsetzte: „Ein Volk, ein König, ein Glaube!" b) Die *Vertreibung* Andersglaubender ist nicht zu rechtfertigen, aber dennoch nicht dasselbe wie ihre Tötung. Der einzige mir bekannte Fall dieser, gegen die reformatorische Grundeinsicht verstoßenden, Maßnahme, die Verbrennung des Trinitätsleugners M. Servet im Jahre 1553 in Genf (sie wurde im Zusammenspiel mit der Inquisition der römisch-katholischen Kirche vollzogen), fällt nicht in den Einflussbereich Wittenberger Theologie.

[88] Was in bestimmten Fällen – etwa im Blick auf die Politik Friedrich-Wilhelms II. von Preußen – nicht von vornherein auszuschließen ist.

die von einem Vertrauen in die Leistungskraft der universalen Vernunft lebt, das von der reformatorischen Hochschätzung der Vernunft[89] tiefgreifend unterschieden ist.[90] Aber auch die sich in der europäischen Moderne durchsetzende *demokratische Ausübung von Herrschaft* ist im Lichte der zum Erbe der Wittenberger Reformation gehörenden Grundeinsicht in das Verhältnis von Herrschaft und ethosbegründender Religion auf ihre Sachgemäßheit hin zu befragen.

Dabei dürfte das Urteil über die erste Form dieser Herrschaftsausübung in den ersten Phasen der Französischen Revolution mit Sicherheit negativ ausfallen: Im Blick auf sie ist nicht zu erkennen, dass sie etwas anderes war als die Ersetzung des homogenen staatskatholischen Fundaments und Ziels des bourbonischen Strebens durch ein im Glauben an die Einheit der universalen Vernunft fundiertes Streben nach ebensolcher Homogenität.

Man wird sich dafür offenhalten müssen, dass das am selben Maßstab zu fällende Urteil über die modernen Verhältnisse in den verschiedenen Ländern Europas zu verschiedenen Zeiten differenziert und sehr unterschiedlich ausfallen würde. Im Blick auf die durch das Grundgesetz der Bundesrepublik Deutschland definierten heutigen Verhältnisse in unserem Lande ist dreierlei festzustellen:

a) Fundament der staatlichen Rechtsordnung ist der förmlich positivierte fundamentalethische Grundsatz, dass „die Würde des Menschen" „unantastbar" und von allem staatlichen Handeln zu „achten" ist (Grundgesetz der Bundesrepublik Deutschland Art. 1). Damit ist nicht irgendeine inhaltliche Auffassung von Natur und Würde des Menschen zur Norm des staatlichen Handelns gemacht, sondern dieses darauf verpflichtet, die Würde des Menschen, die in seinem *jeder* inhaltlich bestimmten Auf-

---

[89] Vgl. dazu Bernhard Lohse, Ratio und Fides. Eine Untersuchung über die Ratio in der Theologie Luthers, Göttingen 1958.

[90] Man darf bis zum Beweis des Gegenteils annehmen, dass dies bei Friedrich II. von Preußen und seiner Vorstellung von Toleranz gegenüber unterschiedlichen religiösen Überzeugungen der Fall war.

fassung *vorausliegenden*, ihm selbst *zu-verstehen Vorgegebensein des menschlichen Personseins* liegt, zu achten. Diesen Verfassungsauftrag kann das staatliche Handeln nur erfüllen, wenn es zweierlei sicherstellt: einerseits, dass in Übernahme dieser im menschlichen Personsein liegenden unabweisbaren Zumutung eines angemessenen sich-selbst-Verstehens inhaltlich bestimmte Resultate erreicht werden, also bestimmte Auffassungen von Natur und Würde des Menschseins, anhand deren entschieden werden kann, ob die Rechtspraxis des Staates das Gebot der Achtung der Würde des Menschen erfüllt. Gleichzeitig darf aber andererseits keines dieser einzelnen *Resultate* des sich-selbst-Verstehens des Menschen, also keine einzelne *Auffassung* von der Würde des Menschseins, sich selbst gleichsetzen mit ihrem Gegenstand, eben mit der Würde des ihm uneinholbar selbst *zu-verstehen Vorgegebenseins* des Menschseins als geschaffenes innerweltlich-leibhaftes Personsein. Nur der Verzicht auf eine solche Gleichsetzung schließt ein und sichert, dass an der Würde des Menschseins, die einer *jeden* expliziten Auffassung dieser Würde zu-verstehen *vorgegeben* ist, auch die Vertreter *aller* von einer jeweils vertretenen Auffassung abweichenden Auffassung teilhaben.[91]

Aus dieser Grundkonstellation ergibt sich das unabweisbare Angewiesensein staatlichen Handelns auf einen – notabene: un

---

[91] Nota bene: Die Vertreter *aller,* nicht nur der vermöge des hier beschriebenen Verzichts *pluralismusfähigen*, Verständnisse (Auffassungen) von der Würde des Menschseins haben kraft ihres Menschseins an der Würde des Menschseins Teil, die allen möglichen Verständnissen dieser Würde zu-verstehen vorgegeben ist. Freilich schließt diese Anteilhabe *jedes* Menschen an der Würde des Menschseins, die jedem Verständnis dieser Würde zu-verstehen vorgegeben ist, nicht ein, dass das Verständnis jedes Menschen von dieser Würde ipso facto *pluralismusfähig* ist. Vielmehr ist stets damit zu rechnen, dass zahlreiche Menschen von ihrem Verständnis der Würde des Menschseins diese selbst *nicht* als eine solche unterscheiden, welche ihrem und jedem Verständnis *uneinholbar zu-verstehen vorgegeben* ist, und dass diese Menschen somit ein nur *eingeschränkt* pluralismusfähiges oder *überhaupt pluralismusunfähiges* Verständnis von der Würde des Menschseins vertreten.

abschließbaren – Prozess des sich-selbst-Verstehens der Menschen und der Kommunikation und Tradition der Resultate dieses ihres sich-selbst-Verstehens. Denn erst durch diesen dauernden Prozess des menschlichen sich-selbst-Verstehens werden ihm die – notabene: jeweiligen – Maßstäbe für seine ebenso verbindliche wie stets revisionsoffene Rechtspraxis an die Hand gegeben. Also: Staatliches Handeln ist angewiesen auf aus dem Prozess des sich-selbst-Verstehens von Menschen stammenden Auffassungen von den universalen Bedingungen des Menschseins, von seiner Natur und Würde. Dieses Eingeständnis der Angewiesenheit des staatlichen Handelns auf ethosbegründende Überzeugungen von Natur und Würde des Menschseins (dies Eingeständnis seiner Abhängigkeit von solchen Überzeugungen)[92] stimmt mit der reformatorischen Einsicht überein, dass sich staatliches Handeln de facto nie in einem weltanschaulichen Nirwana bewegt, sondern immer auf dem Boden irgendeines Resultates des sich-selbst-Verstehens von Menschen: dem christlichen bzw. irgendeinem anderen nicht-christlichen.[93]

b) Ebenso klargestellt wird durch die Verfassung unseres Landes, dass staatliches Handeln selber weder imstande noch befugt ist, solche ethosbegründenden Ergebnisse des sich-selbst-Verstehens des Menschen hervorzubringen, sie zu beurteilen, sie zu kommunizieren und zu tradieren. Die Bildung und die Beurteilung solcher Überzeugungen haben sich jedenfalls *staatsfrei* zu vollziehen – sei es außerhalb, sei es innerhalb der staatsunabhän-

---

[92] Sie wird durch die Rede von der „Neutralität" des staatlichen Handelns verdunkelt: Vgl. Eilert HERMS, Die weltanschaulich/religiöse Neutralität von Staat und Recht aus sozialethischer Sicht, in: Ders., Politik und Recht im Pluralismus, Tübingen 2008, S. 170–194.

[93] Dass Luther einen frommen oder gar christlichen Fürsten einen „seltenen Vogel" nennt (WA 11, S. 267, 30; auch S. 273, 36), heißt für ihn nicht, dass Obrigkeiten andernfalls religionslos ihres Amtes walten, sondern eben auf dem Boden einer anderen Religion: eben als Juden, Türken oder auch Heiden. Für Luther besitzt die Rede von „Religion" eine fundamental-anthropologische Referenz, welche Religionslosigkeit in der Sphäre des Menschseins ausschließt.

gigen Religions- und Weltanschauungsgemeinschaften. Weil nun staatliches Handeln auf die Resultate dieser Kommunikation und Tradition von ethosbegründenden weltanschaulichen bzw. religiösen Überzeugungen angewiesen ist, sie aber nicht selbst generieren kann, hat es selbst die – notabene: nichtstaatlichen – Institutionen solcher Gewissheitskommunikation und -tradition zu fördern, was in der Gewährung ihrer Rechtsstellung als Körperschaften öffentlichen Rechts geschieht.

Auch diese Regelungen stimmen mit der reformatorischen Sicht auf die *cura religionis* des Staates überein. Letztere verlangt aber als ihre eigene Sachkonsequenz den Verzicht der Obrigkeit auf die weltanschauliche Homogenität des Staatsvolkes. Diese zunächst nicht gesehene und gezogene Konsequenz der reformatorischen Sicht ist in der Ordnung des Grundgesetzes der Bundesrepublik nun vollzogen, und zwar dadurch, dass der Staat *Äquidistanz* wahrt zu allen unterschiedlichen Gemeinschaften der Lebenssinngewissheitskommunikation, sofern diese selber pluralismusfähig sind.

c) Allerdings ist in der Öffentlichkeit unseres Landes heute nicht unumstritten, dass jedes Ethos sein Fundament in einer praktischen Gewissheit über die universale Verfassung, den Ursprung und das Ziel von Welt und Leben der Menschen, also in einer zielwahlleitenden weltanschaulich/religiösen Lebenssinngewissheit hat.[94] Einflussreiche Kreise befinden sich weiterhin auf der Linie von Überzeugungen, die in bestimmten dominanten Strömungen der Aufklärung des 18. Jahrhunderts mit einem von solchen Gewissheiten unabhängigen einheitlichen allgemeinen Vernunftethos rechnen. Soweit das der Fall ist, taucht auch sofort wieder die Vorstellung von einer ethischen Homogenität der Bevölkerung auf, die einschließt, dass, weil alle Rechtsuntertanen Vernunftwesen sind, auch allen Rechtsuntertanen ohne Rücksicht auf ihre persönlichen zielwahlleitenden weltanschaulich/religiö-

---

[94] Vgl. Eilert HERMS, Die Bedeutung der Weltanschauungen für die ethische Urteilsbildung, in: Theologische Ethik der Gegenwart, hrsg. von Friederike Nüssel, Tübingen 2009, S. 49–71.

sen Überzeugungen dieses einheitliche Vernunftethos unterstellt werden kann und muss, das dann auch vom Staat – unabhängig vom Pluralismus der zielwahlleitenden weltanschaulich/religiösen Überzeugungen – als einheitlicher Maßstab seiner Rechtspraxis (in Legislative, Exekutive und Judikatur) gehandhabt werden kann; und vor allem: auch vom Staat zum alleinigen Maßstab und Inhalt der vom Staat selbst in seinen Schulen durchzuführenden Bildung des staatlichen Ethos erklärt und als solcher gehandhabt werden kann.[95]

Alle derartigen Ansichten stehen auf dem Boden des Verständnisses der universalen Einheitlichkeit der Vernunft, das mit dem reformatorischen Verständnis der Gewissheitsabhängigkeit der Vernunft unvereinbar ist. Und sie verkennen, dass sie selber der Ausdruck einer bestimmten, also auch selbst perspektivischen und partikularen, Auffassung von den universalen Bedingungen des Menschseins sind, die freilich im Licht des reformatorischen Erbes nur als unsachgemäß und gefährlich zu beurteilen ist – gefährlich, weil nicht die Unverfügbarkeit der handlungsleitenden Selbst-, Welt- und Welturaprungs- und -zielgewissheit der Menschen anerkennend und respektierend. Sie sind ein Versuch, den weltanschaulich-ethischen Pluralismus zu unterlaufen, ein Versuch, der selbst von einer pluralismusunfähigen Auffassung des Menschseins inspiriert und gesteuert ist.

2.1.2. Kern des Chancenreichtums der Moderne ist die Grundnorm der Rechtsordnung, weil sie alles staatliche Handeln auf die Achtung der unantastbaren Würde des Menschseins verpflichtet. Denn dadurch wird sie faktisch zur Grundnorm für *alle* Bereiche des Zusammenlebens: Das staatliche Handeln bestimmt ja eben durch seine Rechtsordnung die Rahmenbedingungen, die in *allen* Bereichen des Zusammenlebens zu erfüllen sind, und somit verlangt die genannte Grundnorm der Rechtsordnung, durch diese (die Rechtsordnung) sicherzustellen, dass *alle* Grundaufgaben, die durch das Zusammenleben der Menschen als Personen ge-

---

[95] Wie exemplarisch in der französischen Staatsschule.

stellt sind, in einer Weise bearbeitet und gelöst werden, die der Natur und Würde der Menschen als Personen gerecht werden. Das aber schließt ein, dass mit der Eigenart der innerweltlichen *Leibhaftigkeit* des menschlichen Personseins ipso facto auch seine ursprüngliche *Sozialität*, seine *Gemeinschaftlichkeit*, seine Sozialnatur gewürdigt wird. Was wiederum nur dadurch möglich ist, dass die Eigenart aller in der menschlichen Sozialnatur beschlossenen Grundaufgaben gewürdigt, also beachtet und geachtet wird. Das heißt: Die Erfüllung jeder der verschiedenen Grundaufgaben durch die Institutionen des zuständigen Bereichs hat entsprechend der Eigenart einer jeden dieser Grundaufgaben zu geschehen. Eine solche sachgemäße Erfüllung dieser Grundaufgaben ist durch eine Ordnung sicherzustellen und zu fördern, in der jede vor Behinderungen durch Institutionen anderer Bereiche geschützt wird und sich damit als eine Möglichkeitsbedingung für alle anderen auswirken kann.

Die konsequente Befolgung dieser von der Grundnorm der Rechtsordnung gewiesenen Richtung hätte drei weitreichende Konsequenzen für die Gesamtordnung des Zusammenlebens.

Erste Konsequenz: Die *antidirigistische* und *antitotalitäre* Selbstbeschränkung des Staates. Seine antidirigistische Selbstbeschränkung räumt der Wirtschaft die Freiheit ein, ihre Aufgaben nach ihrer eigenen Sachlogik zu lösen. Die antitotalitäre Selbstbeschränkung des Staates manifestiert sich darin, dass die Grundnorm seiner Rechtsordnung (das Gebot der Achtung der vorgegebenen Würde des Menschseins *als Personsein*) es dem Staat und seiner Rechtsordnung verbietet, seinen Bürgern eine eigene Staatsanthropologie und Staatsweltanschauung zuzumuten, und ihm gebietet, Äquidistanz zu allen im Gemeinwesen lebendigen ethosbegründenden religiösen bzw. weltanschaulichen Traditionen zu wahren, die sich durch Anerkennung dieser Grundnorm selbst als pluralismusfähig erweisen, und ihren Institutionen (also keineswegs nur den christlichen Kirchen – aber eben auch keineswegs „allen möglichen" Religions- und Weltanschauungsgemeinschaften[96]) die Erfüllung ihrer Aufgabe nach deren Sachlogik inmitten der Öffentlichkeit des weltanschaulich/religiös und damit auch ethisch pluralistischen Gemeinwesens zu ermöglichen.

Zweite Konsequenz: Die Selbstbeschränkung der Wirtschaft auf die Lösung ihrer Aufgaben, die verhindert, dass dieser in der Moderne dominante Funktionsbereich seine Sachlogik anderen Funktionsbereichen aufdrängt und somit verhindert, dass diese ihre eigenen Aufgaben nach ihrer eigenen, eben nicht ökonomischen Sachlogik lösen.[97]

---

[96] Es ist nicht selbstverständlich, dass Religionen und Weltanschauungen die Bedingungen des Pluralismus (o. Anm. 91) erfüllen. Vielmehr liegt es zunächst immer nahe, dass die die Anhänger einer Position beherrschende persönliche Gewissheit ihrer Sicht auf das Wesen, den Ursprung und die Bestimmung allen Menschseins, ihre eigene bildungsgeschichtliche Konstitution und die damit ipso facto gegebene Perspektivität vergisst, und damit auch vergisst, dass die Einheit der Menschenwelt auch ein Leben in anderen, aus anderen Bildungsperspektiven resultierenden Perspektiven einschließt, die als solche auch zur Einheit dieser Welt hinzugehörig und in ihr existenzberechtigt sind, also in der Ordnung des Gemeinwesens auch als derart berechtigt anzuerkennen sind. Bevor die Ordnung des Gemeinwesens solchen (noch) nicht pluralismusfähigen Positionen volle Entfaltungsmöglichkeiten einräumt, hat sie sie als solche zu behandeln, die diese Pluralismusfähigkeit erwerben *können* und *sollen*. – Die Gottesanrufung in der Präambel des Grundgesetzes der Bundesrepublik Deutschland und einiger Verfassungen deutscher Länder behindert nicht Toleranz, sondern ermöglicht sie. Denn erstens ist sie nicht spezifisch christlich. Zweitens verbietet sie als die Berufung auf Gott als *transzendenten Grund* des Gewissens beides: einerseits die Respektlosigkeit gegenüber dem Gewissen, andererseits aber auch die Absolutsetzung des eigenen Gewissens (vgl. Eilert Herms, „Gott im Grundgesetz" – aus evangelischer Sicht, in: Ders., Kirche für die Welt, Tübingen 1995, S. 432–440; Ders., „Verantwortung" in der Verfassung, in: ebd., S. 441–461). – Zum Ganzen vgl. auch oben Anm. 91.

[97] Offenkundig wird diese Konsequenz in der Moderne schlicht und einfach nicht gezogen: Eine Selbstrelativierung des Funktionsbereichs Wirtschaft ist nicht in Sicht: Politisch wird sie nicht konsequent angesteuert (und kann sie heute aus äußeren und inneren Gründen auch nicht konsequent angesteuert werden) und in den Wirtschaftswissenschaften wird sie nicht konsequent bedacht (und kann sie heute aus äußeren und inneren Gründen auch nicht konsequent bedacht werden).

Damit ist auch schon die dritte Konsequenz angesprochen: staatliche Anerkennung und staatlicher Schutz der öffentlichen Lebenssinnkommunikation in den Institutionen der verschiedenen pluralismusfähigen Religions- bzw. Weltanschauungs- und damit auch Ethostraditionen, die im Gemeinwesen koexistieren.

Soweit die Chancen des Zusammenlebens in der Moderne für die unbevormundete Selbstbestimmung aller Einzelnen im Lichte ihrer eigenen praktischen Welt- und Lebenssinngewissheit.

2.2. Unübersehbar sind aber auch diejenigen Züge der Moderne, die es systematisch erschweren, dass diese Chancen wahrgenommen werden. So verführen die Lebenserleichterungen der Moderne langfristig zur Unterschätzung der bleibenden Gefährdung und Risikobelastung des menschlichen Zusammenlebens.[98] Die Steigerung des durchschnittlichen Wohlstands ist mit dem Wachsen sozialer (nicht nur materieller, sondern auch partizipativer) Ungleichheit verbunden. Die durchgehenden Konkurrenzbedingungen des Lebens setzen der selbstbestimmten Wahrnehmung der Freiheitsspielräume in der Regel (also von Ausnahmepositionen abgesehen) enge Grenzen; sie tendieren zur Verengung der Aufmerksamkeit und des Engagements auf die praktischen Herausforderungen, die sich *innerhalb* des konkurrenzbedingten Alltags stellen, und minimieren die Freiräume und Anlässe für ein Nachdenken und eine Kommunikation *über* die Gesamtsituation; anders gesagt: sie fixieren die Aufmerksamkeit auf das Umweltverhältnis und seine Herausforderungen, erschweren aber schon den bewussten Umgang mit dem Welt- und erst recht mit dem Ursprungsverhältnis.

Im Lichte ihres reformatorischen Erbes finden sich die evangelischen Kirchen dazu herausgefordert und verpflichtet, durch die Kommunikation eben dieses Erbes ihre eigenen Glieder und auch die Öffentlichkeit für diese „andere Seite" der Moderne zu sensibilisieren und ihnen bei der erschwerten Lösung der Auf-

---

[98] Etwa jahrzehntelanger äußerer Friede zur Unterschätzung der unausrottbaren Gewalt*bereitschaft* von Menschen.

gabe *uneingeschränkter* Selbstwahrnehmung und Selbstbesinnung zu helfen.

3. Die genannten Aufgaben können die evangelischen Kirchen natürlich nur unter den Bedingungen der Moderne wahrnehmen, deren Ambivalenz auch für das Wirken der Kirchen selber gilt.

3.1. Erschwert wird dieses durch

– die pluralismusbedingte Koexistenz von konkurrierenden Traditionen ethosbegründender religiös/weltanschaulicher Lebenssinnkommunikation, durch

– die Fokussierung der bewussten Aufmerksamkeit auf Probleme der beruflichen (und das heißt immer der irgendwie technischen) Kompetenz der Einzelnen und ihres beruflichen Fortkommens, die durch die Dominanz von Wirtschaft und Technik sowie durch die Konkurrenzsituation des Alltags bedingt ist, ferner durch

– die Vernachlässigung der institutionellen Bedingungen der gemeinsamen und öffentlichen Lebenssinnkommunikation zugunsten einer informellen, individuellen und privaten Reflexionspraxis,[99] und schließlich durch

– die Strukturierung von Öffentlichkeit durch die aufmerksamkeitserregende und meinungsbildende Wirksamkeit der Medien (und zwar keineswegs erst, soweit diese inhaltlich den Eindruck der prinzipiellen [fundamentalanthropologisch begründeten] Überflüssigkeit oder jedenfalls definitiven geschichtlichen Überholtheit von selbständig institutionalisierter und organisierter Lebenssinnkommunikation erzeugt und kontinuierlich nährt).

3.2. Andererseits aber kommen die durch die Moderne eröffneten Chancen für eine selbstbestimmte Lebensführung im Lichte ei-

---

[99] Die hinsichtlich ihres Wissensstandes sowie ihrer Fähigkeit zum Erfassen, Aushalten, Verarbeiten und Lösen von Problemlagen große Unterschiede aufweist.

gener Lebenssinngewissheit auch dem Wirken der Kirchen zugute. Als solche Chancen sind zu erkennen und wahrzunehmen:

a) Die Befreiung der evangelischen Kirchen aus ihrer zivilreligiösen Vereinnahmung. Damit entfällt endlich jeder öffentliche Meinungs- und Konformitätsdruck in Sachen Welt- und Lebensgewissheit. Eine über Jahrhunderte fließende Quelle der Aversionen gegen die Kirche wird langfristig versiegen.

b) Eine Chance ist auch der durch die Rechtsordnung im Rahmen der Achtung der unantastbaren Würde des Menschseins anerkannte und geschützte weltanschaulich/religiöse und damit auch ethische Pluralismus. Er fordert alle Seiten dazu heraus, die Pointen der eigenen Sicht nach innen und nach außen so klar zu artikulieren, dass dadurch einerseits die Orientierungskraft für die Anhänger der eigenen Tradition wächst und andererseits in der Umwelt Unkenntnis und Missverstehen abnehmen und der Respekt wachsen kann.

c) Und drittens ist als Chance auch die durch die Rechtsordnung garantierte und unterstützte *Öffentlichkeit* der Kommunikation über Ursprung und Ziel, also den Sinn von Welt und Leben, und der Institutionen dieser Kommunikation zu nennen. Gemeinwesen, deren Rechtsordnung diese Garantie noch nicht enthält, sind noch nicht in der Moderne angekommen.

Im Lichte des reformatorischen Erbes ist also gewiss: In der Moderne ist wie in jeder vergangenen und künftigen Epoche der Erfolg christlicher Lebenssinnkommunikation unverfügbar. Aber auch in der Moderne gilt ihr die Verheißung: „Mein Wort wird nicht leer zurückkommen" (Jes 55,10 f.). Die Erben der Reformation haben gar keine andere Wahl, als sich darauf zu verlassen. Indem sie es tun und ihre Arbeit in den Dienst der Selbstdurchsetzungskraft der von ihnen bezeugten Wahrheit stellen, stärken sie die Chancen der Moderne gegen deren Entfremdungstendenzen. Dazu gibt es für die Kirchen der Reformation keine sachgemäße Alternative.

4. Für die Erfüllung dieses Auftrags ist keineswegs schon die durch den Verlauf der Reformation im Westen erzeugte Koexis-

tenz von mehreren organisatorisch selbständigen Kirchen ein Hindernis.[100] Auch nicht, dass die römisch-katholische Kirche den evangelischen Kirchen bis heute volle Gemeinschaft verweigert.[101]

Definitiv verfehlt wird der Auftrag erst dann, wenn die Kirchen das Zustandekommen und den Inhalt der Lebenssinngewissheit des Glaubens, die die Gemeinschaft des Glaubens begründet, nicht inhaltlich klar und unverkürzt bezeugen[102] – unverkürzt gerade um die Themen, die wie schon im alten Athen, so auch heute noch das Gelächter der Aufgeklärten provozieren: Schöpfung und Auferweckung. Und es geschieht in radikaler Weise dann, wenn die Kirchen, verführt durch ein abstraktes Verständnis der „Unsichtbarkeit" der Glaubensgemeinschaft und durch die Äquivokation zwischen der christlichen und der wissenssoziologischen Rede

---

[100] Niemand anderer als Joseph Ratzinger, der spätere Papst Benedikt XVI., hat bekanntlich vorgeschlagen, den tatsächlichen Verlauf der Reformation und sein Ergebnis *auch* als providentiell zu betrachten und die resultierende Koexistenz des evangelischen und des römisch-katholischen Christentums im Westen zunächst einmal als wechselseitige Angewiesenheit und Förderung wahrzunehmen: Josef Ratzinger, Zum Fortgang der Ökumene, in: ThQ 166 (1986), S. 243–248. Dazu vgl. Eilert Herms, Fortschritte zur Überwindung der Spaltung in der Kirche. Zu welchen Erwartungen berechtigt das Reformationsgedächtnis 2017?, in: Lateranum 11 (2007), S. 679–698.

[101] Dazu vgl. das Ökumenismusdekret des Zweiten Vatikanums Unitatis Redintegratio und die Erläuterung des ihm (wie allen Dokumenten dieses Konzils) zugrundeliegenden Kirchenverständnisses (grundlegend entwickelt in der Konzilskonstitution Lumen Gentium) in dem Dokument Dominus Jesus der Glaubenskongregation. Zur Interpretation dieser Dokumente vgl. Eilert Herms, Das Ökumenismusdekret. Sein Ort in der Lehre des Zweiten Vatikanums und seine heutige Bedeutung, in: BThZ 31 (2014), S. 283–305.

[102] Fasst man etwa das Evangelium Jesu, bzw. den „Grundimpuls des Christentums", zusammen als „enge(r) Anschluss an die allgemeine Lebenswelt, die grundsätzliche Offenheit für alle Menschen sowie die den ganzen Menschen umfassende Zuwendung im Modus des Helfens zum Leben" (Grethlein, Nachwuchs für den Pfarrerberuf [wie Anm. 77], S. 195), so bleibt damit der gesamte Inhalt der Gottes-, Welt- und Selbstgewissheit des Glaubens verschwiegen und damit der Grund seiner Heilsamkeit.

von „Religion",[103] sich an dieser letzteren orientieren und damit de facto in ihrer Lehre und Praxis selbst die Überflüssigkeit der Kommunikation jeder besonderen gemeinsamen weltanschaulichen Lebenssinngewissheit und der Pflege ihrer sichtbaren Institutionen behaupten und dann dieser Theorie entsprechend auch herbeiführen.

---

[103] Vgl. oben Anm. 22.

Rechtfertigung und Anerkennung

Theologische Denkfiguren
in der gesellschaftlichen Diskussion

RISTO SAARINEN

Wenn evangelische Theologen mit den ethischen Überzeugungen des modernen, säkularen Lebens umgehen, ist es sinnvoll, mit Menschenrechten bzw. Grundrechten der Menschen anzufangen. Die Menschenrechte können rein ethisch oder sozialethisch diskutiert werden, aber es ist auch möglich, einen fundamentaltheologischen Zugang zu wählen. Im Folgenden beschreite ich diesen fundamentaltheologischen Weg. Auf diesem Weg ist die reformatorische Theologie fruchtbar, da ihre Einsichten von der Rechtfertigung Kontaktpunkte mit der modernen, säkularen Theorie der Menschenrechte bieten.

Diese Kontaktpunkte sind oft unbeachtet geblieben, da die Menschenrechte als ethische Frage, die Rechtfertigungslehre dagegen als rein dogmatische Frage verstanden worden ist. Im Folgenden versuche ich, die Kluft zwischen diesen zwei Fragestellungen einigermaßen zu überbrücken. Kontaktpunkte aufzuweisen heißt allerdings nicht, eine Kolonisierung oder Reduktion der anderen Seite vorzunehmen. Es geht um Überschneidungen zwischen zwei genuin verschiedenen Lebensbereichen.

Rechtfertigung bei Forst

Der politische Philosoph Rainer Forst hat einen ehrgeizigen Versuch unternommen, die Menschenrechte universal und kulturunabhängig zu bestimmen. Bekanntlich werden die europäischen und amerikanischen Listen von Grundrechten bzw. Menschenrechten häufig als typisch westlich, individualistisch und von der partikularen Kultur der europäischen Aufklärung abhängig kritisiert. Forst lässt die Frage offen, inwieweit solche Kritik faktisch trifft, aber er bejaht die grundsätzliche Möglichkeit, dass additive Listen der Menschenrechte ohne ausreichende rationale Gründe kontingent und kontextuell bleiben.[1]

Um allgemein und nicht-kontextuell überzeugend zu sein, müssen die Menschenrechte die zwischenmenschliche Gerechtigkeit begründen. Einen solchen Nachweis oder ein solches Legitimationsverfahren bezeichnet Forst im Anschluss an John Rawls und Jürgen Habermas als Rechtfertigung. Besonders im englischen Sprachbereich ist es üblich, das Wort „justification" als philosophisches Legitimierungsverfahren zu verstehen. Im Allgemeinen ist solche „Rechtfertigung" im Falle der Menschenrechte eine breitere Kategorie als Begründung, weil ausreichende Begründungen einen Sachverhalt logisch zwingend nachweisen. Forst will aber eine solche vernünftige Rechtfertigung leisten, die zeigt, dass eine Norm im moralischen Sinne zu verantworten ist. Oft können wir viele verschiedene Normen auf diese Weise gleichzeitig rechtfertigen, obwohl vielleicht nur eine von ihnen schließlich rational das Beste ist.[2]

Nach Forst besteht die vernünftige Rechtfertigung eines ethischen Satzes einerseits aus kognitiven Komponenten, mit anderen Worten aus Faktenbeweisen und rationalen Begründungen. Andererseits besteht sie aber auch aus Zielen und Normen, die als volitionale Komponenten tätig sind. Volitionale Komponenten sind nicht rational beweisbar, aber Forst verlangt, dass sie wenigstens „nicht vernünftigerweise zurückweisbar" sein müssen.[3] So kann man zum Beispiel das Recht auf konfessionellen Religionsunter-

---

[1] Rainer Forst, Das Recht auf Rechtfertigung. Elemente einer konstruktivistischen Theorie der Gerechtigkeit, Frankfurt a. M. 2007, S. 291–294.

[2] Forst, Recht (wie Anm. 1), S. 25–31.

[3] Ebd., S. 35–36.

richt in einer öffentlichen Schule in Deutschland durch rationale Gründe und den politischen Willen der Menschen vernünftig rechtfertigen. Aber zugleich kann man das französische Recht auf Laizismus ebenfalls durch Vernunftgründe und den Willen der Bürger rechtfertigen. Beide Modelle des Religionsunterrichts entsprechen den grundlegenden Menschenrechten, obwohl sie sich rein logisch kontradiktorisch zueinander verhalten. Entscheidend ist, dass beide Modelle durch Vernunftgründe und volitionale Komponenten moralisch verantwortet werden können. Einen kreationistischen Religionsunterricht könnte es aber in der öffentlichen Schule nach diesem Modell nicht geben, da Kreationismus „vernünftigerweise zurückweisbar" ist.

Um einen Moralsatz, der so etwas wie ein Menschenrecht ausdrückt, als allgemein verantwortet erklären zu können, müssen die Machthaber nach Forst eine Pflicht zur Rechtfertigung erfüllen.[4] Sie müssen kognitive und volitionale Komponenten finden, die zusammen eine vernünftige, moralische Rechtfertigung dieses Rechts ausmachen. Ein Bürger, für den dieser Moralsatz als verbindlich gesetzt wird, hat entsprechend ein Recht auf Rechtfertigung dieses Satzes, das heißt, die Entscheidung der Machthaber muss dem Bürger anhand dieser Komponenten vernünftig erklärt werden.

Die große Einsicht von Forst besteht darin, dass gerade dieses Metarecht der Bürger auf eine vernünftige Rechtfertigung als einziges Menschenrecht erklärt werden kann. Mit Hilfe dieses einzigen Metarechtes, dem Recht auf Rechtfertigung, können alle verschiedenen Listen der Grundrechte geprüft werden. Wenn alle Sätze in einer Liste vernünftig gerechtfertigt werden können, sind sie allgemeine Menschenrechte.[5]

Diese Königsidee setzt voraus, dass die Bürger ihrerseits rational und unparteiisch Rechtfertigungen hören und akzeptieren können. Sie sollten auch fähig sein, unterschiedliche volitionale

---

[4] Ebd., S. 36.
[5] Ebd., S. 32–36.

Entscheidungen im Rahmen verschiedener vernünftiger Rechtfertigungen zu akzeptieren. So muss ich akzeptieren, dass mein Kind in Deutschland konfessionellen Religionsunterricht in der Schule genießen kann, in Frankreich aber nicht. Beide Entscheidungen können mit kognitiven und volitionalen Komponenten gerechtfertigt werden. So kann es nach dieser Einsicht unterschiedliche und sogar miteinander streitende Listen der allgemeinen Menschenrechte geben; keine von denen soll aber vernünftigerweise zurückweisbar sein.

Damit kann Forst seine Idee wie folgt zusammenfassen: „Es gibt ein einziges grundlegendes Recht des Menschen: das Recht darauf, keinen Normen […] unterworfen zu werden, die ihm gegenüber nicht angemessen gerechtfertigt werden können. In diesem Recht auf Rechtfertigung liegt der Grund der Gerechtigkeit."[6] Dieses Prinzip drückt eine alltägliche Rechtspraxis aus. Wenn ein Beamter Entscheidungen trifft, muss er auch fähig sein, die Gründe dieser Entscheidungen explizit zu machen. In einem Rechtsstaat ist es nicht genug, eine Entscheidung rein volitional zu treffen, sondern die kognitiven und volitionalen Komponenten dieser Entscheidung werden üblicherweise in einem Memorandum oder Begleitbrief bekanntgegeben und sie können auch rechtlich herausgefordert werden. Ein Bürger, der der Rechtsinstanz einen Klagebrief sendet, weil sein Anspruch ohne gute Gründe abgelehnt wurde, bezieht sich auf sein Recht auf überzeugende Erklärung bzw. Rechtfertigung im Sinne Forsts.

Für die Theologen ist es bemerkenswert, dass die Gerechtigkeit in dieser Theorie keine objektive Weltstruktur, da-seiende Tugend oder Liste von konkreten Normen ist, sondern etwas, was im grundlegenden Prozess der Rechtfertigung entsteht. Forst legt eine konstruktivistische Theorie der Gerechtigkeit dar, indem er das Recht auf Rechtfertigung als das dynamische Fundament konzipiert, das die Listen der Grundrechte sowie die universale Gerechtigkeit erzeugt. Zugleich ist bemerkenswert, dass Forst

---

[6] Ebd., Umschlag und S. 81–84.

letzten Endes die Universalität der Menschenrechte verteidigt. Er denkt, dass das grundlegende Recht auf Rechtfertigung tatsächlich allgemeine Grundrechte erzeugen kann. Die praktische Vernunft des Menschen ist letztlich die Quelle solcher Rechte.[7] Zugleich gibt es aber viele unterschiedliche Listen der allgemeinen Menschenrechte. Die verschiedenen Listen sind miteinander logisch nicht kompatibel, aber sie sind kompatibel mit dem grundlegenden Recht auf Rechtfertigung.

Theologische Rechtfertigung im engeren Sinne

Forsts Begriff der Rechtfertigung scheint auf den ersten Blick wenig oder fast nichts Gemeinsames mit dem theologischen Gedanken von der Rechtfertigung zu haben. Es ist auch nicht meine Absicht, eine theologische Anwendung von Forsts Theorie zu konstruieren. Allerdings will ich die Aufmerksamkeit der Theologen darauf richten, dass auch in der reformatorischen Rechtfertigungslehre die rechtliche Begrifflichkeit und sogar so etwas wie ein differenzierter Kalkül der Gerechtigkeit sichtbar ist. Dieser Kalkül entsteht durch das Gegenüber von Gott und Mensch in einer Situation, in der Gott als Machthaber und Richter und der Mensch als Angeklagter sowie als Gegenstand eines Gnadenaktes aufgefasst wird. Auch von Gottes Gerechtigkeit gilt es, dass sie in diesem Prozess konstruktivistisch oder besser gesagt schöpferisch erzeugt wird.

Im Folgenden spreche ich von dem theologischen Begriff der Rechtfertigung, das heißt nicht von der Rechtfertigungslehre oder dem gesamten Heilsakt Gottes, sondern von der spezifischen rechtlichen bzw. forensischen Leistung, die die Zurechnung der Gerechtigkeit dem glaubenden Menschen ermöglicht.[8] Die biblischen

---

[7] Ebd., S. 23–31; 326 f.

[8] Diese Unterscheidung zwischen dem Begriff und der Lehre von der Rechtfertigung stammt von Alister McGrath, Iustitia Dei. A History of the Christian Doctrine of Justification, Cambridge 1986, S. 2 und Tom

Kernaussagen dieser göttlichen Leistung sind Gen 15,6 und Röm 4,3: „Abraham hat Gott geglaubt, und das ist ihm zur Gerechtigkeit gerechnet worden." An dieser Stelle bezeichnet das griechische Verb *logizesthai* die göttliche Leistung sowohl in der Septuaginta als auch bei Paulus. Dieses Verb wird auch an anderen Stellen ähnlich gebraucht (Röm 4,4–9; 5,13; Ps 32,2). Die lateinische Bibel verwendet hier sowohl *imputare* als auch *reputare*; im Deutschen sind „rechnen" bzw. „zurechnen" übliche Übersetzungen.

Ohne auf die zahlreichen Einzelheiten der exegetischen und dogmengeschichtlichen Diskussion näher einzugehen, kann festgestellt werden, dass Gott als Machthaber einen rechtlichen und zum Teil ökonomischen Kalkül oder eine *logos*-bedingte Tat vollzieht, um Gerechtigkeit hervorzubringen. Die Komponenten dieses *logizesthai* können unterschiedlich aufgefasst werden. In der protestantischen Dogmatik spricht man üblicherweise von zwei oder drei Komponenten, nämlich (1) von der nicht-Anrechnung der Sünde, (2) von der Zurechnung des Glaubens, und vielleicht auch (3) von der Anrechnung der Gerechtigkeit Christi.[9] Exegetisch kann gesagt werden, es gehe bei Paulus um einen theologischen Rechtsprozess, in dem der Richter dem Glaubenden den Status der Gerechtigkeit aufgrund der Bundestreue oder Gemeinschaftstreue zuschreibt. Nach dieser exegetischen Meinung ist die Bundestreue der *logos* bzw. der Vernunftsgrund, den Gott mit seinem volitionalen Willen verbindet, um die Zurechnung der Gerechtigkeit zu vollziehen.[10]

Wright, Justification: God's Plan and Paul's Vision, London 2009, S. 59. Diese sehr einfachen Einleitungen können den „engeren Sinn" des paulinischen Begriffs pädagogisch definieren. Die Gefahr einer Vereinfachung ist dabei real; trotzdem kann ich jetzt keine breitere Erörterung der Theologie der Rechtfertigung leisten.

[9] Vgl. Sibylle Rolf, Zum Herzen sprechen. Eine Studie zum imputativen Aspekt in Martin Luthers Rechtfertigungslehre und zu seinen Konsequenzen für die Predigt des Evangeliums, Leipzig 2008, S. 27–28.

[10] Wright, Justification (wie Anm. 8), S. 70 f., 74 f.; Eberhard Jüngel, Das Evangelium von der Rechtfertigung des Gottlosen als Zentrum des christlichen Glaubens, Tübingen 1998, S. 64.

Wenn Gott Abraham als gerecht ansieht, vollzieht er also einen kognitiv-volitionalen Zurechnungsakt, der als Rechtfertigung im engeren Sinne des Begriffs bezeichnet werden kann. Rechtlich geht es um eine Statusveränderung der angeklagten Person; der theologische Mechanismus der Zurechnung bzw. der *imputatio* kann aber mit verschiedenen Begrifflichkeiten ausgedrückt werden. Bemerkenswert an diesem Geschehen ist die Rollenverteilung. Der Machthaber bzw. der Richter vollzieht den Akt der Nicht-Zurechnung bzw. der Rechtfertigung gegenüber dem als schuldig aufgefassten Angeklagten.

Zugleich gibt es Inkongruenzen zwischen der Theologie und der modernen Rechtstheorie. Man könnte etwa behaupten, in der Theologie habe der Mensch kein Recht auf Rechtfertigung der bestehenden Normen. Gott unterliege keiner Pflicht zur Rechtfertigung seines Handelns, sondern vollziehe die Rettung des Sünders aus reiner Güte und Gunst. In der demokratischen Politik ist es nach diesem Deutungsmuster anders. In einem modernen Rechtstaat müssen die Machthaber ihre Normen vernünftig begründen bzw. rechtfertigen, und die Bürger haben ein grundlegendes Recht darauf, diese Rechtfertigung zu erhalten. Der biblische Rechtfertigungsprozess ist nach diesem Muster eher vormodern geprägt, weil der göttliche Machthaber keiner Erklärungspflicht unterliegt. Eine solche Inkongruenz zwischen vormoderner Theologie und modernem zivilen Rechtsverständnis ist aber insofern irreführend, als die rationale Legitimierung der Rechtsnormen auch für die christliche Tradition eine relevante Frage bleibt.[11]

Eine partielle Analogie zwischen biblischer Rechtfertigung und moderner Rechtstheorie besteht in dem Sinne, dass in beiden der Machthaber die Initiative einer Rechtfertigung übernimmt. In der zivilen Rechtfertigung erklärt der Machthaber, warum diese Rechtsnormen für die betreffenden Personen vernünftig sind. In der theologischen Rechtfertigung erklärt Gott, dass die betreffenden Personen aufgrund des Glaubens als gerecht angesehen

---

[11] Vgl. Jüngel, Evangelium (wie Anm. 10), S. 64 f., 230–235.

werden können. Im Rahmen dieser partiellen Analogie kann allerdings eine zweite Inkongruenz zwischen Theologie und zivilem Rechtsverständnis festgestellt werden. Der Gegenstand der zivilen Rechtfertigung ist die Legitimierung der Rechtsnormen und somit der Umgang mit Personen. Die theologische Rechtfertigung richtet sich aber auf den Angeklagten und somit auf die Personen selbst. Theologisch geht es um die Rechtfertigung des Sünders (Röm 4,5), nicht um die Legitimierung der Rechtsnormen.

Hinter dieser manifesten Inkongruenz ist die Sache allerdings zusätzlich kompliziert. Wenn wir die Paulus-Exegese oder die reformatorische Rechtfertigungslehre näher studieren, merken wir schnell, dass auch dort nach den Rechtsnormen und den Gründen des spezifischen Umgangs gefragt wird. Wenn Gott Abrahams Glauben der Gerechtigkeit zurechnet, fragen die Exegeten, ob dies aufgrund der rechtlichen Struktur des Bundes geschieht. Falls ja, können die Exegeten weiter fragen, wie Gott seine Aktion rechtlich begründen kann. Die Lutherforscher fassen die göttliche Imputation nicht nur als interpersonale, sozusagen blinde Volition auf, sondern sie fragen auch nach der präzisen Begründung der Zurechnung.[12] Trotz dieser Differenzierung bleibt die zweite Inkongruenz als unterschiedliche Manifestation der zwei Prozesse gültig: Die Theologen reden von der Rechtfertigung des Sünders, die Rechtstheoretiker von der Rechtfertigung der Normen und Taten.

An dieser Stelle können zwei Optionen konstatiert werden. Wir können einerseits sagen, dass „rechtfertigen" als theologischer Begriff autonom ist und wir darum keine rechtstheoretischen Analogien zu suchen brauchen. Theologisch können wir von der Rechtfertigung einer Person sprechen, politisch aber nicht. Des Weiteren muss in Forsts Theorie der Machthaber sein Tun rechtfertigen, aber theologisch braucht Gott sein Tun überhaupt nicht

---

[12] Siehe z. B. Stephen WESTERHOLM, Perspectives Old and New on Paul. The "Lutheran" Paul and His Critics, Grand Rapids 2004, S. 286–296; ebenso ROLF, Herzen (wie Anm. 9), S. 21–29.

zu rechtfertigen und der Mensch hat in der Theologie kein Recht, eine solche Rechtfertigung von Gott zu verlangen. Die religiöse Rede von der Rechtfertigung ist deswegen etwas ganz anderes als die politische Rede. Somit ist es angemessen, bei der festgestellten manifesten Inkongruenz zu bleiben.

Ich möchte trotzdem eine zweite Option vorschlagen. Nach dieser Option handelt es sich auch in der theologischen Rechtfertigung um die Legitimierung des Tuns und der Normen. Diese Legitimierung hängt zwar mit den Personen eng zusammen, bleibt aber keineswegs ein rein volitionaler, interpersonaler Akt, sondern manifestiert eine kognitive Begründungsstruktur. Nach dieser Option ist das göttliche *logizesthai*, die Zurechnung also, ein vernünftiger Akt, der trotz seiner paradoxen Züge einigermaßen verstanden werden kann. Ich will diesen theologischen Akt allerdings nicht zu einer bloßen Rechtstheorie reduzieren, sondern praktiziere eine Art von *fides quaerens intellectum*, Glaube auf der Suche nach Vernunft. Bei dieser Suche nehme ich einige Texte Luthers als Wegweiser.

Luther und die Iustificatio Dei

In seiner Römerbriefvorlesung spricht Luther ausführlich davon, dass die *iustificatio Dei* zwei Momente enthält, nämlich die Rechtfertigung Gottes unsererseits sowie unsere Rechtfertigung durch Gott. Merkwürdigerweise ist Luther an dem ersten Moment außerordentlich interessiert. Als dessen biblischer Ausgangspunkt dient die lateinische Fassung des Römerbriefs 3,4, in dem von der Rechtfertigung Gottes in seinen Worten die Rede ist.[13] Wenn Gott durch sein Wort seine eigene Rechtfertigung bewirkt, geschieht sie in unserem Glauben und nicht in Gott, da Gott in sich selbst schon gerecht und wahrhaftig ist. Aber es geht nichtsdestoweniger

---

[13] WA 56, S. 212–214.

um die Rechtfertigung Gottes in dem Sinne, dass wir seine Worte als wahr und glaubwürdig annehmen und ihn so rechtfertigen.[14]

Einen sehr langen Abschnitt lang kehrt Luther immer wieder zurück zu der Einsicht, dass Gott in seinen Worten sich selbst bzw. sein Tun rechtfertigt.[15] Argumentativ geht es Luther darum, zu zeigen, dass die worthaften Begründungen Gottes durch solche Wahrheit und Gerechtigkeit gekennzeichnet sind, die unsere Einstellungen als mangelhaft erweisen. Er vergleicht Gottes rechtfertigende Selbstbegründung mehrere Male mit einem Künstler, der die Überlegenheit seines Könnens sowohl durch Vergleiche mit anderen als auch durch die pädagogische Weitergabe seiner Kunst an andere Personen nachweist. So ist die Selbstrechtfertigung Gottes durchaus kognitiv und argumentativ geleistet. Sie betrifft nicht nur die Souveränität des Machthabers, sondern auch seine Fähigkeiten und sein durch Worte begründetes Handeln. Aufgrund der göttlichen Worte muss der Mensch anerkennen, dass der Machthaber Recht hat.[16]

Dieses erste Moment ist bemerkenswert, da es die oben erwähnte erste Inkongruenz zwischen Moderne und Vormoderne aufhebt. In der Rechtfertigung Gottes geht es tatsächlich um die göttliche Erklärungspflicht oder wenigstens um eine vernünftige Erklärungsbereitschaft. Gott zeigt als Machthaber, wie er in seinen Worten wahr und glaubwürdig ist. Auf diese Weise überzeugt er die menschlichen Zuhörer. So vollzieht sich dieses erste Moment von *iustificatio Dei* letzten Endes im Glauben der Zuhörer, wenn sie Gottes rechtfertigende Erklärung als wahr annehmen. Gott rechtfertigt sein eigenes Handeln gegenüber den Menschen. Luther nennt dieses erste Moment *iustificatio Dei passiva*, weil es eine Wirkung im Glaubenden und nicht in Gott selbst zustande bringt.[17]

---

[14] Ebd., S. 226.
[15] Ebd., S. 214–229.
[16] Ebd., S. 218–222.
[17] Ebd., S. 226–227, bes. S. 226, 23–27.

Das zweite Moment, die *iustificatio Dei activa*, ist die forensische Rechtfertigung, in der Gott unseren Glauben als Gerechtigkeit anrechnet.[18] Gott wirkt diese Rechtfertigung aktiv im Glaubenden aufgrund des Glaubens, der seinerseits Gott als wahrhaftig annimmt. So ist auch das zweite Moment eine Wirkung im Glaubenden. Dies bedeutet schließlich für Luther, dass das erste und das zweite Moment zwei Perspektiven eines real-identischen Geschehens sind. Einerseits glaubt der Mensch, dass Gott gerecht und wahr in seinen Worten ist. Durch diese glaubende Anerkennung rechtfertigt er Gott in seinen Worten.[19] Andererseits rechtfertigt Gott den Menschen aufgrund desselben Glaubens.

Auf diese Weise umfasst die theologische Rechtfertigung des Sünders die göttliche Pflicht zur Rechtfertigung. Damit ist die erste Inkongruenz zwischen Theologie und modernem Rechtsverständnis gewissermaßen aufgehoben. In Luthers Verständnis rechtfertigt Gott als Machthaber sein eigenes Verhalten und gibt eine überzeugende Erklärung der göttlichen Rechtsnormativität, die der Mensch seinerseits als wahr und gerecht annimmt. Diese Erklärung bzw. diese Rechtfertigung des göttlichen Handelns stellt eine bemerkenswerte Analogie zu Forsts Verlangen nach Recht auf Rechtfertigung dar.

Auch die zweite Inkongruenz, nämlich die Frage, ob der Gegenstand des machthaberischen Rechtfertigungsaktes eine Person oder die Rechtsnormativität an sich ist, rückt durch die Luther-Lektüre in neues Licht. Im analysierten Passus geht es darum, dass die *iustificatio Dei passiva* für Luther die menschliche glaubende Anerkennung der göttlichen Rechtsnormativität bedeutet. So überschneidet die theologische Rechtfertigung des Sünders auf bemerkenswerte Weise die moderne Legitimierung der Rechtsnormativität. Diese wichtige Überschneidung hebt die manifeste Inkongruenz zwischen den beiden Geschehen nicht gänzlich

---

[18] „reputat", in: ebd., S. 226, 25.
[19] Ebd., S. 226, 23–25; S. 227, 18–228, 2.

auf, aber sie zeigt, dass die theologische Auffassung Luthers auch rechtstheoretisch reflektiert worden ist.

Aufgrund des oben Gesagten könnte sogar die These erwogen werden, dass die Rechtfertigung sowohl in der Theologie als auch in der modernen Rechtstheorie eine gegenseitige Relation zwischen Machthaber und Bürger bzw. Untertanen ist. In Forsts Theorie entspricht dem bürgerlichen Recht auf Rechtfertigung die machthaberische Pflicht zur Rechtfertigung. Zugleich haben die Bürger die Pflicht, eine vernünftige, moralische Rechtfertigung des Machthabers anzunehmen – auch wenn sie den eigenen Interessen widerspricht. So muss ein Menschenrecht zwischen dem Machthaber und den Bürgern gegenseitig anerkannt werden. In der reformatorischen Rechtfertigungslehre herrscht die göttliche Monergie. Aber nichtsdestoweniger denkt Luther, dass ein Moment des Glaubens darin besteht, dass der Glaubende das Wort Gottes so anerkennt, dass er dieses Wort als wahr und gerecht glaubt. Auf diese Weise rechtfertigt Gott sein eigenes Verhalten in seinen Worten (Röm 3,4). So enthält der biblische Akt von *logizesthai* tatsächlich den Logos, die Vernunft des Glaubens.

In seiner Schrift *Von der Freiheit eines Christenmenschen* fasst Luther diese Einsicht als drei Kräfte des Glaubens in der Seele zusammen. Die zweite Kraft beschreibt er wie folgt: „wenn die seele gottis wort festiglich glaubt, so helt sie yhn fur warhafftig, frum und gerecht, da mit sie yhm thut die allergroessiste ehre, da sie yhm tun kann, denn da gibt sie yhm recht, da lessit sie yhm recht, da ehret sie seynen namen, und lessit mit yhr handeln wie er will."[20] Es ist auffallend, wie in diesem Abschnitt die Ausdrücke „gerecht" und „Rechtgeben" zum Vorschein kommen. Der Glaube beurteilt die Wahrheit und die Gerechtigkeit des zugesprochenen Wortes, und aufgrund des positiven Urteils kann die Seele den göttlichen Eingriff zulassen, sodass Gott als Machthaber mit der Seele so verfahren kann wie er will. Damit kommt in diesem Ab-

---

[20] Hans-Ulrich DELIUS (Hrsg.), Martin Luther. Studienausgabe, Bd. 2, Berlin 1982, S. 275.

schnitt eine Analogie zur modernen Rechtstheorie zum Ausdruck. Wenn der Machthaber seine Legitimität vernünftig begründen kann, kann er seinen Machtanspruch realisieren. Auf analoge Weise sieht Luther bei Gott eine gewisse Notwendigkeit zur Rechtfertigung seines Handelns. Sowohl Politiker als auch Gott müssen also eine kognitive Begründung der Gerechtigkeit leisten, damit sie ihre volitionale Macht legitim ausüben können.

Als Zwischenergebnis will ich die These präsentieren, dass Luthers Auffassung von der Rechtfertigung Analogien besitzt zu einer solchen Theorie der Menschenrechte, in der die Gerechtigkeit durch den Prozess einer überzeugenden Rechtfertigung der Normen konstruiert wird. Diese vernünftige Rechtfertigung der Menschenrechte ist eine unverzichtbare Aufgabe der politischen Theorie und des normativen Rechts. Die Theologie verwendet einen Begriff der Rechtfertigung, der zwar von der Politik manifest verschieden ist, aber dennoch keineswegs eine bloß volitionale, vormoderne religiöse Rede zum Ausdruck bringt. Auch die biblische Gerechtigkeit Gottes muss den Gläubigen als wahr und glaubwürdig erscheinen.

Was bringt die Rechtfertigung? Anerkennung

Bisher haben wir allerdings den eigentlichen Inhalt der theologischen Rechtfertigung kaum berührt. Jetzt müssen wir uns dieser Frage annähern. Was bringt die Rechtfertigung? Es ist nicht schwierig, breite theologische Antworten zu geben. Die Rechtfertigung des Sünders bringt Sündenvergebung und leitet den Gläubigen zur Teilhabe am Heil. Ich möchte aber jetzt die Rechtfertigung im engeren Sinne des Begriffs betrachten, sozusagen im Rahmen ihrer unmittelbaren technischen Leistung.

Exegetisch kann man die These präsentieren, die Rechtfertigung bringe eine rechtliche Statusveränderung, sodass das Gerichtsurteil als nicht zutreffend erklärt wird. Exegeten wie Tom Wright betonen häufig, dass eine solche Statusveränderung an sich objektiv nicht sehr viel bringt. Nach Wright kann man bei Paulus nicht einmal von einer Imputation der Gerechtigkeit sprechen, sondern nur von einer rechtlichen Statusveränderung. Wenn das Gerichtsurteil wegen der Bundestreue als nicht zutreffend erklärt wird, verändert sich zwar der rechtliche Status des Angeklagten, aber sonst bleibt diese Person derselbe Sünder.[21]

Auf der anderen Seite betonen Systematiker wie Ingolf Dalferth, dass die Rechtfertigung nicht weniger als die Zerstörung der alten Person und die Schaffung einer neuen Person bedeutet.[22] In diesem Sinne bringt die Rechtfertigung sehr viel, nämlich ein neues Sein des Christen. Friedrich Schleiermacher beschreibt den Akt der Rechtfertigung in seiner *Glaubenslehre* mit einem typisch neuzeitlichen Begriff, der sowohl Statusveränderung als auch Veränderung der gesamten Person umfasst. Er konstatiert, dass Gott in der Rechtfertigung den Menschen anerkennt. Den Begriff der Anerkennung versteht Schleiermacher im Sinne des römischen Adoptivrechts, in dem die Adoption durch einen Akt der rechtlichen Anerkennung geschieht. Im rechtlichen Sinne geht es um die Statusveränderung des neuen Sohnes, aber Schleiermacher betont die schöpferische Kraft dieses theologischen Geschehens. In der Adoption durch Anerkennung entsteht eine neue Person. So kann der Akt der Anerkennung sowohl die exegetische Statusveränderung als auch die dogmatische Personwerdung umfassen. Gottes Akt von *logizesthai* ist für Schleiermacher ein grundlegender Anerkennungsakt.[23]

In seiner *Kirchlichen Dogmatik* beleuchtet Karl Barth die andere Seite der Rechtfertigung, nämlich die Antwort des Glaubens. Als menschlicher Akt besteht der Glaube für Barth aus drei Komponenten, die er als Anerkennen, Erkennen und Bekennen be-

---

[21] WRIGHT, Justification (wie Anm. 8), S. 69–71.

[22] Z.B. Ingolf DALFERTH, Mere passive. Die Passivität der Gabe bei Luther, in: Word – Gift – Being, hrsg. von Bo Kristian Holm und Peter Widmann, Tübingen 2009, S. 43–71, hier S. 52 f.

[23] Friedrich Daniel Ernst SCHLEIERMACHER, Der christliche Glaube, Kritische Gesamtausgabe 1/13, Berlin ²2003, § 109, S. 191–202.

zeichnet. Entscheidend für Barth ist die Priorität des Anerkennens. Es wäre ein dogmatischer Fehler, zu denken, dass der Glaubende erst aufgrund des Erkennens den Akt des Anerkennens vollziehen kann. Nein, der allererste Akt des Glaubens ist der Anerkennungsakt. Nach dieser grundlegenden Öffnung werden theologisches Erkennen und Bekennen möglich.[24]

In seiner Darstellung der Rechtfertigung verbindet Eberhard Jüngel Schleiermacher mit Barth, indem er lehrt, dass das basale menschliche Bedürfnis nach Anerkennung den Ausgangspunkt der theologischen Rechtfertigungslehre bildet. Die Rechtfertigung des Sünders bedeute, dass die Menschen Anerkennung bei Gott finden. Die Gerechtigkeit der Menschen besteht darin, dass sie von Gott anerkannt sind, konstatiert Jüngel.[25] Was ich oben, gewissermaßen prosaisch, als die technische Leistung des Begriffes Rechtfertigung bezeichnete, ist somit die von Gott bewirkte gegenseitige Anerkennung zwischen Gott und Mensch. Die Rechtfertigung bewirkt das Anerkanntsein als neue Person bzw. als Kind Gottes. Dieses Geschehen ist sowohl Statusveränderung als auch Personwerdung.

Die Prominenz des Anerkennungsgedankens in den modernen theologischen Darstellungen der Rechtfertigung ist bemerkenswert, weil sie eine weitere Brücke zur gegenwärtigen Theorie der Menschenrechte und somit zum säkularen Leben in der Moderne schlägt. Um diese Brücke verständlich zu machen, sollen einige Worte über die gegenwärtige politische Theorie der Anerkennung gesagt werden.

Die politische Theorie der Anerkennung

In seinem vieldiskutierten Buch über Multikulturalismus präsentiert Charles Taylor die These, dass etwa ab 1990 eine Epo-

---

[24] Karl BARTH, Kirchliche Dogmatik IV/1, Zürich 1986, S. 847–849.
[25] JÜNGEL, Evangelium (wie Anm. 10), S. 5 f.

chenwende von einer Kultur des Universalismus zu einer Kultur der Differenzen stattgefunden habe. Während im Universalismus die Rechtsgleichheit aller Menschen unabhängig von der Kultur betont wurde, sei unser Zeitalter durch die Differenzen im Multikulturalismus gekennzeichnet. Diese Differenzen verlangen Mechanismen, die die besonderen Züge der Minderheiten kulturell fördern. Die sogenannte Politik der Anerkennung ist ein Mechanismus, der die sprachlichen, ethnischen, religiösen und sexuellen Minderheiten durch die öffentliche Anerkennung ihrer Besonderheit sichtbar macht. Die Anerkennung hebt die besondere Identität dieser Gruppen und Individuen im Rahmen der breiteren Universalität hervor. Politik der Anerkennung bedeutet somit Identitätsbildung und Multikulturalismus.[26]

Axel Honneth hat in vielen Studien die These begründet, dass Anerkennungsakte für uns alle von konstitutiver Bedeutung sind, da unsere persönliche Identität durch die von anderen gegebene Anerkennung heteronom entsteht. Honneth beschreibt eine vielseitige Matrize von Anerkennungsakten: als Kind entsteht unsere Identität durch die liebevollen Akte von Eltern, als Bürger ist unsere Identität durch die Gesetze des Rechtsstaats bestimmt, als professionelle Arbeiter erhalten wir Anerkennung durch individuelle Leistungen. Entscheidend dabei ist, dass die Identität sozusagen *extra nos* gewährt wird, als Akt der Sozialisierung in der Familie, Gesellschaft und Arbeitsleben. Letzten Endes geht es für Honneth um die psychologischen Objektverhältnisse, die von außen her unsere Seele gestalten. Wie Karl Barth denkt Honneth, dass Anerkennungen primäre Akte sind: Erst als anerkannte Personen werden wir fähig, kognitives Wissen zu empfangen. Daher sind Anerkennungsakte für Individuen und Gruppen von konstitutiver Bedeutung.[27]

---

[26] Charles Taylor, Multikulturalismus und die Politik der Anerkennung, Frankfurt a. M. 1993.

[27] Axel Honneth, Kampf um Anerkennung, Frankfurt a. M. 1992; ders., Verdinglichung. Eine anerkennungstheoretische Studie, Frankfurt a. M. 2005.

Die Kehrseite dieser Identitäts-Heteronomie ist es, dass Anerkennungsakte immer eine sogenannte als-Semantik aufweisen. Wir werden nicht allgemein, sondern als etwas anerkannt. Wegen der als-Semantik sind Anerkennungen immer mit einer Neubestimmung unseres Seins und sogar mit dessen Verkennung verbunden. Weil die Anerkennung „als etwas" immer eine Neubestimmung mit sich bringt, übt die anerkennende Seite Macht gegenüber dem Anerkannten aus.[28]

Wenn Schleiermacher und Jüngel Gottes Rechtfertigungsakt als Anerkennungsakt verstehen, gebraucht dieses Verständnis dieselbe als-Semantik. Abraham wird als gerecht anerkannt (obwohl er vielleicht nicht ganz gerecht ist). In ihrer neuen Studie zur Theologie der Gabe bezeichnet Veronika Hoffmann die anerkennende Rechtfertigung deswegen als „schöpferische Verkennung". Die theologische Struktur der *imputatio* bzw. des göttlichen *logizesthai* ist mit einem „als ob" verbunden: Gott sieht eine Person als gerecht an, was rein juristisch gesehen ein falsches Rechtsurteil ist, was aber proleptisch oder pädagogisch eine heilende Wirkung haben kann.[29]

An dieser Stelle ist es wichtig zu sehen, dass die sogenannte Politik der Anerkennung auf ähnliche Weise die Figur der schöpferischen Verkennung gebraucht. Der Staat anerkennt eine homosexuelle Ehe, obwohl sie streng genommen nicht identisch mit der herkömmlichen Ehe ist. Aber die betreffenden Personen und Institutionen wünschen, dass durch diese schöpferische Verkennung ein Prozess entsteht, der als Endergebnis eine komplette Ehe hervorbringt. Der Staat anerkennt syrische Flüchtlinge als deutsche Bürger, obwohl sie noch nicht die Fähigkeiten eines durchschnittlichen Bürgers besitzen. Aber durch diese schöpferische Verkennung entsteht hoffentlich ein Prozess, der zum gewünschten Endergebnis führt.

---

[28] Zur als-Semantik siehe Thomas Bedorf, Verkennende Anerkennung, Berlin 2010.

[29] Veronika Hoffmann, Skizzen zur Theologie der Gabe, Freiburg i. Br. 2013, S. 320–326.

So beinhaltet die Politik der Anerkennung eine ähnliche proleptische Figur wie die imputative Rechtfertigung. Die proleptische Figur erlaubt auch eine gewisse Erweiterung und Pluralisierung der Menschenrechte. Streng genommen sind die universalen Menschenrechte nicht kultursensibel oder differenzierungsfähig. Der Anerkennungsgedanke kann aber eine solche Sensibilität leisten, indem seine als-Semantik eine proleptische Interpretation auch in solchen Fällen erlaubt, in denen das Recht streng genommen noch nicht besteht.

Aus diesen Gründen denke ich, dass die Beschreibung von Rechtfertigung als Anerkennung bei Schleiermacher und Jüngel theologisch angemessen und sogar wegweisend ist. Die Rechtfertigung bringt Anerkennung, die ihrerseits den Menschen als soziales Wesen und als mündige Person bestimmt – trotz unserer bleibenden Fehler und Mängel. Rechtfertigung und Anerkennung sind proleptische Akte, die das Endergebnis vorausnehmen und es in gewissen Fällen auch schöpferisch erzeugen.

Fazit

Ich habe vorwiegend von analogen Begrifflichkeiten zwischen der reformatorischen Theologie und dem säkularen Leben in der Moderne gesprochen. Meine Analogien können einen Eindruck von theologischer Akkommodation erwecken, bei der die kritischen Rückfragen nicht zu Wort kommen. Die Sachlage ist aber komplex. Ich fasse diese Komplexität in sechs Punkten zusammen:

Erstens: Um kritische Rückfragen stellen zu können, müssen die Theologen darüber bestens informiert sein, was heute als gültige Gesellschaftstheorie gilt. Das Studium von Denkern wie Forst und Honneth kann diese Informationsaufgabe erfüllen.

Zweitens kann gefragt werden, wie säkular das säkulare Leben in der Moderne eigentlich ist. Begriffe wie Rechtfertigung und Anerkennung haben eine sehr lange theologische Begriffsgeschichte, die auch den philosophischen und politischen Gebrauch färbt.

Theologen können und sollen diese Traditionen in die öffentliche Diskussion bringen.

Drittens geht es um den verantwortlichen Gebrauch des theologischen Begriffs Rechtfertigung. Einerseits sollte man eine politische Reduktion dieses Begriffs vermeiden: Reformatorische Rechtfertigung heißt nicht einfach Legitimierung oder Begründung. Aber andererseits sollten wir auch die kerygmatische Autonomie dieses Phänomens moderieren. In der Rechtfertigung geht es nicht nur um eine religiöse Rede von Gott, sondern auch um die überzeugende Begründung der Gerechtigkeit, oder besser gesagt, der Gerechtigkeit Gottes, *dikaiosyne theou*. Meine Ausführungen wollten diesem dritten Punkt Rechnung tragen.

Viertens: Wenn ich der heutigen öffentlichen Diskussion um die Menschenrechte folge, bin ich zumeist enttäuscht von dem unbegründeten Moralismus und dem impliziten westlichen Imperialismus, den sowohl Politiker als auch Kirchenleiter im Namen von Menschenrechten ausüben. Das Buch von Forst ist eine Ausnahme, die mir Hoffnung bringt. Vielleicht kann man doch die Menschenrechte vernünftig und kulturunabhängig begründen, und vielleicht sogar so, dass man die nicht-westlichen Listen von Menschenrechten nicht einfach ablehnt, sondern nach ihren vernünftigen Begründungen fragt.

Fünftens: Die Pluralität der heutigen Welt erscheint im Lichte des Anerkennungsgedankens als Reichtum und positive Einsicht. Anstatt nach einer Monokultur zu verlangen, sollten die Theologen das schöpferische Potential der offenen Gesellschaft fruchtbar machen.

Sechstens bringt der Begriff der Anerkennung die Möglichkeit mit sich, die Universalität der Menschenrechte mit der heutigen Kultur der Differenz bzw. mit dem Multikulturalismus und dem Pluralismus zu verbinden. Wenn wir andere Menschen und Gruppen „als etwas" inhaltlich Bestimmtes und somit als Besitzer einer differenzierten Identität anerkennen, entsteht ein Raum von positiven Differenzen und Pluralität. Wenn wir Rechtfertigung anhand von Anerkennung „als etwas" verstehen, entsteht ein Raum von Differenzen und Pluralität. Eine Theologie der pluralen Welt könnte auf dieser Linie fortschreiten.

Anhand des Buches von Forst entsteht schließlich eine Hoffnung, dass der Gedanke der Rechtfertigung noch in der heutigen säkularen Welt eine Botschaft hat, die jenseits der kerygmatischen Autonomie auch für die Welt verständlich sein könnte. Wenn die Theologen von der Rechtfertigung von Taten und Normen theologisch vernünftig reden können, können wir vielleicht Zuhörer unter solchen Menschenrechtsaktivisten finden, die nach der vernünftigen Begründung von Normen und Machtansprüchen fragen. Erst wenn wir einen derartigen Dialog über das Thema Rechtfertigung anfangen, können wir auch kritische Rückfragen an die modernen Dialogpartner stellen.

Verzeichnis der Autoren

Prof. em. Dr. Dr. h.c. Dr. h.c. Ingolf U. Dalferth, Professor em. für Systematische Theologie, Symbolik und Religionsphilosophie an der Universität Zürich; Inhaber der Danforth Professur für Religionsphilosophie an der Claremont Graduate University (USA); Ehrendoktor der Universitäten Kopenhagen und Uppsala

Prof. Dr. Brad S. Gregory, Inhaber der Dorothy G. Griffin Professur für Europäische Geschichte der Frühen Neuzeit an der Universität Notre Dame (USA)

Prof. Dr. Dorothea Wendebourg, Professorin für Kirchengeschichte mit Schwerpunkt Mittlere und Neuere Kirchengeschichte / Reformationsgeschichte an der Humboldt-Universität Berlin

Prof. Dr. Albrecht Beutel, Professor für Kirchengeschichte an der Universität Münster, Seminar für Kirchengeschichte II: Reformation, neuere und neueste Kirchengeschichte; Mitglied der Akademie der Wissenschaften und der Künste Nordrhein-Westfalen; im Vorstand der Luther-Gesellschaft

Prof. Dr. Volker Gerhardt, Professor em. für Praktische Philosophie, Rechts- und Sozialphilosophie an der HU-Berlin; Mitglied der Berlin-Brandenburgischen Akademie der Wissenschaften und der Europäische Akademie der Wissenschaften und Künste; ehem. Mitglied im Deutschen Ethikrat (bis 2012)

Prof. Dr. Eilert Herms, Professor em. für Systematische Theologie an der Eberhard Karls Universität Tübingen und ehem. Direktor des Instituts für Ethik; ehem. Vorsitzender der Wissenschaftlichen Gesellschaft für Theologie e.V. (bis 2002)

Prof. Dr. Risto Saarinen, Professor für ökumenische Theologie an der Universität Helsinki; Mitglied der Wissenschaftlichen Gesellschaft für Theologie, der Finnischen Akademie der Wissenschaften, der Société Internationale pour l'Étude de la Philosophie Medievale und der Luther-Gesellschaft.

Namensregister